高教视界：课程思政与高校思想政治教育的整合与互动研究

孙小博　著

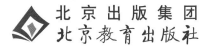

北京出版集团
北京教育出版社

图书在版编目（CIP）数据

高教视界：课程思政与高校思想政治教育的整合与
互动研究 / 孙小博著 . -- 北京：北京教育出版社，
2023.3

ISBN 978-7-5704-4799-2

Ⅰ . ①高… Ⅱ . ①孙… Ⅲ . ①高等学校－思想政治教
育－研究－中国 Ⅳ . ① G641

中国版本图书馆 CIP 数据核字 (2022) 第 179858 号

高教视界：课程思政与高校思想
政治教育的整合与互动研究

孙小博　著

*

北 京 出 版 集 团
北京教育出版社　出版
（北京北三环中路 6 号）
邮政编码：100120
网址：www.bph.com.cn
京版北教文化传媒股份有限公司总发行
全国各地书店经销
旭辉印务（天津）有限公司印刷

*

710mm×1000mm　16 开本　14.25 印张　248 千字
2023 年 3 月第 1 版　2023 年 3 月第 1 次印刷
ISBN 978-7-5704-4799-2
定价：68.00 元

质量监督电话：(010)58572498　58572393
购书电话：18133833353　(010)58572525
北京教育出版社天猫旗舰店：https://bjjycbs.tmall.com

前　言

　　课程思政是改进和加强高校思想政治工作的需要，是高校思想政治工作的重要组成部分，是高校坚持社会主义办学特色、育人导向的必然要求，是学习贯彻社会主义核心价值观的重要渠道，是实现思想政治理论课对其他学科与课程的引领作用，推进教书育人有机统一的必由之路。

　　课程思政与思想政治教育课程携手立德树人是新时代创新开展高校思想政治教育工作的需要，有利于提高大学生的综合素质，促进其全面发展；有利于创新教育发展理念，建立高水平的教育体系；有利于立德树人，为新时代社会主义现代化建设培育建设者和接班人。把课程思政与思想政治教育课程融合在一起，可充分发挥两者各自的功能与优势，形成协同效应，进一步丰富高校思想政治教育的方式，促进大学生全面发展，增强合力育人的效果。课程思政和思想政治教育课程携手育人是新时代教育体制改革的创新发展，是对传统教育模式的传承与发扬，有助于推进教学方式改革，创新教学形式，丰富教学内容，提高教学实效。

　　本书围绕课程思政与思想政治教育课程相融合这一话题，尝试以中国传统育人思想为切入点，就课程思政教育理念中的内涵界定、特点要求、构成内容、价值意义，以及高校思想政治教育相关理论知识，如教育内容、教育方法、教育理念、教育原则、教育途径、发展趋势等展开全方位的讨论与分析。其中，课程思政背景下思想政治教育隐性课程开发、实践课程设计以及实践教学考核体系建设是本书的核心内容，这三方面内容系统地介绍了课程思政与高校思想政治教育的整合与互动。新时代高校思想政治教育的开拓与创新是本书对整个思想政治教育领域的发展展望，在提出新时代高校思想政治教育新视野、新方法、新机制的基础上，开拓了新时代高校思想政治教育的新路径。

由于课题组学识水平有限，对该问题的研究还有不足之处，在此恳请广大学者和从事思政课教学的老师批评指正！

目　录

第一章　回望历史：中国传统育人思想

第一节　春秋战国时期的育人思想

春秋战国时期的私学在中国古代教育发展历史上占有很重要的地位。私学打破了"学在官府"的旧传统，主要表现为学校从宫廷移到民间，教育对象由贵族扩大到平民，老师可以随处讲学，学生可以自由择师，而且教学内容与社会现实生活有了较广泛的联系。各家各派相互抗衡，又相互补充，形成了百家争鸣的盛况。[①] 这既促进了先秦时期学术思想的发展，又培养出了大批的人才。各家各派大师辈出，孔子、庄子、孟子、荀子、韩非等是其中的佼佼者。春秋战国时期的私学在中国古代教育史上的重大贡献还在于教育理论上的成就，尤其是儒家在教育理论上的贡献。儒家后学通过《中庸》《大学》等传世书籍，总结了这一时代的教育思想和教育经验，阐述了教育的作用、道德教育体系、道德教育的原则和方法、教师的地位等方面的理论，奠定了中国古代道德教育的理论基础。

以孔子为代表的儒家肯定了道德教育的意义，并提出了教育的目标是培养"德"与"才"，更进一步提出了教育的终极目标是为政治、国家服务。孔子极其重视道德教育的社会功能和促进个体发展的作用，认为治理国家不能只靠政令、法律，还要通过教育引导实现德政。[②] 他通过"道之以政，齐之以刑，民免而无耻；道之以德，齐之以礼，有耻且格"表明：教育可以感化人，既使百姓守规矩，又使百姓有"羞耻之心"，形成道德信念的力量，起到德治的效果。同时，其"有教无类"的思想保证了这种道德教育是全民性、普遍性的。孔子主张的教育目的是培养"士"，而"士"的标准就是"君子"或"君子儒"，是具有一定道德标准的精神贵族的理想人格，即把"君子"当作教育的培养目标。他明确提出作为一个"君子"，一要能"修养自

① 宋冬梅.简论春秋战国时期私学教育理念的先进性[J].高教学刊，2017（18）：190-192，196.

② 高贵和.论当代中国思想道德教育对先秦儒家道德教育的借鉴[D].合肥：安徽大学，2010.

己，保持恭敬谦逊的态度"，即要有"德"；二要有"使亲族朋友以及老百姓都得到安乐"的治国安民之术，即要有"才"。君子要德才兼备，并以德为主。

以庄子为代表的道家强调宁静淡泊、物我两忘的人生观和道法自然的价值观。道家提出的顺应规律、顺应时势的思想，有助于我们从思想上更自觉地顺应时势，认识教育改革的必要性，从而根据社会的需要和教育发展的规律，改变传统的教育方式。庄子的教育理念是尊重个体本性，挖掘受教育者的长处，倡导拓展个性的教育，而不是培养出一群学习的机器。① 同时，庄子思想强调人的本真，启示教育应该培养人完整的人性，而不是对人性进行束缚、扭曲、摧残。

法家思想家商鞅提倡"耕战"，非议"诗书"，排斥"礼乐"，主张"燔诗书而明法令"，以官吏"为天下师""学读法令"，也就是焚毁文化教育载体、排斥道德思想教育、以严刑峻法管理国家。韩非发展了这些思想，提出了"明主之国，无书简之文，以法为教；无先王之语，以吏为师"（《韩非子·五蠹》），即教育完全由法律执行者掌握，而教育的唯一内容是法治。法家认为，人性趋利避害，应当通过"信赏必罚""厚赏重罚"来帮助学子树立价值观，使其走向统治阶级预定的轨道。法家思想剔除了学生的自我意识，并否认了礼义教化对人的影响，具有一定的历史局限性，因此我们在借鉴其正面价值的同时应认识到其应用的独特时代背景。

第二节　汉代的育人思想

汉朝以孝治国，以孝廉选官制度及儒家经典"五经"（《诗经》《尚书》《礼记》《周易》《春秋》）重点培养学子的孝悌意识。大一统国家的建立使传统封建纲常思想代替了诸子百家思想，开始了对人们思想的控制。汉王朝是中国历史上第一个推行"以孝治天下"的封建帝国，从刘邦起就"重孝"，后来"孝"成为汉初的辅助治国思想；独尊儒术后，汉武帝把"孝治天下"正式确立为汉王朝的治国方针和准则，后继统治者基本承袭了这项国策。孝德教育自然成为汉代道德教育的核心内容，主要表现为褒奖孝悌、《孝经》教

---

① 王凌皓，王睿.先秦道家的原创性教育思想探赜 [J].社会科学战线，2018（8）：228-235.

育、敬老养老教育。除此之外，汉代还将对"孝"的评价当作选拔官员和奖赏臣子的主要参考因素，如士人举孝廉做官、孝子免除赋税等。

经学教育是汉代道德教育的主体。经学教育具有价值观教育的属性，尽管古代还没有价值观的概念，但其教育内容的价值观属性不容置疑。汉代选用儒家经典的"五经"来教化臣民，并确定其为道德教育的主体内容。同时，汉代把儒家思想当作治理国家的精神手段，就是要用儒家的思想理念和行为模式规范人们的思想和行为。

第三节　魏晋南北朝时期的育人思想

魏晋南北朝时期，地方士族影响力剧增，同时"儒表法里"的思想教育主旨逐渐式微。随着玄学、道教开始兴盛，佛教迅速发展，儒家学说的独尊地位被打破，中国的教育思想进入儒、玄、道、佛争鸣的时代。

于是，从魏晋时代开始，出现了一系列有违传统教育思想的道德教育思潮。例如，郭象主张"凡得之者，外不资于道，内不由于己，掘然自得而独化也"，全盘反对名教乃至教育本身；嵇康主张"今若以明堂为丙舍，以诵讽为鬼语，以六经为芜秽，以仁义为臭腐"，提出摒弃任何教育的固定模式，"越名教而任自然"。当然，在此过程中，也有儒家名士以传统教育思想卫道者的姿态批评当时社会中"无"的主张，如裴頠"深患时俗放荡，不尊儒术，何晏、阮籍素有高名于世，口谈浮虚，不遵礼法，尸禄耽宠，仕不事事；至王衍之徒，声誉太盛，位高势重，不以物务自婴，遂相放效，风教陵迟"。

随着大量少数民族涌入中原及其迅速汉化，北朝统治者"初定中原，虽日不暇给，始建都邑，便以经术为先"，使孔子再次成为中华各民族的文化代表。例如，前秦皇帝苻坚不但"考学生经义"，还建立官学，亲自赴之"问难五经"；北魏孝文帝则以身作则，"才藻富赡，好为文章。诗赋铭颂，任兴而作"，同时培养大量有相当文化教养的少数民族学者，促进其汉化。

由于各民族文化和思想流派的大碰撞、大讨论以及统治者重塑大一统王朝的需要，教育理念上的思想合流逐渐到来。梁武帝提出"三教同源"，建立官学、私学，使统一融合的思想再次成为教育的主旋律，为随后隋唐时代的崇儒兴儒打下了基础。

第四节　唐代的育人思想

经历了前朝关于教育思想的争论与交融，唐代教育的特点是以儒家思想为核心，各类思想兼容并包，并延续汉代以来的道德熏陶思想，同时利用科举制度确保国家和社会的教育需求得到满足。

唐代思想教育重视宗教融合。唐代虽是儒释道三教并存，但儒家思想占统治地位。唐代统治者通过推动不同思想、不同流派的论辩来发挥宗教和儒家思想的利益教化作用。隋唐首开科举，应试内容既有儒家经文，也有针砭时弊的策论。[①] 模式化的考试制度让儒家思想中"修身、齐家、治国、平天下"的思想深入学子内心，很好地将学子的个人价值与社会价值统一了起来，从而使教育既有助于个人利益教化，又能满足国家的要求及推动社会发展。

唐代教育以科举为纽带将教书育人与仕途通达联系在了一起，通过明经、明法、算学等考试科目，促进学子综合发展、全面发展。唐代从早期开始便重视中国传统的儒家和道家思想与当时国际上其他思想流派的交融。各种思想流派在首都长安定期进行辩论，而思想的开放促进了文化的绽放，使当时的长安成为国际性的文化中心。武则天时期，朝廷对佛教的推崇使教育系统和科举系统都遭到了不同程度的破坏，但这一趋势在唐玄宗时期得到了缓解。唐玄宗二度亲临国学视察，颁布《求儒学诏》，鼓励人们读经习礼，涵养德行。

唐代教育的另一特点是推崇道家文化。唐太宗自称老子的后裔，以"德主刑辅"思想为指导，兼采道家的"简静""无为"，极力讲求"明德慎罚"，以德化胜法禁，以求达到"安民立政"的目的。唐玄宗亲自为《道德经》五千言作注，颁令士庶均须家藏一本。唐代利用《道德经》实行全民教育，使其家喻户晓、老吟幼诵、士庶皆尊，奠定了坚实的民族精神文明基础，实现了国家长治久安、百业兴旺发达的目标。

---

① 客洪刚，谷明书.唐代的文教举措及其现代思想政治教育借鉴[J].东北师大学报（哲学社会科学版），2016（2）：243-246.

第五节　宋元时期的育人思想

宋代教育体系最大的突破在于民间书院的大规模兴起。宋代书院不同于官学，多为民间筹集资金兴建。

与官学相比，民间书院的招生条件较为宽松，但入学后考核和管理极为严格。书院常以考核来锻炼学生的德行，且德行考核一般由簿书登记制度来实施。宋代书院一般设有德业簿、劝善归过簿等，"各斋之长纠察众友之善过而登记之，以每月朔望会讲之期呈之院长，面加劝警焉"[1]。各地书院对于德行考核非常重视，如江西白鹭洲书院曾要求"诸生各立日课簿，每日将用过功夫登簿内……各随意见力量，但要日有日功，月不忘之"。书院通过"无时抽签稽查"的方式，要求学生时时刻刻约束自身，不仅对学生起到了监督作用，也使书院对学生的德行有了实时的了解。[2]

当然，宋元两代无论是官学还是私学都十分重视道德教育，对人才的培养更体现出先立人、后成才的理念。在蒙学、私学、官学乃至专科职业教育中，道德教育都是非常重要的内容。将道德教育的内容渗透于宋代教育体制的各个方面、各个阶段的教学计划和培养目标之中，使当时的道德教育呈现出立体化的模式。

随着元代官府对书院加强管理和控制，书院的教学内容和书院教授、学正、学录等职务的任命都需要官府批准。同时，若把私人所建的书院斋舍捐赠给官府，常可为主人谋取一官半职，即所谓"以学舍入官"。这种现象为明清时期主张经世致用的朝廷主导科举教育模式埋下了伏笔。

第六节　明清时期的育人思想

明清时期道德教育思想在知行观上强调知行合一，两者不可偏废，诚如王夫之所说："知行相资以为用。惟其各有致功，而亦各有其效，故相资以互用，则于其相互，益知其必分矣。同者不相为用，资于异者，乃和同而起

---

① 陈华栋.课程思政：从理念到实践[M].上海：上海交通大学出版社，2020：11.
② 常瑞琴.宋代书院德育举措及启示[J].中国校外教育，2017（9）：4-5.

功，此定理也。"① 他认为在生活实践、教育实践当中，"知"和"行"一直处于相互包含、相互渗透的状态，不仅要将"知"纳入现实生活，还要肯定"行"的重要作用。同时，王夫之主张道德教育必须在生活实践中进行。明清教育思想家反对那种"平日袖手谈心性，临危一死报君王"② 的做法，而倡导务实，倡导和现实生活联系紧密的实学，认为万事万物、日用伦常、应事接物都可以成为道德教育中学者所学、教者所教的内容，从而在生活实践中体悟本心、体悟天理，反过来，再用"心"和"理"去指导生活实践。

随着"知行合一"理念与传统的儒家忠君爱国道德精神的结合，明清教育致力于经世致用人才的培养，既立足于现实生活又有所超越，反映在人才培养上，即应试性质的八股文与实用的数学、地理知识并举，已不只限于四书、五经等儒家经典的学习。"天下兴亡，匹夫有责"是当时教育思想家反思历史与现实、探求天下存亡得失之理的写照，而强调培养经世致用的人才是他们共同的、鲜明的特点。黄宗羲特别强调仁义与事功的结合，重视对理想中人才的事功要求，即要求学者积极参与世事、建立实际功业，更为重要的是要有所超越，要有强烈的社会责任感，有"先天下之忧而忧，后天下之乐而乐"的胸怀，并不仅限于日常伦理。但这种超越并不与道德生活化相违背，而是基于现实生活背景的对刻板知识内容的超越，使书本内容的教化最终服务现实生活。

在这种"经世致用"思想所反映的社会风气的影响下，即使是在科举成功的人士中，也有许多人努力学习各种实用知识，所以明清时期科技人才辈出。这种教育虽然是一种以儒家经典为主要教材、以八股文写作训练为重要特色、以科举考试为目的的应试教育，但在科技人才培养上也有其积极的一面。③ 在针对下层群众（不参加科举考试）的蒙学教育中，《三字经》等教育文本使一般民众获得了独立从事一般经济活动所需的读、写、算基本能力。明清时期占据主导地位的"心学"认定"吾心"便是宇宙，"吾心之良知"是天地万物的立法者，极高地弘扬了道德主体精神。王守仁、湛若水等人认为，"三纲五常"的道德法则皆源于人的"本心"，并提出"心即理"的命题，确立了道德主体性是一切道德规范的立法者。④

① 王键. 杏林耕耘文存：治校问学历程中的片段思考 [M]. 合肥：合肥工业大学出版社，2016：50.
② 张方玉，鲁昕. "思想道德修养与法律基础"教案 [M]. 北京：光明日报出版社，2017：117-118.
③ 李伯重. 八股之外：明清江南的教育及其对经济的影响 [J]. 清史研究，2004（1）：1-14.
④ 薛丽丽. 明清时期德育生活化及现代启示 [J]. 江汉大学学报（人文科学版），2010，29（4）：99-102.

第七节　民国时期的育人思想

1912 年初，时任中华民国临时政府教育总长的蔡元培发表了《对于教育方针之意见》一文，倡导"公民道德教育、军国民教育、实利主义教育"，后又增添了"世界观教育"和"美感教育"。他提出的"五育并举"教育方针奠定了民国时期教育的理论基础，是对中国传统哲学的传承与发扬，同时体现了民国政府促进受教育者全面发展的思想理念。"五育并举"教育方针以道德教育为核心，以把受教育者培养成具有健全人格的国民为首要任务，以实利教育和军国民教育来引导智育和体育，使教育在振兴民族经济、抑制军阀政治、捍卫国家主权方面发挥重要的作用。这一时期，大学文科课程注重对中国传统学科文、史、哲的传授、研究与发扬，从中挖掘道德教育要素，还提高了音乐、美术、手工、农业等课程的地位，关注美感和情感教育，注重课程的应用性、平民化和实践理论的协同发展。可见，这一时期民国大学道德教育初见端倪，道德教育环境初步构建完成。与此同时，近代西方较为流行的"民主"和"科学"理念在中国得到广泛传播，催生了新文化运动和五四运动。特别是五四运动对传统道德负面内容的批判推动了思想的解放，但同时削弱和动摇了道德本身的权威性，使学校教育面临着严峻的纪律松懈和秩序紊乱等问题。

南京国民政府成立后不久，即宣布"军政时期"结束，"训政时期"开始，并对各级各类学校实行严格控制和管理。训育制度是国民政府的核心教育政策，也是最为持久、执行最为严格的教育管理制度，深刻影响了民国时期的教育面貌。训育的目的之一是从生活上改造学生。这一理论来自美国的教育学家杜威，其代表性教育理论是"教育即生活""学校即社会""从做中学"，体现了实用主义思想重实验、重实用、重行动的特征。导师制是训育制度中非常重要的一项措施，起源于 14 世纪的英国牛津大学。在中国，最早施行导师制的是美国主办的教会大学、金陵女子大学。导师制受限于国民政府的政治意图，无法得到各个追求学术自由大学的认同，在实施过程中缺乏各大学有效的配合，同时其政策自身欠缺考虑，不符合当时的实际状况，因此成效有限。1946 年 7 月，教育部决定废除大学导师制，代之以训育委员会，施行了将近十年的大学导师制自此废止。[①]

---

① 艾菁.民国高校导师制实践及其失败探究 [J].江苏科技大学学报（社会科学版），2018，18（4）：21-26.

第二章　教育新路：课程思政 教育理念

《大学》有云："大学之道，在明明德，在亲民，在止于至善。"中国传统教育向来注重教育"成人"功能的实现。在这里，"成人"的含义是使受教育者成为一个有道德的圣人，明辨是非，知书达理，能以极高的道德标准来要求自己。现代教育学之父赫尔巴特也指出："道德普遍地被认为是人类的最高目的，因此也是教育的最高目的。"①由此可见，中外都把育人育德的思想政治教育摆在教育的核心地位。

近年来，课程思政已成为我国高校思想政治工作中的新词、热词，并逐渐发展成为我国高校教育教学改革新的着力点、增长点。2020年，在教育部颁布《高等学校课程思政建设指导纲要》后，全国高校加快课程思政建设的步伐，不断完善和优化思想政治教育课程体系，促进了中国高校思想政治工作在新时代的创新与发展。

第一节　课程思政的内涵与界定

一、课程思政的科学内涵

思想政治教育，是指一定的阶级、政党、社会群体用一定的思想观念、政治观点、道德规范，对其成员施加有目的、有计划、有组织的影响，使他们形成符合一定社会、阶级所需要的思想品德的社会实践活动。它包含思想教育、政治教育、道德教育等，不以人们的意志为转移，即使名称不同，但都普遍而客观地存在于一切国家和历史发展中。而课程思政作为思想政治教育的具体类型，其实一直都存在着，只是人们在把握思想政治教育的过程中忽略了它存在的特殊性，即课程思政并不是一个崭新的事物。从实践方式来看，思想政治教育主要有两种情况，第一种是旗帜鲜明的直接教育，采用正

---

① 赫尔巴特.普通教育学[M].李其龙，译.北京：人民教育出版社，2015：107-118.

面、直接的施教方式；第二种是迂回的间接教育，把教化渗透到丰富多彩的社会生活中。

这里探讨的课程思政是以上两种情况的合集。具体而言，课程思政在高校课程建设中既有思想政治教育的显性课程——思想政治理论课发挥价值引领作用，又有隐性课程——综合素养课程和专业教育课程在知识传授中强调主流价值引领，其以强化显性与细化隐性、知识传授与价值引领相结合的方式，使思想政治理论教育与专业教育协调同步，便于在课堂教学主渠道中全方位、全过程、全员立体化育人。

推动课程思政体系的发展，离不开专业课程的设计创新。完善课程思政体系，要将专业课程当作课程思政的重要组成部分，立足学科的特殊视野、理论和方法，创新专业课程话语体系，促进专业授课中知识的传授与价值引领的有机统一，达到"以文化人、以文育人"的隐形课程思政目的，扭转目前专业课程教学中重知识传授、轻德行培育的状况，深度发挥课堂主渠道作用，打破原先思想政治教育和专业教育"两张皮"的困境，真正做到各门课程"守好一段渠、种好责任田""与思想政治理论课同向同行，形成协同效应"。因此，我们应该以专业课为研究的切入点，对课程思政进行探索，使课堂主渠道的功能最大化，这对构建全课程育人格局、构建大学生思想政治教育体系、深化高校课程改革有一定的启示意义。

二、课程思政的概念界定

（一）课程

《辞源》上写道："试也，计也，程也。凡定有程式而试验稽核之，皆曰课。"在我国，"课程"一词最早滥觞于唐朝。在《五经正义》里，著名经学家孔颖达为《诗经·小雅·巧言》中"奕奕寝庙，君子作之"一句注疏："以教护课程，必君子监之，乃得依法制也。"经过长期的考证，这是"课程"一词在我国汉语文献中的最早显露。到了宋朝，朱熹在《朱子全书·论学》中多次提到"课程"二字，如"宽著期限，紧著课程""小立课程，大作工夫"等。这里所提及的"课程"主要指功课及其进程，与我们现在常用的"课程"意思较为接近。在西方，"课程"一词源于拉丁文"currere"，作为动词，具有"奔走、跑步"之意；作为名词，意为"跑步的道路、奔走的过程或进程"，引申意义为"一段教育进程"。1859年，英国哲学家、教育家斯宾塞发表了一篇名为《什么知识最有价值》的文章，并在文章中提出了

"课程"一词，英文为"curriculum"，含义为"教学内容的系统组织"。这是"课程"一词在西方的首次显露。"curriculum"一词一直活跃于学校时间表上，主要指学校时间表上科目内容的安排。在这一词源的基础上，西方国家对"课程"最常见的定义是"course of study"（学习的进程），简称"学程"。

目前，不同学科领域从不同维度对"课程"一词进行了多种定义。在经济学领域，人们将课程与税联系在一起。例如，在《中国经济史大辞典》中，课程一方面被理解为元朝若干工商税的总称，包括岁课、盐课、茶课、商税等；另一方面被理解为清代农村市集中的若干杂税。《元史·世祖本纪》有言，"诸路课程，岁银五万锭，恐疲民力，宜减十分之一"；《大清律例·户律·课程》注曰，"课者，税物之钱。程者，谓物有贵贱，课有多寡，如地利之有程限也"。此外，《中国古代法学辞典》将课程界定为征税的限度与标准。在军事领域，课程特指国家或军队规定的教学计划、教学大纲和教科书的总称。从教育学的视角来看，《简明教育辞典》对课程进行了广义和狭义的区分。广义的课程指所有教学科目的总和，狭义的课程仅指一门教学学科。由于我国高校课程思政建设要求除思政课程之外的其他各类课程发挥育人功能，将立德树人贯穿教育教学全过程，涉及的学科领域比较广，因此本书所称课程是广义上的课程，也就是说，将课程界定为出于实现一定人才培养目标的目的而明确的教学科目的总和。

综上所述，本书所理解的课程是一种教学活动，并且这种教学活动需要教师的教与学生的学达到一种和谐共生的状态才能实现最优化。具体来讲，课程不仅要体现"由教育目标规定的教学科目及其内容"，还需要彰显教师在这一教学进程中的目的性和计划性，以及学生在不同学习阶段的学习要求，如"知识、能力、品德、价值观"等。[①] 由此可见，课程的内涵是十分丰富的，其不是对大学生进行学科专业知识和技能的单向度灌输，而是将价值观引导寓于其中，实现价值观与学科专业知识、技能的双向度传授。所以，教师要充分挖掘课堂知识内在蕴含的思想政治教育元素，不仅要授业、解惑，还要传道，以高尚的人格感染学生，在教会学生知识、提升学生本领的同时，引导学生知晓做人做事的道理，这才是课程的真谛。

---

① 邱伟光.论课程思政的内在规定与实施重点[J].思想理论教育，2018（8）：62-65.

（二）课程思政

中国高校课程思政改革顺应了新时代高校思想政治教育的新诉求。马克思主义认为，"人们的意识，随着人们的生活条件、人们的社会关系、人们的社会存在的改变而改变"①。所以，我国高校课程思政建设的普遍开展有其自身的必然性，是对以往学科道德教育、课程道德教育实践的继承和发展，是新时代课程改革的最新成果。从字面上来看，课程思政包括课程和思政两个部分，但是我们不能将课程思政单纯地理解为课程和思政的叠加。从学科归属来看，课程属于教育学的研究范围，是教学论中的重要概念，而课程思政属于思想政治教育学的研究范围。因此，欲全面、系统、科学地厘清课程思政的含义，必须要将课程思政放在教育学和思想政治教育学的学科体系中来理解，进行整合研究；要从思想政治教育维度研究怎样为学生的自由全面发展打下科学的思想基础；要从教学论的视角研究如何运用教育学原理开展育人工作。同时，积极借鉴诸如哲学、心理学、社会学、管理学等相关学科的育人工作成果，扩充课程思政的学理基础。其实，课程思政并不是一个新生事物，而是育人实践中一种客观存在的事实。作为育人的方式之一，它一直存在于育人过程之中，在教育境界上追求"潜移默化""润物无声"，只是人们往往忽略了其存在的特殊性。"纵观古今中外各阶级的思想政治教育，从实践方式讲不外乎两种情况，一种是旗帜鲜明的直接教化，采用正面、直接的施教方式；一种是虚与委蛇的间接教化，把教化渗透到丰富多彩的社会生活之中。"②纵观国内专家、学者对中国高校课程思政含义的解读，笔者比较赞同中国人民大学刘建军教授的观点，即"在广义的课程思政中，又有思想政治课程的思政和其他课程的思政之分"③。本书所述的课程思政重点指其他各类课程发挥育人功能。因此，中国高校课程思政就是以马克思主义基本立场、观点及方法为基石，以课程为载体，以其他各门各类学科所蕴含的思想政治教育元素为融入点，以课程育人为主要形式，潜移默化地将价值观引导寓于知识传授与能力培养之中，旨在实现立德树人教育理念。

我国高校课程思政的提出和发展经历了一定的过程。在20世纪80年代末，中共中央意识到"把思想政治教育与业务教学工作结合起来"是改进高

① 中共中央马克思恩格斯列宁斯大林著作编译局．马克思恩格斯文集：第2卷 普及本[M]．北京：人民出版社，2009：50.

② 白显良．隐性思想政治教育基本理论研究[M]．北京：人民出版社，2013：34.

③ 刘建军．课程思政：内涵、特点与路径[J]．教育研究，2020（9）：6.

等教育思想政治工作的措施之一。1995年，"旨在全面贯彻教育方针，全面提高教育质量，加强和改进高等学校德育工作，建立全方位德育格局，形成全员德育意识，增强德育总体效果，提高德育水平，建立和完善有中国特色的社会主义高等学校教育体系"①的《中国普通高等学校德育大纲》提出："要发挥各科教学的德育功能，结合教学相关内容和各个环节，有机地对学生实施德育。"②2004年8月26日，中共中央、国务院《关于进一步加强和改进大学生思想政治教育的意见》中强调："高等学校各门课程都具有育人功能，所有教师都负有育人职责。""要深入发掘各类课程的思想政治教育资源，在传授专业知识过程中加强思想政治教育，使学生在学习科学文化知识过程中，自觉加强思想道德修养，提高政治觉悟。"自2004年以来，在未成年人思想道德建设和大学生思想政治工作领域，党中央先后出台了一系列文件。上海市抓住机会，以此为契机开启了学校德育课程改革的探索之路。2014年，上海市委、市政府率先提出了课程思政的理念。此后，出于开发专业课程中思想政治教育元素的目的，上海市挑选出一部分学校进行试点试验，推出了"大国方略"等一批"中国系列"课程。上海市逐渐意识到，高校思想政治教育工作不能就思政课谈思政课建设，应从原有的模式中脱离出来，以马克思主义意识形态为制高点，从"育人"的本质要求出发，将高校思想政治教育工作贯穿在教育教学全过程中，牢牢把握课程改革的中心环节，充分利用课堂教学在育人过程中的主渠道作用，将立德树人积极贯彻落实到课堂教学之中，充分挖掘各门、各类课程的思想政治教育资源，使所有课程均充分发挥思想政治教育功能，所有教师都担起立德树人的责任。此后，2015年的《关于进一步加强和改进新形势下高校宣传思想工作的意见》和2017年的《关于加强和改进新形势下高校思想政治工作的意见》都进行了与之相似的论述，主张充分挖掘和利用各个学科蕴含的思想政治教育资源进行合力育人。2016年，上海市形成的"以思政课为核心、综合素养课为支撑、专业课为辐射"三位一体的先期探索经验被吸纳进中央31号文件。同年12月，习近平在全国高校思想政治教育工作会议中明确指出："各门课都要守好一段渠、种好责任田，使各类课程与思想政治理论课同向同行，形成协同效应。"

　　2017年，中共中央、国务院印发的《关于加强和改进新形势下高校思想政治工作的意见》再次强调了课程思政的重要性。该意见明确指出："坚

---

① 黄蓉生.大学生思想政治教育若干论题研究[M].北京：人民出版社，2016：675.
② 沈壮海.思想政治教育的文化视野[M].北京：人民出版社，2005：276.

持全员全过程全方位育人。把思想价值引领贯穿教育教学全过程和各环节，形成教书育人、科研育人、实践育人、管理育人、服务育人、文化育人、组织育人长效机制。""要充分发掘和运用各学科蕴含的思想政治教育资源，健全高校课堂教学管理办法。"此后，《关于深化教育体制机制改革的意见》强调："健全全员育人、全过程育人、全方位育人的体制机制，充分发掘各门课程中的德育内涵，加强德育课程、思政课程。"同时，将课程思政由地方实践探索提升到国家战略部署的高度。2017 年 12 月，教育部印发的《高校思想政治工作质量提升工程实施纲要》对课程育人、科研育人、实践育人、文化育人、网络育人、心理育人、管理育人、服务育人、资助育人、组织育人的"十大育人"体系进行了详细规划，将课程育人列为"十大育人"之首，正式使用了课程思政这一概念，并进一步提出："大力推动以'课程思政'为目标的课堂教学改革，优化课程设置，修订专业教材，完善教学设计，加强教学管理，梳理各门课程所蕴含的思想政治教育元素和所承载的思想政治教育功能，融入课堂教学各环节，实现思想政治教育与知识体系教育的有机统一。培育选树一批'学科育人示范课程'，建立一批'课程思政研究中心'。"2018 年，教育部出台了《关于加强新时代高校"形势与政策"课建设的若干意见》。该意见主张"形势与政策"教育类的选修课要发挥"课程思政"作用。2018 年 9 月 10 日，习近平在全国教育大会上主张："要把立德树人融入思想道德教育、文化知识教育、社会实践教育各环节。"此时，全国各高校正在大刀阔斧地进行课程思政建设，旨在促进思想政治教育与专业知识教育的有机结合。2019 年 2 月，中共中央、国务院印发的《中国教育现代化 2035》提出了"八大理念"和"十大战略任务"。"八大理念"强调德育为先，而"十大战略任务"中的首要任务为学习习近平新时代中国特色社会主义思想，重申了高校思想政治教育以及课程思政改革的重要性。2019 年 3 月 18 日，在学校思想政治理论课教师座谈会上，习近平旗帜鲜明地指出："要坚持显性教育和隐性教育相统一，挖掘其他课程和教学方式中蕴含的思想政治教育资源，实现全员全程全方位育人。"2020 年 5 月，教育部印发的《高等学校课程思政建设指导纲要》表明课程思政开始由理念走向实践，从雏形走向体系，从地方试点走向全国。

第二节　课程思政的特点与要求

一、课程思政的特点

在《汉语倒排词典》中，"特点"一词被译为人或事物所具有的独特的地方。笔者认为，隐蔽性、依附性、浸润性是中国高校课程思政的特点。

（一）隐蔽性

课程思政作为指导我国高校完成立德树人根本任务的新理念，并不强调直接公开地对新时代大学生进行施教，而提倡采取隐蔽的方式，在暗默中将政治引导、思想引领、道德熏陶、心理健康教育及劳动教育等方面的内容渗透到教育教学活动中，传授给大学生，影响大学生，"寓教于无声无息之中"。课程思政所强调的是将价值观引导隐蔽在教育教学活动中，即在教育教学活动开展的过程中不进行形式上、"感觉上"的价值观引导，而进行事实上的价值观引导，隐去价值观引导的"形"，让价值观引导在施教过程中不被大学生直接感受到。所以，课程思政是"隐形"之教，它所追求的价值观引导是具有隐蔽性的，不会黏附于教育教学活动。

课程思政的隐蔽性主要表现在两个方面。一方面，施教过程的隐蔽性。专业课教师进行课程思政建设，是将政治引导、思想引领、道德熏陶、心理健康教育、劳动教育等方面的内容渗透于专业知识之中，使大学生在学习专业知识的过程中接受价值观教育。同时，专业课教师开展的课程思政施教过程也是其所"隐""寓"其中的价值观引导过程。在这一过程中，大学生直接关注的是专业知识学习活动，而不会直接体验到价值观引导活动，甚至不会感觉到价值观引导的存在，因此专业课教师的施教过程是隐蔽的。例如，在急救课堂教学中，医学类的教师往往通过引导学生了解急救对挽救生命的重大意义来向大学生传递医务工作者敬畏生命、救死扶伤、舍己救人的精神。虽然专业课教师具有明确的价值观引导动机，但不会外在地表露出来，因此这类课程与思想政治理论课程在施教动机和施教过程方面具有明显的不同。在思想政治理论课程中，教师以思想政治教育本身的内容为基点展开具体教学活动，而医学课堂中的价值观教育活动是隐蔽在医学教学中的。值得注意的是，这种隐蔽性必然要求专业课教师不要将价值观引导标签式地贴到专业知识中，而要推动价值观引导与专业知识教育相融合，促进价值观教育与专业知识教育在形式与内容上实现一体化。"那种将思想政治教育的目的、意图、内容等简单地负载于"[①]专业知识中，不在深层次的融合上下功夫的做法并不是真正意义上的课程思政。另一方面，受教结果的隐蔽性。苏霍姆林斯基曾经讲：孩子们愈少感到落在他们身上的教育设想，任何一种教育现象的教育效果就愈大，一旦他明白了你专门找他谈话是为了教育他——他的心灵，形象地说，他便会扣上所有的纽扣，整个封闭起来。课程思政改革要求专业课教师将思想政治教育元素熔铸在专业课程的专业知识中。对于大学生而言，在整个施教过程中，他们的整个思想是向专业课教师的施教开放的，不存在主观的"封闭"和"逆反"倾向，所以其教育效果是突出的。但是，由于专业课教师进行价值观引导的施教过程也是专业知识传授过程，大学生所直接关注的焦点在专业知识上，而不是其背后蕴含的思想政治教育资源。因此，所取得的价值观教育效果会被专业知识的传授暂时遮蔽，一般不会即刻显露出来。总而言之，我国高校专业课教师对大学生进行价值观引导的方式是隐蔽的，我国高校课程思政具有隐蔽性。

（二）依附性

我国高校专业课教师不能孤立地对新时代大学生进行价值观引导，而要依附一定的载体，通过这个载体将专业知识中蕴含的思想政治教育元素不知不觉地融进新时代大学生的心灵，并对其产生影响。这一载体就是专业课程。所以，依附性是我国高校课程思政的特点之一。专业课教师只有全面、正确地把握依附性这一特点，才能增强新时代大学生价值观教育的实效性，提升价值观教育的渗透力、感召力、说服力和吸引力。因此，专业课教师必须对自身所授的课程进行精心设计，精心组织教育教学活动，使新时代大学生"身体力行，积极参与，从中陶冶情操、树立信念、培养意志"[②]。

我国高校课程思政具有依附性的原因有两点：一是课程思政建设要求专业课教师依附一定的课程向新时代大学生传递专业知识蕴含的思想政治教育元素，而这种课程能够为专业课教师所操控；二是专业课程是将专业课教师与新时代大学生联系起来的形式和手段，双方需依附这种形式和手段进行双向互动。课程思政的本质在于育人，围绕这一本质，专业课程教学致力

---

① 白显良.隐性思想政治教育基本理论研究[M].北京：人民出版社，2013：43.

② 赵珊珊.浅析高校思想政治教育中的无意识教育[J].新西部，2019（21）：135-136.

于实现知识传授与价值引领的同频共振，使新时代大学生在学习专业知识的同时，得到价值观的熏陶，进而成为合格的社会主义建设者和接班人。由此可见，专业课程承载了丰富的思想政治教育资源，且以课堂教学为主要表现形式的专业课程也能为经过专门培养的高校专业课教师所掌握和运用。新时代，专业课教师是对大学生进行价值观教育的新力量，而大学生是价值观教育的客体。在我国高校课程思政建设过程中，专业课教师与大学生依附专业课程教学这种有效形式进行多维互动，获取积极的教育效果，以达到对大学生进行价值观教育的目的。总而言之，专业课教师需依附专业课程来对大学生进行价值观引导，而我国高校课程思政具有依附性。

（三）浸润性

中国高校课程思政具有浸润性。所谓浸润性，是指每个专业、各类学科以及课程积极挖掘其潜在的思想政治教育资源，并通过课堂教学展现出来。将这种思想政治教育元素浸润到课堂教学的全过程中，实质上是一种隐性思想政治教育方法，与理论灌输法有显著区别。首先，这种浸润性表示为形式上的"寓他性"。思想政治理论课与其他课程的一个显著区别就是自身的特殊性质，就是将思想政治理论传授给受教育者，是一种显性思想政治教育。课程思政则不同，它是要求专业课教师在讲授相关学科知识理论时渗透价值观引导，换句话说，就是将价值观引导寓于每个专业、各类学科以及课程之中是显在的，但其本身的存在方式是内隐的，是一种隐性思想政治教育。也就是说，课程思政表现的外在形式是单一的，但其内在的目的、意图以及内容是多维的。值得注意的是，课程思政不是静态的，而是动态的。其次，这种浸润性重点强调的是内容上的融合性。课程思政是在不破坏原有的思想政治理论课的前提下，专业课教师积极开发各自所属专业、学科以及所在课程中的思想政治教育元素，将价值观引导体现于课堂教学各个环节之中，突出的是融合中的浸润。把握这种浸润性，就要注意把握浸润之魂。本书所述的浸润是将价值观引导潜移默化到每个专业、各类学科以及课程的每一个环节之中，而不是整体将价值观教育置于每个专业、各类学科以及课程的某个环节。这一点体现的是浸润的精髓与灵魂，也就是说，开展课程思政建设，关键是要具有隐性育人的意识，要在课堂教学中植入隐性教育之魂，实现价值观引导与其他课程的融合，从而促进思想政治教育与其他课程在形式与内容上实现一体化。将思想政治教育的任务、目的以及内容等简单地负载于每个专业、各类学科以及其他课程之中，而不在深层次的价值观教育融合上下功夫，这并不是真正意义上的课程思政，因为课程思政的浸润性不是在每个专业、各类学科以及所有课程的教学中附着一个"看不见、摸不着"的幽灵，也不是简简单单地对每个专业、各类学科以及其他课程提出价值观引导要求或者在其基础上进行思想政治教育价值赋值。从某种意义上讲，思想政治教育是"灵魂"，"课程思政"是"肉身"，"灵魂"与"肉身"在隐性思想政治教育中是高度合一的。

浸润性对于中国高校课程思政建设的顺利进行具有十分重要的意义。

首先，坚持浸润性，有利于打通思政课程和课程思政协同育人的通道。一般来说，思想政治教育主要包括显性思想政治教育和隐性思想政治教育两种形式。在我国高校，思政课程是显性思想政治教育方式之一，而课程思政实质上是一种隐性思想政治教育方式。从思政课程到课程思政，教育形式由直接教导到潜移默化，有利于丰富和完善思想政治教育方式，打通思政课程和课程思政协同育人的通道，形成思政课程与课程思政通力合作的局面，从而保障课程思政建设的顺利进行。

其次，坚持浸润性，有利于凸显主体性与主导性相结合的教育理念。中国高校课程思政建设是在充分尊重新时代大学生自主性的基础上，从他们的实际需求出发来设计教育教学内容的，但是有一点不容忽视，即教师在教育教学过程中仍具有主体性与主导性作用。一方面，课程思政的顺利开展有利于充分发挥教师的主体性作用。在课程思政建设过程中，教师作为兼具能动性与创造性的主体，呈现出了组织实施的主体性、对受教育者施教的主体性、对自身发展的主体性等。因此，课程思政建设有利于推动高校教师形成完善的知识结构、正确的思想观念，从而在知识量的储备和思想观念的先进性上优于新时代大学生。另一方面，课程思政的顺利开展有利于继续深化教师的主导性作用。虽然课程思政强调尊重新时代大学生的主动性与自主性，但是作为教育内容的实施者和教育活动的发起人，教师应深化自身的主导性作用。教师的主导性主要表现为其在整个教育教学过程中的有意识性。课程思政建设有利于促使他们结合教育任务、目标的需要和新时代大学生思想发生的新变化，及时引导和调控活动的进程和发展方向，根据新时代的新情况采取不同的应对办法，从而彰显自身的主导性。

二、课程思政的要求

长期以来，我国高校更多地将育人工作交给思想政治理论课程及其教师，但是实践表明，这一举措取得的效果并不佳。新时代，课程思政要求专业课教师参与到育人工作中来，用专业知识蕴含的思想政治教育元素育人。因此，我国高校课程思政应按照立德树人的要求，明确政治导向，寓德于课，人文立课，对新时代大学生进行价值引领。

（一）政治导向

政治导向规定了中国高校课程思政的方向性问题。在这里，政治导向就是指我国高校课程思政建设要坚持社会主义办学方向。"办什么样的大学、坚持什么方向、高举什么旗帜，是高等教育发展的根本性与方向性问题。"[①] 中国高校的发展方向不能脱离中国特色社会主义现代化建设的现实需求和未来目标，而要沿着中国特色社会主义道路前进，需为人民服务，以民之所需、所求为育人的出发点和归宿；需为中国共产党治国理政服务，保证党对高校的领导权，坚持马克思主义意识形态在高校的主导地位，牢牢把握其在高校意识形态领域的领导权和话语权；需为中国特色社会主义制度的巩固和发展服务，以道路自信、理论自信、制度自信和文化自信为着力点，并将其以贯之；需为改革开放和社会主义现代化建设服务，以培育中国特色社会主义建设的时代新人为崇高使命。课程思政改革是我国高校思想政治工作的新力量，充分地展示了社会主义高校办学的鲜明特色，彰显了社会主义高校的育人导向。课程思政在"围绕坚定学生理想信念，以爱党、爱国、爱社会主义、爱人民、爱集体为主线"的基础上，既要引导大学生实事求是、踏踏实实地学好本学科的专业知识，掌握专业技能，为中国特色社会主义建设倾尽全力，又要引导其将自身的学习生活与国家发展的主诉求联系起来，认识到学习知识的目的在于为人类的幸福而奋斗，正如马克思所言的"人们只有为同时代人的完美、为他们的幸福而工作，才能使自己也达到完美"[②]，从而为中国梦和共产主义的实现提供物质和精神条件。

（二）寓德于课

立德树人是我国高校的立身之本。大学教育是一个人最终走向社会的铺路石，其不仅要向大学生传递科学文化知识，还要培养学生积极健康的心态、良好的道德品质以及高尚的人格。对于大学生来说，这是十分难得而又弥足珍贵的人生阅历和体验。2016 年 12 月，习近平在全国高校思想政治工

---

① 王炎平.课程思政的价值意蕴与生成路径[J].知识文库，2019（17）：195-196.
② 马克思.青年在选择职业时的考虑[J].中国民政，2017（4）：1.

作会议上强调："要坚持把立德树人作为中心环节，把思想政治工作贯穿教育教学全过程，实现全程育人、全方位育人，努力开创我国高等教育事业发展新局面。"立德不仅是思想政治教育的重点内容之一，还是我国高校课程思政建设的重要组成部分。德需要借助一定的载体才能实现自身的功能和作用，而课程思政建设为德提供了课程这一载体，既将德寓于具体的课程内容中，又将德寓于教师的教育教学过程中。

德是立身之本，立国之基。自古以来，中华民族就将以德修身、从政以德作为崇高的价值追求。评价一位教师是否是一名优秀的教师，不仅要看他是否精于"授业"和"解惑"，还要看他是否以"传道"为责任和使命，也就是说，看他是否做到了"经师"和"人师"的统一。立德的要求就潜隐在这一评价标准中。新时代，培养社会主义事业建设者和接班人是每一位高校教师的重要任务，而"德智体美劳全面发展"是社会主义事业建设者和接班人的应然状态，且德是首位。所以，中国高校课程思政建设应突出对大学生的德行教育。一直以来，思政课程在大学生德育过程中发挥着关键作用，但是这一教育任务不是仅仅靠某一门课程就能完成的，所有课程都要承担这一任务。从这个意义上来看，除了思政课程之外的其他专业课程具有不可推卸的责任，要与思政课程同向发力。然而，在实际的育人过程中，很多高校在某种程度上存在着思政课程与专业课程相脱节的问题，在认识上形成一种误区：帮助大学生立德是思政课程的任务，专业知识教育是专业课程的任务，两者是没有联系、毫不相干的。这一认识误区使思政课程与专业课程对峙了起来，割裂了两者在立德上的一致性。课程思政改革的提出有效地弥补了这一不足，使立德成为所有课程及教师的任务。立德并不是游离于课程之外的"幽灵"，而是课程的应有之义，"课程思政所要实现的正是寓德于课，从而为国家、社会和人民培养德才兼备之人"[①]。

（三）人文立课

我国高校课程思政建设要求专业课教师挖掘所授课程中的"人文素养"元素，而人文素养的范畴是十分宽泛的。人文精神是人文素养中的重要部分，它是一种对人类生存意义和价值的关怀。我国高校课程思政建设的载体并不单指某一门课程，除思想政治理论课程之外的其他所有课程都可以成为

---

① 王学俭，石岩.新时代课程思政的内涵、特点、难点及应对策略[J].新疆师范大学学报（哲学社会科学版），2020，41（2）：50-58.

其载体，没有高低优劣之分，只是在难易程度上存在差异。从本质上来看，每门课程都具有育人功能。课程教学包括教书与育人两种维度，人文精神则蕴含于此，只不过在实际教育教学过程中，不同类型的课程在不同程度上隐化了人文精神。大学生只有接受了知识教育与价值观教育，才能称得上接受了健全的教育。同时，人文精神教育对于大学生形成健全的人格具有十分重要的意义。事实上，人文精神是课程的固有之物，而课程思政改革进一步加深了课程原有的这种人文精神。教师是履行教育教学职责的专业人员，承担教书育人、培养社会主义事业建设者和接班人、提高民族素质的使命。因此，我国高校课程思政建设强调专业课教师要在教学过程中积极开发人文精神，扩充知识的内涵，赋予知识教育一定的情趣，将能力培养落到实处。

在我国高校课程思政建设中，专业课教师要认真学习、领会、贯彻立德树人是教育的根本任务中潜在的人文精神，自觉地在教育教学过程中将知识教育与家国情怀教育、健全人格教育结合起来，挖掘课程中潜隐的思想政治教育资源，对课程思政进行深刻的认知和理解，将对人类生存意义和价值的关怀有机地渗透到知识教学中，真真正正地使所教课程发挥育人功能。

（四）价值引领

中国高校课程思政建设要求各门各类课程挖掘潜在的思想政治教育元素，并将这种思想政治教育元素有机地融入教育教学过程。思想政治教育元素主要指思想政治教育内容，不一定是具体的思想政治教育理论知识内容，也可以是思想政治教育所体现的一种价值理念和精神追求。一方面，从融入的具体内容来看，将培育和践行社会主义核心价值观融入专业知识传授与能力培养活动，实施性较强，融合模式比较易于实现，能彰显我国高校课程思政的价值引领特点；另一方面，从融入的抽象内容来看，课程思政建设不是将思想政治教育的基本理论知识灌输给大学生，而是通过隐性思想政治教育的方式来引导大学生树立正确的世界观、人生观、价值观，从而实现对大学生的价值引领。"拔节孕穗期"的大学生离不开栽培和教导，且他们的价值取向科学与否将对未来整个社会的价值取向产生重要影响，因此对处于青年时期的大学生进行价值观教育意义重大。总之，无论从融入的具体内容还是抽象内容来看，中国高校课程思政建设是以价值引领为核心的。

第三节　课程思政的构成与内容

一、课程思政的构成

思想政治教育工作在社会主义现代化建设中承担着重要的责任，也是实现中华民族伟大复兴的中国梦需要完成的基本工作。思想政治理论课程一直是对学生进行思想政治教育的主渠道，它将马克思主义理论同中国社会主义建设实践紧密结合，将德育工作与中国特色社会主义理论、中华优秀传统文化紧密结合，体现了思政教育工作的方向和宗旨。

然而，仅仅有思想政治理论课是远远不够的。杜玫和詹丽峰在所著书籍中有关于德育途径的理论探讨，引用了前苏联教育学家的观点，该观点认为"学生在学校所学习的自然、社会思维方面的知识是世界观和正确道德行为的基础"。[①] 这恰恰说明，对学生进行思想政治教育不能仅抓思想政治理论教育课程而忽视其他课程以及校园文化的思政教育功能，健康的、成功的思想政治教育理应与各类科目携手并举，共同发挥思想政治教育功能，使其教育功能达到一加一大于二、一加二大于三的效果，这才是课程思政的意义所在。因此，在实际操作中，要把握住课程思政与思政课程的协同育人效应，实现课程思政中的"专业教育课""综合素养课"和"第二课堂"三位一体的育人新模式。

（一）专业教育课

专业课程注重以技能知识专业化为主要特征开展育人工作。发挥专业课的思想政治教育作用，应该做到以下三点：一是根据自然科学和哲学社会科学课程不同特性，分别挖掘两者蕴含的思政教育资源；二是从教学目标、教学内容和环节、教学策略与方法、教学资源分配等多方面考虑，制定较为完善的试点方案，编写具有相对权威性的教学指南；三是在试点基础上，从贯穿教学全过程的各个方面提出带有相关建设性意见的方案。

高校专业课涵盖的丰富的思想政治教育元素是对大学生进行思想政治教育的重要工具，能提高思政教育与专业课程教学的融合程度。以专业教

---

① 杜玫，詹丽峰.教育学[M].武汉：湖北科学技术出版社，2014：314.

学，特别是以教学实践环节作为重要教育渠道，不仅能够对大学生进行更为有效的思想政治教育，还能够深化教育教学改革，拓宽学科应用范围，最大限度地发挥专业课程的育人作用。要做到这一点，必须做好以下四个方面的工作：

一是深入挖掘专业学科中蕴含的思政教育内容，精心研究设计课程教学的各个组成部分，有针对性地做好提高学生思想政治素质和培养其向上心理品质方面的相关准备。

二是悉心教授专业知识，建立和完善学生的知识结构体系，让学生明白踏踏实实地学习专业知识是立足之本，明白将专业知识转化为成果是回报社会的基础，从而确立人生前进的方向。

三是注重培养教师的自我效能感，提高教师在教育教学过程中的自信。教师要通过向学生传递肯定的信息，以强化学生的成就动机，实现培训效果的最大化。

四是将实践能力考核标准精细化，提高实践能力评价的权重，鼓励和引导大学生重视实践，经受锤炼，为大学生在综合能力方面实现较大突破提供支持。

（二）综合素养课

作为思想政治教育隐形阵地的综合素养课，主要由通识教育课和公共基础课组成。在对大学生进行思想政治教育时应引导和强化其教育作用，在知识传授中应重视主流价值的引领作用，着力将思想政治教育贯穿综合素养课教学的全过程，着力将教书育人内涵落实于课堂教学这一主渠道之中。在课堂教学中，既注重在价值引领中提炼知识内涵，又注重在知识传播中突出价值传播，引导学生提高学习知识的能力，熟练掌握并运用待人处事的技巧，培养学生良好的品格心性，使课堂教学成为学生形成系统知识体系、坚定意志心志以及优良品性的助力，充分凸显课堂教学在育人方面的成效，实现育人效果的最大化。

综合素养课程在课程思政中的作用在于通过通识教育根植理想信念，即坚定课程思政的政治方向和思想引领，彰显综合素养课程的意义、使命，以潜移默化的方式将科学的价值观和健康的理想信念有效地传导给学生。

（三）第二课堂

第二课堂是相对于第一课堂，即课堂教学而言的。课堂教学是依据教学大纲要求，教师在规定的学时内向学生传授知识和技能的全过程，而第二课堂是指在课堂教学以外的时间进行的相关的教育教学活动。第二课堂形式多样、时空范围广，内涵深度与外延广度都是课堂教学所不能比拟的。因此，不能忽视第二课堂的思政教育功能。高校在课程思政实践过程中，要把"立德树人"视作根本导向，科学设计载体，创新工作举措，使第二课堂与课堂思政有机结合，建立立体化思政教育工作体系。

具体来说，高校应该建立课堂思政和第二课堂思政教育协同有效运行机制，细化目标管理体制，明确育人责任；建立健全第二课堂思政的制度和后勤保障，并建立相应评价系统和激励机制；在此基础上还应该依托校园文化和各类学生群团组织，打造"一院一品"文化品牌，搭建主题社会实践活动平台，探索重大事件思政和节日思政，利用好"互联网＋"新型媒体等第二课堂思政载体，以文化人，以习育人，促使大学生思想道德素质教育内化于心、外化于行。

二、课程思政的内容

（一）政治引导

所谓政治引导，就是引导社会成员正确认识以国家问题为核心的政治关系和政治问题。所以，对大学生进行政治引导，就是教育引导他们以马克思主义为根本立场去观察、分析政治问题并处理政治关系，从而保障我国的意识形态安全。同时，政治引导是高校思想政治教育的核心内容。课程思政改革是新时代我国高校育人工作的新尝试，通过归纳和总结，笔者认为政治理论、政治认同及家国情怀构成了我国高校课程思政建设中政治引导方面的内容。

1.政治理论教育

习近平新时代中国特色社会主义思想是马克思主义中国化的最新理论成果，它是对新时代坚持和发展什么样的中国特色社会主义、怎样坚持和发展中国特色社会主义的科学回答。习近平新时代中国特色社会主义思想对新时代中国特色社会主义事业在实践、创造、经验等方面的革新进行了系统的理论表达，是马克思主义与发展中的中国实际不断结合的结果。因此，引导大学生将习近平新时代中国特色社会主义思想入脑入心，对马克思主义进行科学的认知和把握，是新时代我国高校育人工作的重要任务之一。习近平新时代中国特色社会主义思想是对当今世情、国情、党情、民情的深刻揭示，因此对大学生进行政治理论教育主要是对其进行世情、国情、党情、民情教育。课堂是高校进行立德树人的主渠道，因而《高等学校课程思政建设指导纲要》指出要"推进习近平新时代中国特色社会主义思想进教材进课堂进头脑"。由此可见，其他各门各类课程都要将习近平新时代中国特色社会主义思想当作一项重要的思想政治教育元素来抓，找到两者的联结点并有机融入，使其与专业教材的知识内容相结合，从而增强新时代大学生对党的创新理论的认同感，并将习近平新时代中国特色社会主义思想潜移默化地融入大学生的头脑和心灵，为其以后服务社会、实现个人全面发展打下坚实的思想基础。

2. 政治认同教育

国家意识形态在社会意识形态中处于引领和主导地位，是社会意识形态的主流和核心。认同具有多种表现形式，政治认同是其中的一种特殊表现形式。政治认同是指社会成员在政治生活实践中逐渐形成的对已有政治体系的归属感和行为上的支持、服从。作为国家、民族发展的后备军，新时代大学生的政治素质强不强、政治信念坚定不坚定对我国意识形态建设具有重要影响。大学生的政治认同程度直接反映出国家政治体系的发展水平。因此，做好高校政治认同教育显得异常重要。

一方面，在新时代，国际国内形势发生了前所未有的变化，受此影响，蕴含西方价值观念的意识形态以多种表现形式蜂拥而入，引起了大学生思想观念的深刻变化。

另一方面，改革开放以来，我国取得了举世瞩目的成就，综合实力稳步提升，国际影响力大幅度提升，人民生活发生了实质性的变化，人们对中华民族满怀自信心和自豪感。但是，在社会发展过程中也存在一些亟待解决的问题，我国仍需在社会建设方面加大努力。

新时代，对大学生进行政治认同教育主要是引导大学生认同中国特色社会主义和中国梦。一直以来，这一教育由思想政治理论课独自完成，但是产生的实际效果与大家的期望存在一定的落差。所以，党和国家更加意识到了对大学生进行中国特色社会主义和中国梦教育的重要性，从而将中国特色社会主义和中国梦当作课程思政的一项重要内容来推进，同时其他各类课程要在知识传授和能力培养的过程中渗透中国特色社会主义和中国梦要素，承担起对大学生进行中国特色社会主义和中国梦教育的重任。这样一来，中国特色社会主义和中国梦成了其他各类课程的一项重要思想政治教育资源，不仅使其他各类课程明确了政治性导向，还为我国高校的发展指明了方向。

3. 家国情怀教育

对新时代大学生进行家国情怀教育就是对其进行爱国主义教育。所谓爱国主义教育，就是对人施加教育，使其爱国主义情感得到升华。高校思想政治教育工作是高校常抓不懈的经常性工作，而爱国主义教育在高校思想政治教育中占据重要地位，是思想政治教育的灵魂所在，所以要把加强针对青年的爱国主义教育摆在更加突出的位置，把爱我中华的种子埋入其心灵深处。新时代，大学生爱国主义教育具有丰富的内涵。其一，2015 年 12 月 30 日，习近平在十八届中共中央政治局第二十九次集体学习时强调，实现中华民族伟大复兴的中国梦是当代中国爱国主义的鲜明主题。也就是说，中国梦与新时代爱国主义具有内在的一致性。因此，高校要培养人才离不开爱国主义教育。其二，《新时代爱国主义教育实施纲要》指出："爱国主义的本质就是坚持爱国和爱党、爱社会主义高度统一。"爱国、爱党、爱社会主义不是孤立存在的个体，而是一个相互依靠、相互支撑的整体。因此，新时代爱国主义教育必须将爱国、爱党、爱社会主义教育统一起来。其三，爱国主义教育必须以维护祖国统一和民族团结为着力点。新时代大学生应高举"祖国统一、民族团结"的伟大旗帜，树立民族共同体意识，与其他各民族人民共建美好中国。其四，爱国主义并不是闭关自守，而是要正确地看待爱国主义与对外开放的关系，在坚守民族性的同时，面向世界，以推动世界和平发展为最高追求。

总之，我国高校课程思政建设要求其他各类课程也要在知识传授和能力培养的过程中渗透家国情怀要素，所有课程都要结合自身的特点对大学生进行爱国主义教育，共同为培养大学生的家国情怀贡献力量。

（二）思想引领

思想引领是高校思想政治教育的重要内容之一。从一定意义来看，个体的行为是在一定思想的指导下发生的。因此，大学生思想观念正确与否，直接影响其行为的性质。长期以来，思想政治理论课及其教师主要承担了对大学生进行思想引领的任务，效果不是十分理想。新时代，课程思政改革是对大学生进行思想引领的有力举措，它要求专业课教师将社会主义核心价值观、中华优秀传统文化及宪法法治等要素寓于知识传授和能力培养之中，使学生在获得专业知识和提升专业技能的基础上，在思想上秉持社会主义核心价值观的价值追求，受到中华优秀传统文化的熏陶，树立宪法法治意识，从而提升隐形思想教育的实效性。

1.社会主义核心价值观教育

强化价值观教育是推动社会发展进步与个人成长成才的需要。由于正确的价值观对于个体的健康成长具有重要的指导作用，所以新时代大学生的价值观是否正确直接影响其个性和良好德行的形成。但是，目前思想政治理论课的价值观教育与专业课的价值观教育出现了断层，因而课程思政改革要求各门各类专业课程渗透价值观教育，将价值观教育寓于知识传授和能力培养之中，使教育对象在接受专业知识教育的同时，接受价值观的熏陶，凸显立德树人的根本任务。

这里的价值观教育以人文主义为价值取向，引导新时代大学生正确认识个人价值与社会价值的关系，用正确的价值标准来看待自己的生命、生活、人生及社会的发展变化，"正确看待社会的作用和认识人生的意义"①，尊重生命的存在和价值，塑造高尚的灵魂，形成坚定的信仰，养成关爱情怀和人文精神，做现代文明的建设者和接班人。新时代，高校教师对大学生开展价值观教育，主要是用社会主义核心价值观引导他们成长成才，把社会主义核心价值观教育渗透到其他各类课程中，是促进新时代大学生健康成长的必然要求。改革开放以来，我国经济领域取得重大进步的同时，文化领域呈现出价值观多元化和多样化的趋势。在市场经济体制下，东西方文化相互激荡、碰撞，使新时代大学生不可避免地产生了价值困惑。因此，把社会主义核心价值观渗透到其他各类课程中，不间断地对新时代大学生进行科学价值观教育，引导他们进行正确的价值选择，帮助他们解决个人价值与社会价值的冲突，提升他们的全面素质，增强他们对社会的认同感势在必行。将社会主义核心价值观的价值追求潜隐于高校所有课程中，解决大学生在价值上存在的困惑，是促进价值观教育优化的必然选择。

毫无疑问，思想政治理论课程是大学生接受社会主义核心价值观教育的主要阵地，而其他各门各类课程也是大学生接受社会主义核心价值观教育的重要场域，只是以往被忽视了而已。在专业知识传授过程中，专业课教师要将社会主义核心价值观与教学的重难点结合起来，在此基础上引导教育对象科学理性地分析当今社会出现的热点问题，使之对社会出现的复杂情况与多种文化思潮采取客观评价的态度，帮助新时代大学生从正确价值观的视角认

---

① 刘济良.价值观教育[M].北京：教育科学出版社，2007：2.

识多种多样的社会意识及现象，弘扬文化领域的主旋律。因此，专业课程要凸显"价值向度"，而专业课教师应优化课程设置、完善教学设计，力争打造一批综合性、学科交叉的新型课程群，找准本专业、本学科知识与社会主义核心价值观的联结点，引导大学生正确认识个人价值与社会价值的关系，从而在价值引领方面实现与思政课程的同向同行。

2. 中华优秀传统文化教育

在我国高校课程思政建设中，对新时代大学生进行中华优秀传统文化教育，就是大力弘扬以爱国主义为核心的民族精神和以改革创新为核心的时代精神。一个国家的精神与其自身的物质生活条件息息相关，是在物质生活条件基础上发展起来的创造性意识活动的结晶，其形成经历了漫长的过程，是中华民族在历史发展的长河中形成的具有中国本土特色、带有鲜明时代特征的稳定的精神品格。民族精神和时代精神是人们精神世界的航向标。新时代大学生是中国梦的实践者和见证者，弘扬、培育民族精神和时代精神是其必修课之一，而课堂教学是大学生接受民族精神和时代精神教育的主渠道，因此将讲仁爱、重民本、守诚信、崇正义、尚和合、求大同的思想精华和时代价值融入其他各门各类课程的专业知识教学，对于促进高校育人工作的深入发展以及中国精神的弘扬和培育具有重要意义。在高校课程思政建设中，专业课教师将讲仁爱、重民本、守诚信等元素渗透到专业知识传授和能力培养之中，有利于增强新时代大学生的民族认同感；将崇正义、尚和合、求大同等元素渗透到专业知识传授和能力培养之中，有利于激发新时代大学生的开拓进取精神。

3. 宪法法治意识教育

党的十八大以后，中国特色社会主义进入新时代，而全面依法治国是新时代中国特色社会主义的基本方略之一。法治意识是人们对法律的认可、崇尚与遵从，是关于法治的思想、知识和态度。我国高校课程思政建设要求专业课教师挖掘专业知识所蕴含的宪法法治元素，通过知识传授和能力培养，引导新时代大学生树立宪法法治意识。专业课教师通过专业知识内隐的宪法法治元素培养大学生的宪法法治意识，就是要让大学生知晓社会主义法治国家建设的新理念；明确宪法是治国安邦的总章程，是人民权利的保证书；厘清权利与义务的关系，养成依法办事、依法行使权利、依法履行义务的习惯，使其成为课程教学价值表达的一部分，进而引导他们形成法治思维、树立法治意识。

在我国高校课程思政建设中，专业课教师在知识传授和能力培养的过程中培养大学生的宪法法治意识，能够使他们意识到法存在于人们的日常生活中，即生活中处处有法，在遇到困难时，能及时运用法律手段来维护自身的合法权益；能够引导大学生心中有法，心中有国，使其明确做知识、做学问的目的是为国家、为人类谋福利，而不是滥用科研成果，为所欲为，甚至危害人民的生命财产安全。

（三）道德熏陶

道德是以善恶来评价、依靠社会舆论和内心信念来实现的调整人们之间以及个人与社会之间关系的行为规范及其相应的心理意识和行为活动的总和。社会主义办学方向是我国高等教育的根本方向，所以我国高校所培养的人是否具有较高的道德水平直接关系到新时代中国特色社会主义伟大事业的成败和中华民族复兴目标能否实现。新时代，课程思政改革有助于专业课教师将社会公德、职业道德、个人品德等元素渗透到专业课程中，从而实现对大学生的道德熏陶。

1. 社会公德教育

社会公德是人们在社会交往和公共生活中应该遵守的行为准则。社会公德主要调节三个向度的关系，分别是人与人、人与社会、人与自然的关系。扬善和惩恶是社会公德的两大功能。一方面，肯定、激励和弘扬一切对社会和个人生存、发展和完善起助推作用的思想和行为；另一方面，否定、驳斥和约束一切对社会和个人生存、发展和完善起阻碍作用的思想和行为。社会公德不但是衡量一个社会文明程度的标尺，而且标志着一个国家综合素质的高低。作为未来社会建设的主力军，新时代大学生承载着民族复兴和国家繁荣的使命，其社会公德素质的高低不仅关乎个人的成长进步，还关系着国家的发展进步。因此，针对大学生的社会公德教育是我国高校育人工作的重要组成部分。

促进学生全面发展是我国高校实施素质教育的目标，具体而言，就是不仅要教会学生如何行事，还要教会学生如何做人，使其成为德才兼备的时代新人。因此，专业课教师在授课过程中将社会公德元素寓于知识传授和能力培养之中，有其必然性。专业课教师挖掘专业知识背后蕴含的社会公德元素，对促进大学生个体健康成长以及社会精神文明建设具有重要意义。一方面，社会公德是新时代大学生思想道德素质的外在表现，并且日益成为考量其综合素质的一项重要指标。因此，专业课教师将社会公德的基本要求渗透在专业课程中，能够对新时代大学生形成崇高的价值观起到积极的推动作用。另一方面，精神文明是评价一个国家软实力的重要指标，而社会公德又是社会主义精神文明建设的题中之义，对新时代大学生进行社会公德教育，不仅有利于为国家未来建设培养具有良好德行的社会公民，还能够借助一批又一批具有良好德行的社会公民来提升国家的软实力。由此可见，专业课教师通过挖掘专业课程潜隐的社会公德元素对新时代大学生进行社会公德教育是十分必要的。

2. 职业道德教育

职业道德是从业者在职业活动中应具有的道德观念、道德情操和道德品质及应遵循的道德行为规范的总称。新时代，我国高等教育逐渐呈现出大众化趋势，离开校园、走向社会的大学毕业生逐年增加。从整体上看，大学毕业生的职业道德状况良好，但也暴露出一些不足，在一定程度上对大学毕业生的形象造成了不好的影响。因此，我国高校应高度重视这一问题，以人才培养质量为核心，加紧对新时代大学生进行职业道德教育。

长期以来，大学生职业道德教育只是通过某一课程或某些课程有所体现，并没有通过所有课程普遍性地开展起来，部分专业课程存在只重视本专业知识和技能学习，而忽视职业道德养成的现象。课堂是对大学生进行职业道德教育最正规的载体，所以我国高校课程思政建设要求其他课程挖掘潜在的思想政治教育元素，除了发挥知识传授的功能外，还要发挥育人功能，将职业道德的核心内涵渗透到知识传授和能力培养之中。专业课教师需教育引导学生深刻理解并自觉实践各行业的职业精神和职业规范，增强职业责任感，同时培养学生遵纪守法、爱岗敬业、无私奉献、诚实守信、公道办事、开拓创新的职业品格和行为习惯，从而实现职业道德教育的全课程化。

3. 个人品德教育

个人品德是指一定社会生产关系或阶级所要求的特定社会规范、道德原则在个人的思想和行为中的体现，是一个人在道德行为过程中所表现出来的比较稳定的心理特征和一贯的道德特点倾向。《新时代公民道德建设实施纲要》将个人品德视作公民道德建设新的着力点，因此个体品德建设是公民道德建设的应有之义。作为社会主义事业的建设者和接班人，大学生的个人品德如何，将对未来社会的发展及党和人民事业的兴衰成败产生重要影响。人才培养是一个不间断的过程，只有环环相扣，才能确保人才培养的质量。其中，我国高校是关键一环。所以，如何提升大学生的个人品德，使其成长为德才兼备的新型人才是新时代我国高校面临的主要任务之一。

课程思政教育理念的提出使我国高校意识到了通过挖掘专业课程的德育元素对大学生进行个人品德教育的重要性。专业课教师深挖自身所授课程中的德育素材，将个人品德教育寓于专业知识和能力培养之中，立足于与个人品德相关的社会热点、难点、疑点问题，精化、深化个人品德培养目标，可使个人品德教育"沁人心脾""润物无声"，极大地增强大学生德育的实效性。

此外，劳动教育和心理健康教育也是我国高校课程思政建设的重点内容。其中，劳动教育在新时代教育发展道路上具有奠基作用，因此高校在完成立德树人这一根本任务的进程中，必须把加强大学生劳动教育当作一项基础性重要任务。培养德智体美劳全面发展的新型人才是新时代我国高校的人才培养目标，所以加强大学生劳动教育是我国高等教育的价值旨归之一。我国高校课程思政改革要求专业课教师将劳动教育元素寓于专业课程之中，使之与知识传授和能力培养有机融合起来，使新时代大学生在学习专业知识和提升专业能力的同时，正确认识劳动的价值，形成热爱劳动、尊重劳动者、珍惜劳动成果的情感态度，树立诚实劳动的良好品德，在生活中乐于劳动、勤于劳动。这样一来，我国高校立德树人根本任务的完成指日可待。

随着时代的发展变化，心理健康成为推动大学生健康成长的重要因素。部分大学生往往不是思想品德有问题，而是心理健康有问题，从而给个人、家庭乃至社会造成了不必要的损失。因此，作为人才培养的摇篮，我国高校理应承担起对大学生进行心理健康教育的重任。心理健康教育是思想政治教育的重要内容之一，而课程思政建设的重点在"思政"，不能脱离课程来谈思政，所以在课堂教学中，专业课教师将心理健康元素寓于知识传授和能力培养之中，通过课程这一载体对大学生进行心理健康教育势在必行。

第四节 课程思政的价值与意义

一、课程思政的价值

课程思政理念的提出是为了改进和加强高校思想政治工作，对于落实教书育人的主体责任，确保全员、全过程、全方位育人要求实现具有重要的推动作用，也有助于全面提高高校思想政治工作的水平和质量。加深对课程思政内涵定位、育人为本导向和问题导向等的认识，系统规划课程思政的生成路径，对高校坚持社会主义办学方向，培养德才兼备、全面发展的人才具有重要的现实价值。

（一）课程思政是新思想政治教育观的重要体现

德国教育家赫尔巴特认为："教学如果没有进行道德教育，只是一种没有目的的手段；道德教育如果没有教学，就是一种失去手段的目的。"[①] 美国教育家杜威认为，德育方面应致力于改变简单的、粗暴的、直接性的德育方法，采取渗透到各学科和整个学校生活中的间接性德育方法。课程思政不仅体现了这一点，还结合中国特色社会主义高校对人才的培养需求，倡导将知识传授与思想政治教育融合在一起，形成新的育人模式。一方面，课程思政促进了知识传授与思想政治教育的融合。各个学科、各类课程依托相关领域知识与实践方法的积累，将价值引领融会贯通于专业知识传授活动，切实发挥知识传授与价值引领的育人功能。不同学科知识、理论和方法的引入，将在更深、更广层次上推进思想政治教育，使其突破传统教育理念局限，逐步摆脱单向灌输等传统教育方式的路径依赖，不断增加内容的知识性、学理性以及方法的多样性，从而促成更为科学、系统的思想政治教育体系，推动大学生成长成才。另一方面，课程思政有助于高校思想政治教育内涵的丰富和外延的拓展。课程思政对不同学科课程进行功能整合，使其融入思想政治教育的总体格局，这就极大地拓展了思想政治教育的内涵体系，使高校思想政治教育不再局限于思想政治理论课，而是拓展至所有课程，思想政治教育的内涵由此得以丰富，而其吸引力和感染力也必将得以提升。

（二）课程思政能明确坚持育人为本的导向

课程思政的实施有助于高校思想政治教育的发展提升，可推动思想政治教育现代转型，核心之处在于其明确坚持"育人为本"导向。在"育人为本"导向下，推进课程思政的教育教学改革，需要从学科、教材、教学、管理等方面做好规划和引导。首先，从学科上而言，课程思政要重视哲学社会科学

---

① 赫尔巴特.赫尔巴特文集：哲学卷一[M].李其龙，郭官义，译.杭州：浙江教育出版社，2002：124。

的育人功能。正如习近平 2016 年在哲学社会科学座谈会上的讲话，即"高校哲学社会科学有重要的育人功能，要面向全体学生，帮助学生形成正确的世界观、人生观、价值观，提高道德修养和精神境界，养成科学思维习惯，促进身心和人格健康发展"，指明了高校哲学社会科学的使命和责任，明确了哲学社会科学育人功能的基本内涵。哲学社会科学所具有的培养学生的理想信念、道德情操、法律意识、生活态度等功能，也为课程思政的实施提供了充分的可能，这是因为哲学社会科学与思想政治教育之间具有同向性，是高校思想政治教育的重要载体和力量。哲学社会科学与思想政治教育之间的这种契合性和相通性，使其成为高校思想政治教育的重要载体，也是课程思政教育教学改革的重要组成部分。其次，从教材上而言，应加强教材编审，推进课程思政教育教学改革，同时必须推进教材体系的相应发展。例如，建设一批立场端正、内容科学、体系完备、特色鲜明的核心教材，使其能够充分适应中国国情和社会发展实际，符合社会主义核心价值观，同时建立统一教材的编订和管理制度，确保教材的质量。最后，从教学上而言，应制定完备的教学指南，明确相关专业课所对应的价值教育内容。课程思政要求高校各类课程都能体现育人功能，因此必须要明确各个学科、各类课程所应承担的思想教育和价值引领责任，并以课程思政为导向，制定清晰明确的教学大纲和教学指南。在尊重各类课程的差异性和独特性的基础上，吸收和借鉴思想政治理论课的教学经验，融合哲学社会科学课程与思想政治教育教学方案，从而形成相应的教学指南，为课程思政的育人导向提供具体指导。此外，要积极改进教学管理，强化课堂教学的思想政治教育主导作用。课堂教学是推进课程思政教育教学改革的核心环节，必须加强课堂教学管理，提升课堂教学质量，才能真正落实课程思政理念、推进课程体系建设。加强课堂教学管理，一是要建立健全相关教学管理制度，将思想教育和价值引领明确纳入课堂教学管理制度；二是不断改进课堂教学方式，完善理论知识与实践方法相结合的课堂教学模式，加强实践教学环节，引导学生在理论学习基础上，通过实践深化对理论的认知和理解，并在实践过程中加强价值认同，完成价值内化；三是完善教学评价体系，将思想教育和价值引领视作课堂教学评价和教师教学评价指标，推进课程思政教育教学改革实施。

（三）课程思政十分注重坚持问题导向

2017 年 12 月，教育部印发了《高校思想政治工作质量提升工程实施纲要》，在阐述高校思想政治工作基本原则这部分内容时，指出新时代高校思想政治工作原则之一是"坚持问题导向，注重精准施策。聚焦重点任务、重点群体、重点领域、重点区域、薄弱环节，强化优势、补齐短板，加强分类指导、着力因材施教，着力破解高校思想政治工作领域存在的不平衡、不充分问题，不断提高师生的获得感"。在此原则指导下，课程思政亦坚持问题导向，重点破解课程思政所面临的各类困境。从现实性而言，课程思政是一种整体性的课程观，既有助于突破思想政治理论教育集中于思想政治理论课的瓶颈，又能缓解思想政治理论课"孤岛化"的现实困境。课程思政以育人为核心目标，贯通不同学科和课程的功能，使各学科课程都能真正参与高校育人工作，体现育人价值。在这一导向下，各类学科课程与思想政治理论课之间形成协同合作的整体，共同作用和服务于立德树人这一根本任务。从教学目标而言，课程思政积极探索构建思想政治理论课、综合素养课和专业课"三位一体"的思想政治教育教学体系，使各类课程与思想政治理论课形成协同效应。此外，在课程思政理念的引导下，各类课程都能发挥不同的育人功能。例如，思想政治理论课作为高校思想政治教育的主渠道，需要承担系统化进行马克思主义理论教育教学的主要职责；综合素养课程注重在培养人的综合素质过程中坚定理想信念，传承中华优秀传统文化，提高学生的人文内涵；哲学社会科学和自然科学课程则作为专业课，在具体教学中凸显价值引领和人格塑造功能。各类课程在育人目标的实现上相辅相成，体现出新的思想政治教育观。

二、课程思政的意义

2016 年，习近平在全国高校思想政治工作会议上强调，要"把思想政治工作贯穿教育教学全过程"。除思想政治理论课外，其他各门课程也要加强思想引领，所有学科的教师都应发挥好育人作用。践行课程思政的理念，贯彻落实习近平重要讲话精神，既是提高思想政治理论课教学效果和提升思想政治工作质量的重要保证，又是培养时代新人的内在需要。

（一）有助于提升高校思想政治理论课的教学效果

高校思想政治理论课是高校思想政治工作的主要阵地和重要渠道。目前，思想政治工作融入课堂教学主要体现在高校思想政治理论课中。但是在实践教学中，思想政治理论课的课堂教学效果有待提高，因为常出现理论枯燥、课堂出勤率低、抬头率不高等现象。对大学生进行思想政治教育，以课堂教学形式为主导，传授政治知识、引导思想认知。这种形式以"直线式"思维为基础，教学内容相对滞后，教学方法相对单一，吸引力不够。此时，课程思政理念的提出，对改进当前思想政治理论课的教学效果有直接的促进作用。

1. 有助于在全体教师中尽快确立起"构建全员全过程全方位育人大格局"的理念

一方面，课程思政理念要求所有教师在课堂教学过程中科学处理知识传授和价值引领的关系。在思想政治教育总体目标下，每门课之间要共享信息、加强关联，而且每门课的授课教师都要增强育人意识和育人责任，积极交流互动，促成人才培养全面联动机制。另一方面，课程思政理念能有效改变极少数非思想政治理论课教师可能存在的错误观念，使其逐渐认识到马克思主义理论和马克思主义中国化最新成果的博大精深，自觉增强对马克思主义经典理论、习近平新时代中国特色社会主义思想的认同感。

2. 有助于进一步挖掘各学科课程的思想政治教育资源

之前，主动开展思想政治教育的情况仅体现在部分课程中，更多的情况是少数职能部门"单打独斗"和少数教师"自主摸索"。这无法满足现实生活中学生的多元化需求，也不能适应新时代社会发展的复杂性、多变性趋势。课程思政改革将更多的部门、教师都调动了起来，对各学科、各课程中蕴含的思想政治教育资源进行了深入挖掘，可使学生在学习知识过程中，不断提升自己的能力、完善自己的人格、培养自己的正确价值观，真正将个人成长与社会发展协同起来。

3. 有助于逐步形成合力育人的体制机制

一方面，课程思政能推动各类课程教师逐渐形成齐抓共管、协同合作的育人合力，即思想政治理论课教师将对学生思想政治素质的培养放在首位，综合素养课教师将培养学生的思想政治素质和综合素质结合起来，专业课教师把专业知识传授和价值观引领有机统一起来，形成优势互补的合力育人机制。另一方面，课程思政能推动学校各部门之间通力合作，如教务处和研究生院在课程建设上统筹协调、宣传部和文科处在课程内容导向上把好关，学生处和团委在社会实践环节做好设计，财务处和规划处等在综合资源保障上下功夫，服务保障部门积极做好全方位的配套支撑，等等，全校上下一盘棋，协作发力。

（二）有助于提升高校思想政治工作质量

相较于传统的思想政治教育理念，课程思政在观念上有所突破，在载体上有所拓展，在内容的丰富和方法的创新等方面有所提升。通过创新思想政治教育理念，主动转变思路，充分挖掘各类课程的思想政治教育资源，可促进包括综合素养课、专业课在内的各类课程与思想政治教育有机融合，扩展思想政治教育的内涵与外延，实现全员育人、全过程育人的大思政局面，这对提升高校思想政治工作质量有着重要的意义。

1.有助于推动线下思想政治工作与课堂育人形成育人合力

在传统的观念中，思想政治教育一般主要依赖线下的思想政治工作。课程思政的理念则认为，要发挥课堂的作用，加强课堂教学与思想政治教育的融合，通过强化课堂教学来增强育人的实效。

高校的重要使命是立德树人，不仅要推进知识探究、能力培养、人格养成，还要担负起引领大学生成长成才的使命。针对大学生开展思想政治教育工作，并不是线下思想政治工作的"专利"，也不只是思想政治理论课的"专利"，而是所有教师、所有课程共同的使命。因此，利用好课堂教学，也是对学生进行思想政治教育的重要途径。但课程思政并不是要求所有教师都在课堂上进行直接的道德灌输和说教，而是要求其从教学目标出发，深入挖掘各专业知识中的思想政治教育资源，加强对学生理想信念、道德价值等的科学引领。

教师在课堂教学中要注重理论与实践相结合，立足于中国特色社会主义建设的伟大实践，讲好中国故事，从每门课的知识点中挖掘思想政治教育资源，在课堂中做到育才与育德的统一，以"润物细无声"的方式引领学生关心党的发展和国家建设、处理好个体成长与奉献社会的关系，为涵养社会主义核心价值观提供理论基础，也为践行社会主义核心价值观提供精神底色。特别是一些德高望重的学科专家、知名教授，由于其本身具有较高的道德威望和学术权威，所以，他们在传授专业知识的过程中所传递出的家国情怀等正能量内容，对大学生而言将更具有亲和力、感染力和渗透性。以课堂教学为载体加强高校思想政治教育，将课堂主渠道功能最大化，有助于与线下思想政治工作形成思想政治工作共同体，提升高校思想政治教育同质效力，发挥全员育人的教育合力，进一步提升高校思想政治工作质量。

2. 有助于思想政治教育由"阶段"育人发展为"全程"育人

高校的思想政治理论课主要集中在学生的大一和大二阶段开设，且部分教师惯性地认为进行思想政治教育是思想政治理论课教师的责任，这就使思想政治教育呈现出"阶段"育人的特征，很大程度上制约了高校思想政治工作的整体效果。2017 年 2 月，中共中央、国务院印发了《关于加强和改进新形势下高校思想政治工作的意见》，提出："要坚持全员全过程全方位育人原则，把思想价值引领贯穿教育教学全过程和各环节。"高校在加强思想政治理论课建设的同时，要发挥各门课程的育人功能，挖掘大一到大四每个阶段每门课程的育人作用，促使思想政治教育由"阶段"育人发展为"全程"育人。

课堂教学活动是高校的基本活动。如果思想政治教育工作都集中在前半段，那么当这些课程结束后，大学生思想政治教育的课堂理论教学就会出现空白。由于思想政治工作是做人的思想工作，而人的思想又会呈现出主观性和复杂性特点，不是一个阶段或一个时期的集中教育就可以完成任务的，所以思想政治工作者必须付出持之以恒的努力，将思想政治工作贯穿在大学生学习成长的整个阶段。课程思政正是这一理念的体现，其能够帮助思想政治工作者实现由"阶段"育人向"全程"育人的转变。

课程思政并不是要增开一门课，也不是开展一项活动，而是挖掘专业课的育人资源，通过"润物细无声"的方式，实现全过程育人目标。因此，各门课程的教师在传授知识的同时，要做到价值引领和知识传授统一，隐性地开展思想政治教育工作，传播社会主义核心价值观。这样既不会引起学生的反感，又能实现全过程育人目标。高校教师应坚持"种好责任田""守好一段渠"，在课程教学中贯穿思想政治教育，这对落实"全过程"育人思想政治工作有着重要意义。

（三）培养时代新人的内在需要

习近平在全国高校思想政治工作会议上指出，"要用好课堂教学这个主渠道，思想政治理论课要坚持在改进中加强，提升思想政治教育亲和力和针对性，满足学生成长发展需求和期待，其他各门课都要守好一段渠、种好责任田，使各类课程与思想政治理论课同向同行，形成协同效应"。这突破了过去将思想政治教育局限于思想政治理论课的观点，更成为新时期高校推动课程思政、发挥课堂育人主渠道作用的根本指针。充分理解课程思政，用好课堂教学主渠道，对于高校坚持社会主义办学方向、确保育人工作贯穿教育教学全过程、完成立德树人的根本任务等有着重要的实践意义。

1. 确保高校始终坚持社会主义办学方向

中国特色社会主义高校的根本性问题在于培养什么样的人、为谁培养人以及如何培养人。这一根本性的问题直接决定着中国特色社会主义高校的办学方向。改革开放以来，中国共产党始终坚持中国特色社会主义方向，选择了一条从中国国情出发，又顺应世界发展潮流的中国特色社会主义发展道路，取得了前所未有的发展成就，为实现中华民族伟大复兴的中国梦奠定了坚实的物质基础。但是，中华民族的伟大复兴不是一朝一夕就能实现的，而需要经历一个长期的过程，需要一代又一代人为之不懈奋斗。其中，高校无疑肩负着重大的责任，并且要始终把培养一代又一代中国特色社会主义事业的合格建设者和可靠接班人当作初心和使命。

围绕这一初心和使命，高校的发展方向就需要始终同中国特色社会主义建设的现实目标和未来方向保持一致，努力做到为人民服务，教民之所需，育民之所求；要始终坚持为中国共产党治国理政服务，确保党对高校的绝对领导，确立马克思主义在高校意识形态领域的主导地位；要始终坚持为巩固和发展中国特色社会主义制度服务，坚定道路自信、理论自信、制度自信和文化自信；要始终坚持为改革开放和社会主义现代化建设服务，培养中国特色社会主义合格建设者和可靠接班人。然而，高校要做到始终坚持社会主义的办学方向，就必须进一步加强思想政治教育，践行课程思政的理念，让所有的教师、所有的课程、所有的环节都承担起"培养什么样的人、为谁培养人、如何培养人"的历史使命。只有这样，高校才能更好地明确中国特色社会主义办学方向，坚持社会主义高校的育人导向，把立德树人根本任务落到实处，确保社会主义高校人才培养目标顺利实现。

2. 确保育人工作贯穿教育教学全过程

一直以来，我国的教育事业都十分重视育人工作，把育人视作教育教学最重要的功能。然而，课堂教学是育人的主渠道，是高校教学的基本途径，也是联系师生的纽带，更是生发教育意义的场所。课堂教学的重要性不言而喻，其不仅是讲授专业知识的主渠道，也是开展思想政治教学活动的主渠道。在传授专业知识的同时，教师自身的修养和人格对学生有着潜移默化的影响。"学高为师，身正为范"，教师教育教学过程同样具有思想政治教育功能。在课堂教学过程中，教师通过加强对马克思主义理论的研究和建设工作，创新教学方式方法，增强思想政治理论课亲和力、说服力和感染力，实现对学生的引导；在通识教育中融入德育，润物无声地传达价值追求与理想信念；在专业课教学中，挖掘专业课中蕴含的思政资源，进而以专业知识为载体，通过言传身教形式，实现对学生思想的引领。践行课程思政的理念，将思想政治教育贯穿高校教育教学的全过程、全环节，能更好地提高育人工作质量，让一代代接受马克思主义理论的大学生真正成为建设和发展中国特色社会主义事业的栋梁之材。

3. 确保立德树人根本任务的完成

人才培养是高校的根本任务，立德树人是高校的根本使命。当前，面对复杂多变的国内外环境和教育对象的鲜明个性、活跃思想，高校经受着各类思想观念交锋和多元思想文化碰撞的挑战。这虽然给高校的发展带来了机遇，但也带来了较大冲击。大学生除了在学校中接受主流思想和社会主义核心价值观教育外，还容易受到社会各类非主流舆论和其他价值观的影响。因此，教师不仅要注重对学生知识和能力的培养，还要做好对学生进行思想引领和价值观塑造的工作，将学生培养成"又红又专"的社会主义事业的建设者和接班人。

高校要践行课程思政的理念，明确要求教师在教学、科研、管理和服务工作中，既要服务于学科专业的发展，又要加强对学生的精神塑造。此外，高校要进一步加强对课程思政的宣传，引导全体教师在教育教学工作中自觉践行社会主义核心价值观，以社会主义核心价值观引领学生的价值成长和价值建构，澄清借助网络迅猛传播的各种错误思潮并消除它们给学生成长带来的负面影响，帮助学生扣好"人生的第一粒扣子"，确保立德树人根本任务得以完成。

第三章　视域统揽：高校思想
政治教育

第一节　高校思想政治教育的内容与方法

一、高校思想政治教育的内容

（一）基本内容

基本内容是指社会的基本要求，做人的基本品质。它涉及生活的各个方面，贯穿一个人的一生，是高校思想政治教育中的基础内容，具有基础性、广泛性和持久性等特征。

1. 中华民族传统美德教育

（1）自强不息教育。"自强不息"这个词语最早出现在《周易》中的"天行健，君子以自强不息"。它是从中国古代"天人合一"的宇宙观和朴素的人文思想中孕育发展出来的人民群众的心理素质和精神状态，根植于中华民族的文化传统之中，是中华儿女发愤图强，自立于世界民族之林，实现民族伟大复兴的精神动力。从历史角度来看，人类的发展、文明的进步是永远不会终结的；人对自然、对社会发展的认识，以及在此基础上形成的永无止境的向上努力、自重自信自强的精神，成了适应现代社会发展需要的民族精神的突出表现。对大学生进行自强不息教育的目的，就是要使大学生志存高远、刚健有为、不怕困难、积极向上、奋发图强。

（2）忧患自省教育。忧患意识可以说是一种责任意识，是个体履行应当承担的社会责任并努力维护社会正常运行的信念和意志。这种意识是个体在社会分化和社会整合中必须拥有的，要求人们在市场经济发展过程中敢于承担风险、敢于再创辉煌，把国家、民族的生存发展放在心上，还要求人们树立以天下为己任的历史使命感，维护国内安定、发展、团结、进步的良好局面，保持积极进取、艰苦奋斗的昂扬斗志，以自身的行动去实现社会发展和民族振兴。

中华民族的优良传统远远不止这些，还有物物相依的集体精神、不畏强权的抗争精神、生生不息的变革精神、经世致用的实用精神、正道直行的廉洁精神、大公无私的奉献精神等，都是祖先留给我们的珍贵的精神财富。基于这些中华民族优良传统加强精神教育，可在不同的层次、不同的侧面锻炼他们的意志，完善他们的人格，提升他们的精神境界。

（3）中国革命传统教育。中国革命传统主要是指在中国共产党领导中国人民进行长期革命斗争的过程中产生的，并在我们党大力提倡和培植下形成并发展起来的事迹、思想、作风、道德、信仰等。它是共产党领导下的中国革命斗争实践的产物，是我党克敌制胜的传家宝，这一优良传统有着极其丰富的内容。

第一，中国革命历史和革命者英勇奋斗的事迹是革命传统教育的基础。

第二，中国革命产生和形成的思想、道德和作风是革命传统精神教育的核心和重点内容。

第三，在中国革命中形成和确立的纪律和制度，也是革命传统教育的重要内容。

高校在进行革命传统教育的过程中，要结合不同的形式，依靠不同的载体，培育和强化大学生的各种精神。例如，追求真理、矢志不移的奋斗精神；全心全意为人民服务、甘为孺子牛的公仆精神；大公无私、先人后己的牺牲精神；紧紧依靠群众，永不脱离人民的团结精神；不唯书、不唯上，一切从实际出发的求实精神；勇于自我批评、严于解剖自己的自律精神；等等。革命传统教育可促使大学生思想境界得到升华，促使他们成为高尚的人、有道德的人、有益于人民的人，并在奋斗、奉献中使自己的人生价值得以实现和升华。

2.理想信念教育

邓小平曾经指出："我们一定要经常教育我们的人民，尤其是我们的青年，要有理想。为什么我们过去能在非常困难的情况下奋斗出来，战胜千难万险使革命胜利呢？就是因为我们有理想，有马克思主义信念，有共产主义信念。"[①] 理想是人们在现实实践基础上形成的、有实现可能的对未来社会和自身发展的向往与追求。信念是为了实现理想而在内心形成的高度认同和持

---

① 傅君英.新时代大学生理想信念教育研究 [M].西安：西安电子科技大学出版社，2019：46.

之以恒的内在动力。理想分为个人理想和社会理想，不管是个人理想还是社会理想，以及由此形成的信念，都能为人指明前进的方向，提供强大的精神动力，都能鞭策人们奋发图强。大学生是青年人的代表，是青年中拥有现代科学知识的群体，是建设社会主义现代化国家的中坚力量。大学生的成长成才离不开正确的个人理想信念的确立和社会理想信念的指引。只有有了理想信念的支持，大学生才能在国际社会纷繁复杂的环境中保持正确的政治方向，才能不断地产生建设热情，才能更好地为社会发展贡献力量。在我国现阶段，建设中国特色社会主义，把我国建设成为富强、民主、文明、和谐的社会主义现代化国家是我国各族人民的共同理想，而实现共产主义是最高理想。中国特色社会主义共同理想和共产主义最高理想的确立建立在马克思主义对人类社会一般规律的认识和把握基础上，因此要使大学生深刻认识共同理想和最高理想，就必须让其学习马克思主义基本理论，坚定马克思主义信念。

（1）马克思主义信念。马克思主义信念的确立建立在对马克思主义理论体系的学习和认同基础上。马克思主义理论体系包括三大组成部分：马克思主义哲学、马克思主义政治经济学和科学社会主义。马克思主义哲学是辩证唯物主义和历史唯物主义的统一，是对自然界、人类社会、人的思维领域的一般规律的揭示，是无产阶级的世界观和方法论。马克思主义政治经济学揭露了资本主义生产关系的实质，分析了资本主义经济危机的周期性，揭示了生产关系一定要适应生产力发展的规律，得出了资本主义必然灭亡、社会主义必然胜利的结论。科学社会主义是在批判认识空想社会主义理论的基础上，根据历史唯物主义的观点创立的符合社会发展规律的关于无产阶级革命和建设的科学理论体系。对马克思主义基本理论知识的学习能使大学生深刻认识马克思主义经典著作分析人类社会发展规律的缜密逻辑思维，加深对社会发展规律的理解，坚定马克思主义信念，更好地理解和自觉践行中国特色社会主义共同理想和共产主义最高理想。

（2）中国特色社会主义共同理想。中国特色社会主义是我们的共同理想。这是我们在长期的革命和建设实践中得出的结论。民主革命时期，帝国主义、封建主义、官僚资本主义三座大山牢牢压在中国人民身上，民族资产阶级探寻发展资本主义道路的尝试一次次失败。这表明，资本主义道路在中国行不通。十月革命的一声炮响给中国人民送来了马克思主义。中国共产党领导中国人民进行了伟大的新民主主义革命，建立了中华人民共和国。社会主义道路是我们在当时的历史条件下唯一且正确的选择。1956年底，社会主义制度在我国基本确立。经过几十年的奋斗，虽然我国的社会主义建设取得了一定的成果，但是我国目前仍处于社会主义的初级阶段。对于这个阶段的认识，我们必须把握两点：一是中国社会已经是社会主义社会，我们必须坚持而不能离开社会主义；二是中国的社会主义还处在初级阶段，我们必须从这个实际出发，而不能超越这个阶段。社会主义是一个漫长的历史过程，因为人们对社会主义的认识和实践要有一个探索的过程。现阶段，我们必须以经济建设为中心，坚持四项基本原则，坚持改革开放，解放和发展社会生产力，巩固和完善社会主义制度，建设社会主义市场经济、社会主义民主政治、社会主义先进文化、社会主义和谐社会，建设富强民主文明和谐美丽的社会主义现代化强国。共同理想的教育能引起大学生对社会主义教育的共鸣，能加深大学生对社会主义初级阶段的认识，并能引导其充分发挥推动现代化国家建设的作用。

（3）共产主义远大理想。中共中央、国务院《关于进一步加强和改进大学生思想政治教育的意见》中指出："要积极引导大学生不断追求更高的目标，使他们中的先进分子树立共产主义的远大理想，确立马克思主义的坚定信念。"社会主义是走向共产主义社会的过渡阶段，这个阶段采取各方面政策都是为了发展社会主义，为了将来实现共产主义。大学生是社会主义现代化的建设者，是共产主义事业的奠基人，积极引导大学生追求共产主义理想，是高校思想政治教育的内在要求。在思想政治教育实践中，高校应注重先进性和广泛性的结合，先引导大学生中的先进分子树立共产主义远大理想，再发挥其示范作用引导整个大学生群体树立共产主义远大理想。

（4）个人理想信念。大学生的个人理想是大学生对自己生命活动的规划，是建立在现实基础上的、符合社会发展规律的、有现实实现可能的对个人未来发展目标的设计和想象。个人理想的确立要求个体必须对人类社会发展规律有一定的认识，对自身发展状况和社会对个人提出的要求有深刻的认识，对自身发展需要有清醒的认识。大学生有小学、初中、高中阶段知识的积累，对社会发展规律和自身发展要求已形成一定认识，具备了确立符合社会发展要求的个人理想的条件。因此，教育者要引导大学生深入思考自己的需求和兴趣，进一步明确社会发展趋势，尽早确立个人理想，并能为这一理想的实现而不懈努力，形成坚定的信念。

中华民族的伟大复兴需要几代人的不懈努力，而理想信念就是指引一代又一代人前进的明灯。因此，高校思想政治教育必须高度重视大学生理想信念的确立。马克思主义信念的确立是大学生正确世界观、人生观、价值观的反映，中国特色社会主义共同理想的确立是大学生正确认识社会主义初级阶段、积极投身社会主义现代化建设的表现和动力，共产主义远大理想是大学生崇高政治理想的最高表现，个人理想信念的确立和实践是社会理想的有力支撑和具体体现。

3.道德规范教育

我国社会主义思想道德规范体系的基本框架，即以为人民服务为核心，以集体主义为原则，开展道德规范教育。

（1）以为人民服务为核心的教育。把为人民服务当作社会主义道德建设的核心，是中国共产党人在伦理思想上的一大贡献。毛泽东同志在《为人民服务》一文中就精辟地阐述了为人民服务的光辉思想。我们党把为人民服务视作根本宗旨，明确写进了党的章程。在改革开放的新的历史条件下，共产党人从最广大人民的根本利益出发，坚持把三个"有利于"当作衡量一切工作的标准，把"人民拥护不拥护""人民赞成不赞成"当作制定各项政策的出发点和归宿，受到了广大人民群众的衷心拥护。经过共产党人的长期实践和倡导，为人民服务不仅成了共产党员始终坚持的根本宗旨，还逐步成为大多数社会成员普遍接受和认同的一条基本道德原则。

为人民服务也是公民应尽的义务。对他人提供必要的帮助和关心是公民应尽的责任和义务，也就是说，我们在接受他人和社会给我们的服务时，也应尽自己所能为他人和社会服务，并在服务他人、服务社会的过程中实现自己的个人利益和人生价值。在新的形势下，必须继续大张旗鼓地倡导为人民服务的道德观，把为人民服务的思想贯穿于各种具体的道德规范之中，要引导人们正确处理个人与社会、竞争与协作、先富与共富、经济效益与社会效益的关系，提倡尊重人、理解人、关心人，发扬社会主义人道主义精神，为人民、为社会多做好事，反对拜金主义、享乐主义和极端个人主义，形成体现社会主义制度优越性、促进社会主义市场经济健康有序发展的良好道德风尚。

（2）集体主义原则教育。集体主义是社会主义道德的根本属性，体现在社会主义道德规范体系各个方面。在社会主义初级阶段，集体主义包含以下三个层次的道德要求：①从个人和小集体利益出发，兼顾国家和社会整体利益；②从国家、集体利益出发，兼顾个人利益；③在三者利益发生矛盾时，自觉牺牲个人和局部利益，以维护国家和整体利益。这三个层次体现了由低到高的三种道德境界，与社会主义初级阶段的现实相适应。在三者利益发生矛盾时，自觉牺牲个人和局部利益，以维护国家和整体利益是集体主义的最高境界，是社会主义道德的核心。集体主义原则是为适应社会主义政治、经济制度发展规律而提出的道德原则，因此加强思想政治教育必须要贯穿集体主义原则教育。

（3）公民基本道德规范教育。道德规范是人们根据一定社会的道德要求所制定的具有普遍约束力的行为规则与标准。道德规范是在人们的道德活动与道德意识的基础上形成与概括出来的，它源于对人们道德行为的指导，又指导着人们行为的道德化。公民道德是我国社会主义道德体系的基础，是社会主义道德大厦的基石。

（二）主导内容

1. 三观教育

（1）世界观教育。世界观教育主要是进行辩证唯物主义和历史唯物主义教育。

①树立彻底的唯物主义态度和观点。看问题一切从实际出发，绝不用主观意志和幻想代替实际和事实，尊重客观规律，坚持从调查研究中得出结论，并坚持用实践检验和发展真理。

②树立真正的辩证法思想。辩证法思想的核心是联系和发展地看待问题。坚持联系的观点，就是要联系地看问题，不要孤立地看问题；要全面地看问题，不能片面地看问题。坚持发展的观点，就是要历史地、变化地看问题，不能静止地、僵化地看问题。辩证法思想就是将矛盾，特别是事物的内在矛盾视作事物发展的动力，善于在矛盾动力推动下，不断通过量变达到好的质变，在曲折中促使事物不断前进。

世界观作为关于世界的根本观点，是对认识世界和改造世界的根本看法。只有这个问题解决好了，我们才能有一个待人处事的正确态度、观点和方法，才能建立正确的人生观。马克思主义的创始人以解放全人类、促进人类全面自由发展为己任，并以此为核心建立了科学的世界观。我们进行世界观教育，就是要进行马克思主义世界观教育，这其中包括辩证唯物主义教育、历史唯物主义教育和马克思主义认识论教育。

（2）人生观教育。人生观是人们对人生的价值、生活的目的与意义的根本看法和观点，是世界观在实践中的体现和运用。人生观具有鲜明的阶级性，不同的阶级有不同的人生观。共产主义的人生观就是无产阶级的人生观，它的核心是大公无私、先公后私和公而忘私。同无产阶级人生观相对立的还有资产阶级人生观、小资产阶级人生观。资产阶级人生观的核心是为自己，损人利己。小资产阶级人生观同剥削阶级人生观虽然有所不同，但在本质上都属于个人主义。我国高校思想政治教育的一个重要任务就是教育广大学生树立无产阶级的人生观，克服形形色色的资产阶级和小资产阶级的人生观。

（3）价值观教育。价值观教育主要是让教育对象搞清楚"什么是有价值，怎样才能有价值"。价值观的核心是价值观念、价值判断、价值选择等。科学的价值观认为，对社会、对国家、对民族、对人类、对他人有积极作用就是有价值，反之就是无价值。积极作用越大，价值就越大。科学价值观提倡人们在满足社会、民族、人类和他人的进步需要中满足自己，实现自己的价值。价值判断必须坚持社会、民族、人类等价值优先的准则，只有这样，社会才能有一个相对统一的价值判断标准。科学的价值选择要求人们在人生奋斗过程中先要最大限度地实现社会价值、民族价值和人类价值。

社会主义核心价值体系集中体现了社会主义意识形态的性质和方向，是社会主义思想道德建设的理论基础，是激励全民族奋发向上的精神力量。因此，当前价值观教育的重点是让大学生深入理解社会主义核心价值观的科学内涵和重要意义，使他们将社会主义核心价值体系当作自己的价值诉求，并用其指导思想和行动。

2. 法纪教育

（1）民主法治教育。民主法治教育是高校思想政治教育的重要内容。它既是和谐社会的标志、条件和构建和谐社会的推进器，也是消除社会不公平和社会矛盾、促进社会公平正义的根本保障。提升国民的民主法律素质，特别是对大学生进行民主法治教育是构建民主法治社会主义和谐社会的关键。

大学生是和谐社会的重要建设者，其民主法律素质直接关系到社会主义和谐社会建设的进程。对大学生进行民主法治教育，必须将两者结合起来。民主与法制是辩证统一的。民主是出发点，是法制的基础和价值体现；法制是民主的保障和手段，是民主的体现。同时，要以培养民主精神为主线，体现平等、助人和自由精神，以及以法律信仰为核心，使大学生懂法、守法。民主法治意识对大学生的政治观、价值观、行为模式的养成具有现实的指导作用。大学生只有在提高文化素质的同时，提高民主法律素质，增强民主法制观念和社会责任感，提高民主决策和监督管理的意识，培养体现民意、保障民权的观念，提高依法办事、遵守纪律、清正廉洁的素质，才能成长为具有民主作风、法制观念和清廉之风的新一代后备力量。

（2）人人平等观念教育。1980年8月，邓小平在中央政治局扩大会议上发表的《党和国家领导制度的改革》中指出，公民在法律和制度面前人人平等，"人人有依法规定的平等权利和义务，谁也不能占便宜，谁也不能犯法。不管谁犯了法，都要由公安机关依法侦查，司法机关依法办理，任何人都不许干扰法律的实施，任何犯了法的人都不能逍遥法外"。

法律面前人人平等是我国宪法明确规定的基本原则之一，也是社会主义法治观念的核心内涵之一。大学生平等观念非常强烈，具体体现为平等竞争、平等就业及教师对待学生的平等意识，因此教师要尊重学生的主体意识。总而言之，人人平等是社会进步的标志；追求平等、保护平等是每位大学生的职责；树立平等意识是人文精神的重要内容；平等观念是维护人与人和谐共存局面的前提。

（3）权利义务观念教育。权利和义务是从法律规范到法律关系再到法律责任逻辑关系的各个环节的构成要素。权利义务的规定性是法律内容的主要表现，它规定人们可以做什么，必须做什么，不能做什么。加强大学生权利义务教育，可从理论说服教育和行为规范教育方面进行，如通过思想政治理论课的法律专题教学，有针对性地对大学生进行正确的权利义务教育，培养大学生理性的权利和责任意识，教育大学生履行遵守法律、法规、学校的管理制度、行为规范、社会公德及尊敬他人，努力学习，缴纳学费等义务。我国现行法律和新修订的《普通高等学校学生管理规定》等不仅规定了大学生的权利，也规定了大学生应承担的义务和责任，如明确规定了缴纳学费及有关费用，按时偿还国家或学院为其提供的贷学金及助学金等义务，未按学校规定缴纳学费的不予注册（家庭经济困难的须办理手续后注册）等。

大学生树立正确的权利义务观，有利于良好行为习惯的形成，从而推动文明学风和校风的建设。大学生如果能正确认识权利、义务即可懂得自己与他人、集体与社会的关系，认识到自己享有权利的同时也承担着对他人、社会和国家的义务，而享受权利的前提是履行义务，只有尊重他人的权利，自己的权利才能得到尊重和实现。

3.时代精神教育

时代精神是一个时代特有的、反映社会进步发展方向、引领时代进步潮流的精神，是一种超脱个人的共同的思想观念和行为方式，是时代文明（物质文明、制度文明和精神文明）内在、深层的精髓与内核，是对现代文明最高层次的抽象，它决定于代表历史前进方向的时代文明的客观的、本质的潮流和发展趋势，并积极推动时代政治、经济和文化发展。当前，我国的改革已进入攻坚阶段，改革的任务将更加繁重，改革的矛盾将更加凸显，支持改革、拥护改革应成为当代受教育者的自觉行动。因此，必须树立与改革相适应、与时代相契合的思想观念。当今世界，创新已成为一个国家不断发展、在国际竞争中取得主动地位的重要因素。习近平同志在《在同各界优秀青年代表座谈时的讲话》（2013 年 5 月 4 日）中指出："创新是民族进步的灵魂，是一个国家兴旺发达的不竭源泉。"因此，要进行时代精神教育，必须培养大学生的创新精神和创新能力。

高校是培养人才的摇篮，是开发人才资源的基地。高校思想政治教育担负着培养创新人才的重任，尤其要培养大学生自强不息的创新进取精神，使他们具有明确而坚定的目标、强大而持久的精神动力、顽强而刚毅的意志，具有不畏艰难困苦、不怕挫折失败的勇气与精神。

（三）拓展内容

1. 创新创业教育

创新创业教育作为一种实用教育，越来越多地被提及和重视，并成为高校思想政治教育的新内容。它主要以培养具有创业基本素质和开创型个性的人才为目标，重点在于培育大学生的创业意识、创业精神、创新创业能力，其主要包含了社会意识培养、能力提升、环境认知、实践模拟四个方面的内容。

（1）社会意识培养。启蒙学生的创新意识和创业精神，使学生了解创新型人才的素质要求，了解创业的概念、要素与特征等，使学生掌握开展创业活动所需要的基本知识。大学生要开展创新创业活动，必须要学习这些基本知识，只有充分了解了创业相关的要素，备足了创业的功课，才能少走弯路。

（2）学生能力提升。创新创业教育可以帮助学生提升各种能力。大学生通过了解创业的各种必备条件，掌握创业过程当中所需要的技能，可以不断提高思维能力，锻炼沟通协调能力，也可以提升管理决策和领导能力，这样有利于其在高校学业、步入社会之后独立创业。

（3）加深对社会环境的认知。高校通过开展创新创业教育可以引导学生认知当今企业及行业环境，了解创业机会，把握创业风险，掌握商业模式开发的过程、设计策略及技巧等。当前高校思想政治教育不仅仅要引导大学生正确处理学习和生活的关系，还要引导他们加深对社会环境的认知。大学生毕业后如果想要创业，就必须认识整个社会的市场经济环境，清楚掌握创业所带来的风险和压力，而不能肆意创新、盲目创业。

（4）加强实践模拟。通过撰写创业计划书、模拟开展实践活动等，鼓励学生体验创业准备的各个环节，包括创业市场评估、创业融资、创办企业流程与风险管理等。真正的创新创业需要投入大量的人力物力去运作，而通过实践模拟可让学生初步认识如何解决资金和人力的问题，可以让学生试着体验创业的整个过程。

2.婚恋教育

恋爱是人生的必修课，能否走好这一步对以后的人生经历有着关键的影响。在理想的状况下，高校应该对大学生恋爱进行一定的教育引导，甚至应该开设这方面的课程，从而帮助大学生树立正确的爱情观，正确对待恋爱关系。

（1）爱情是恋爱双方的自愿选择。爱情是男女双方交往过程中相互间产生的强烈而执着的感情，是恋爱双方在正视自己感情的基础上进行的自觉自愿的选择。恋爱双方都应该尊重对方对感情进行选择的权利。如果一方在交往过程中认为双方的交往并不是自己理想的爱情，他（她）有放弃这段感情的权利，但放弃前应取得对方的理解。大学生在恋爱中如果遇到对方提出分手的情况，应以理智的心态处理双方的关系。

（2）爱情具有排他性。爱情涉及的是两个人的感情。恋爱关系一旦确立，恋爱双方都应该专一于对方。相反，同时拥有多个恋爱对象的人是不道德的，要受到社会的道德谴责。因此，大学生必须认识到爱情的排他性，以专注的态度对待这份神圣的感情。

（3）恋爱双方要承担相应的责任。处在恋爱阶段的男女除了双方的感情付出外，还应该考虑到双方应该承担的责任。一是对对方的责任。大学阶段，学习是学生的主要任务。恋爱中的双方要考虑到彼此的交往不能影响双方的学业，双方的感情应该有助于双方的学习，为彼此提供学习的动力，而不是起反作用。二是对双方所在集体的责任。很多大学生一旦恋爱，就成了游离于集体之外的人，很少参加甚至根本不参加集体活动。这些大学生恋人完全漠视自己作为集体成员应该承担的责任。三是对社会的责任。实际生活中，一些大学生恋人无视社会道德，挑战社会的道德底线，在公开场合出现不文雅行为，造成了不好的社会影响。

（4）爱情不是生活的全部。拥有一份美好的爱情是令人羡慕的，但一个人活着仅有爱情是远远不够的。大学生谈恋爱，社会不反对，但大学期间的时间全部用于谈恋爱，则是为人所不齿的。已进入恋爱阶段的大学生应该把爱情当作自己进一步奋发图强的动力，处理好爱情和学业之间的关系，争取学业有更好的发展。未进入恋爱的大学生不要盲目跟风，要明白大学不一定非要谈恋爱，抓好学习，提高个人能力才是最重要的。失恋的大学生不要自暴自弃、怨天尤人，而要抓紧时间提升自己，迎接真正适合自己的爱情。

3. 人际交往

人是社会中的人，人的生存和发展离不开与他人的交往。大学生生活在大学校园里，必然要和周围的同学、教师等发生各种交往关系。这种人际交往关系会直接影响大学生为人处世的态度，甚至影响大学生的世界观、人生观、价值观。所以，大学生和谐人际关系的确立对于大学生的发展来讲至关重要。

大学生一般都有与人友好交往的内心愿望，掌握一定的人际交往技巧，能使这种愿望变为现实，能使人与人之间的交往更加和谐。大学生在人际交往中应做到以下几点：

（1）寻找共同语言。任何人都是一个多元性的综合体。人与人之间总能从知识、能力、职业、文化、民族、地域、年龄等方面找到某些共同语言。这些共同语言为人与人的成功交往提供了前提，而共同语言的交流是大学生成功与人交往的关键。因此，大学生在与他人交往时要善于寻找双方共同的话题、共同的体验或共同的情感。

（2）向对方有限度地敞开心扉。大学生在人际交往中，要想吸引另一方的注意力，激起对方交往的热情，可以在一定的范围内有限度地向对方敞开心扉，获得对方的信任和理解。大学生要根据交往对象的性质，确定敞开心扉的程度。

（3）换位思考。成功的交往者总能善解人意，站在对方的立场上思考问题，考虑对方的需要、情感、利益和爱好，善于理解对方的想法，总是能设身处地为对方着想，减少给对方带来的麻烦。大学生在人际交往中要本着多为别人考虑的思想，为自己赢得更多的友谊。

（4）学会倾听。人在生气、愤怒、陷入困境或兴奋、激动时，总是希望有人能倾听他的诉说，而倾听诉说的人无形之中就成了他心目中值得信赖的朋友。耐心地听他人的倾诉，尊重倾诉人的情感和态度，体现了对倾诉人的关心和理解，能获得更多的信赖和尊敬。大学生不妨学会倾听，在倾听中获得更多的友谊。

（5）学会幽默。幽默是一种能力，可以让人在愉快的笑声中结束尴尬的场面，可以让人在紧张的工作中获得放松。俗话说，笑一笑，十年少。大学生在平时的学习中要试着培养自己的幽默感，如果能培养一定的幽默感，在很多情况下都能巧妙地处理人际交往中遇到的尴尬局面。

二、高校思想政治教育的方法

（一）理论教育法

理论教育法是教育主体有组织、有计划地向特定教育对象系统传授我国社会主义思想理论知识，促进其积极内化的方法，其目的是通过组织教育对象认真学习习近平新时代中国特色社会主义思想等，使其形成正确的世界观、人生观、价值观。理论教育通过教育者的口头语言，向教育对象传递马克思主义基本理论、马克思主义中国化的理论成果、党的路线方针政策，是语言灌输，主要通过讲授的方式实现。高校社会主义核心价值体系教育，可以借鉴其他系列课程的教学经验，探讨根本路径与方法，帮助学生在潜移默化中形成优良的职业道德，从而更好地适应未来的实际工作岗位。讲授分为讲解式和讲述式两种。另外，在高校教育实践中，教育者组织学生进行讨论，并针对学生的观点进行引导讲解，也是理论讲授的一种重要形式。

1. 讲解式教育

讲解式教育主要适用于对复杂理论、观点的讲授。这些理论概念间的逻辑联系复杂、多元，需要进行严密的推理和论述。教育者在进行讲解时，必须对概念间的联系进行细致分析，抓住要点，厘清层次，阐述到位。例如，通过该方法进行法律基础知识教育，可以帮助大学生正确理解法治与民主、纪律与自由、民主与集中的关系；利用该方法强化社会主义民主教育，可以让大学生意识到一切权力都属于人民，增强大学生的主人翁意识，鼓励大学生参与政治生活，增强大学生的国家责任感。

2. 讲述式教育

讲述式教育主要适用于对历史事件、政治现象等的描述。对于历史事件，教育者绘声绘色的讲述能使学生产生身临其境的感觉，让他们在无形中产生相对应的政治情感、道德情感。例如，通过法治教育讲解我国公民的基本权利和义务，能帮助大学生树立正确的权利义务观念，使其认识到权利和义务是辩证统一的关系，即一个人享有怎样的权利就承担着相应的义务，没有无义务的权利，也没有无权利的义务。

3. 讨论式教育

讨论式教育的主体是大学生，但组织者和引导者依然是教育者。教育者根据思想政治教育目标和大学生实际情况，先确定大学生讨论的主题，之后让大学生根据讨论主题收集资料，形成对讨论主题的分析，最终以讨论会或课堂讨论的形式进行讨论。教育者进行理论讲授主要体现为根据大学生讨论的实际情况，对大学生讨论中基本了解的问题进行总结提升，对大学生讨论中认识欠清晰的问题进行进一步解释，为大学生解决疑点。

（二）实践教育法

实践教育法就是组织、引导人们积极参加各种社会实践活动，从而不断提高其思想觉悟和认识能力，使其在改造客观世界的同时改造自己的主观世界的方法。实践教育主要有劳动教育、志愿者服务和社会考察等方式。

1. 劳动教育

劳动教育就是在生产过程中，帮助受教育者树立正确的劳动观点，培养受教育者热爱劳动、热爱人民的思想感情和良好的劳动习惯的教育。劳动教育的形式包括生产劳动、科学实验、公益劳动、实习劳动等。通过组织先进事迹学习，培养大学生忠于职守、吃苦耐劳的优良品质；通过引导亲身体验、耳濡目染，促使学生感悟企业的历史、文化与成就，进而使大学生树立远大理想，培养其改革创新意识；通过组织实习实训，帮助大学生强化学以致用的观念，进而开展纪律观念教育。

2. 志愿者服务

志愿者服务是运用智力、知识、技能、体力等方式为人们提供帮助、解决困难的活动，是服务者自愿参加的有组织、有目的的实践活动，是实践教育的重要方式，也是大学生接触社会的一种方式，对稳固大学生的思想具有巨大作用。大学生可以积极参与文化、科技、卫生"三下乡"活动，努力为科教兴国战略做贡献；大学生也可以参加大学生志愿服务西部计划，拓展就业、创业的渠道，并成为既有现代科学文化知识，又有基层工作经验和强烈社会责任感的优秀青年人才；大学生还可以参加共建和谐社区志愿服务行动，宣扬社会公德，积极参加法律援助、助残行动等活动，配合社区开展精神文明建设，为建设和谐社会贡献力量。

3. 社会考察

社会考察是通过认识社会和研究社会，提高受教育者思想认识和分析社会问题能力的方法。社会考察作为一种实践活动方法运用于思想政治教育，是我们党的优良传统，目的是帮助大学生深入社会实际，正确认识社会现象与社会问题。广泛开展对改革开放、社会主义现代化建设成果等的考察，有着深刻的教育意义。社会考察不但可使考察者的思想和能力得到提高，而且其结论会对其他人产生启发和教育作用。

（三）关怀教育法

关怀教育法强调贴近大学生的实际生活与学习，使思想政治教育如同良师益友一般，在大学生迷茫的时候为其指明方向，并帮助其制订长期与短期计划，对学习目标进行细致分解，从而形成层次化的阶段性任务。利用有效的世界观、人生观、价值观、爱国主义、法治观、理想信念教育等，可帮助大学生将学习和成才结合起来，将个人发展与祖国的前途结合起来。关怀教育法主要有严慈相济法和三贴近法。

1. 严慈相济法

考虑到大学生的特点，关怀教育法中的严慈相济法往往能取得良好的教学效果。严慈相济法中的"严"代表对学生严格要求与训练，"慈"代表无微不至地关爱、帮助学生。只有"严"而无"慈"，将会削减大学生的学习热情，使其缺乏对知识学习的主动性；只有"慈"而无"严"，将使学生做事无原则，使教育工作进度跟不上。严慈相济法作为一种重要的教学方法，要求坚持从严育人，严格进行日常管理，严格考风考纪，严格训练，同时应以慈爱为本，让大学生感受到慈爱，从而在个人思想与道德方面得到升华。

2. 三贴近法

关怀教育法中还有一种典型的方法被称为"三贴近法"。三贴近法就是运用"贴近实际，贴近生活，贴近学生"原则开展思想政治教育的方法，该方法兼顾了人性化的教学原则，同时践行了以学生为中心的教育理念。

（四）激励教育法

1. 奖惩激励

通过奖励或者惩罚的方式，促进人更加积极地投入工作，起到激励效果，也可以有效地避免做出错误行为。奖惩激励是以马斯洛需要层次理论为理论基础的，即满足人的需求，将刺激其更加努力地去完成下一个任务。奖惩激励运用于高校思想政治教育，往往能够取得较为理想的教学效果。运用该方法需要对奖惩细则进行大力宣传，要求奖惩激励具备公平性，通过确定合适的奖惩名额及奖惩程度，调动大学生的积极性。除此之外，还必须重视奖惩的时间，通常奖惩越及时，效果越明显。

2. 信任激励

信任激励是指给予学生信任、尊重、支持，使其产生自尊心、自信心、成就感等情感体验，从而激发其积极性、主动性。教师通过对学生的信任、尊重、支持，去理解他们的困难，相信其能力，尊重其人格，支持其创造精神，激发大学生的积极性、主动性、创造性。

3. 目标激励

对大学生而言，一个目标往往能帮助其明确前进方向，进而一步步达到学校规定的个人发展目标。目标激励法与高校思政教育的结合，可以使学生学习和生活的目的性更强。使用该方法应合理设置目标难度，确保通过科学的目标设定，引领大学生一步步走向成功。在高校思想政治教育中运用目标激励，可以强化学生的主体意识，但目标不宜过高，也不宜太低，既要有挑战性，也要有实现的可能性。只有为学生树立方向正确、难度合理、具有价值的目标，才可以最大限度地激发学生接受思想政治教育的热情。高校思想政治教育应当重视目标激励，通过建立合适的目标体系，使大学生在不断完成各项目标的过程中培养高尚的个人修养，提高自身能力，成为可以为祖国与社会主义现代化建设做出突出贡献，且思想品德崇高的新时代社会主义事业的接班人。

4. 竞争激励

竞争激励是指充分利用大学生的上进心理和争胜心理，通过批评、比较、评比等形式在大学生中营造一种相互竞争、不甘落后、争取优胜的氛围，形成竞争压力，达到激励效果，从而推动大学生朝着正确目标努力、奋斗。在思想政治教育中，运用这一方法，就是要利用大学生正确的竞争意识，激发他们的积极性。

第二节　高校思想政治教育的理念与原则

一、高校思想政治教育的理念

思想政治教育学是一门指导人们形成正确思想行为的科学，它以人的思想行为形成变化的规律，以及实施思想政治教育的规律作为自己的研究对象。其中，人的思想、观点和立场的转变以及人生观、世界观的形成规律是研究的重点。

目前，中国的政治、经济、文化正发生着重大的转变，处于社会中的人的思想观念和生活方式也会随之产生巨大的改变。在这一新形势下，高校思想政治教育要紧紧把握时代的特征，切实担负起为中国特色社会主义事业培养在思想上、政治上、道德上均合格的人才的重要职责。正是基于这种形势，高校思想政治教育的传统理念面临着与社会需要相适应的更新问题。如何建立与新时期社会相适应的高校思想政治教育新理念，是国家和所有高校思想政治教育者深刻探讨研究的问题。理念是经过长期思考及社会实践所形成的思想观念、理想追求、精神向往和哲学信仰的抽象概括。教育理念则是在教育实践过程中形成的对教育活动的理性认识以及在教育思维活动中形成的教育观念。思想政治教育的理念是思想政治教育中的主体在不断的教育实践过程中形成的有关思想政治教育基本问题的本质和规律的理性认识，是对思想政治教育地位、功能、目的、任务、过程、内容、原则、方法和规律等的总体看法、根本观点，是对思想政治教育观念起统领作用和统摄意义的核心观念，是所有参与思想政治教育活动的主体在从事思想政治教育实践过程中所要遵守的根本指导思想和行为准则。高校的思想政治教育理念具体针对的是对大学生的思想政治教育社会实践活动的理性认识，也是高校中思想政治教育主体在思想政治教育思维活动中形成的一种教育指向性观念。同时，高校思想政治教育理念在实践中不断创新，在创新中不断发展。这种创新与发展主要来源于先进的思想和理论及对现实问题的尊重与深入反思。

（一）"以人为本"的教育理念

传统的高校思想政治教育用统一的目标教育、统一的人才培养模式、单一的教学方法教育学生，片面强调教师权威，通过"填鸭式"的教学手段灌输教育内容。中共中央、国务院发布的《关于进一步加强和改进大学生思想政治教育的意见》明确提出，把"以人为本"当作加强大学生思想政治教育工作的指导思想。文件还明确地指出，高校的思想政治教育要坚定不移地坚持"以人为本"，始终贴近学生的生活实际，这样才能提高思想政治教育的实效性和吸引力，才能培养出德智体美劳全面发展的社会主义优秀建设者和接班人。说到底思想政治教育工作是为人的工作，所以必须坚持"以人为本"，要不断地坚持教育人、鼓舞人、引导人、尊重人、理解人。"以人为本"作为一种教育理念，要求高校思想政治教育工作在这个前提下探索有效方法，从而促进大学生思想政治素质的提高。现在，高校思想政治教育在贯彻"以人为本"理念的研究与探索中已经取得一定的研究成果，且对教育实践产生了一定的影响。需要注意的是，研究高校思想政治教育"以人为本"的教育模式要从内涵研究入手。

（二）开放式的教育理念

当今时代是一个空前开放的时代，社会处于前所未有的开放性融合过程中。在科技日新月异，经济全球化、社会信息化、信息网络化、文化多元化、价值取向多样化的社会转型重构中，世界日益成为一个更加紧密联系的有机整体。传统封闭式教育模式被打破，取而代之的是全方位开放式的新型教育。随着这种变化，大学生的独立性、选择性、多变性、差异性问题凸显出来。高校思想政治教育由于其自身的特殊性，必然需要顺应社会发展要求，敏感把握时代走向，用开放的教育理念指导自身的转型与模式重构，在思想和精神上保证学生健康成长、顺利成才、成功就业。把开放式教育理念引入高校思想政治教育工作，构建开放式思想政治教育体系，旨在突破传统观念，以实现高校思想政治教育教学模式、教学内容、教学目标和管理机制的创新。

开放式教育理念源于法国卢梭的自然主义教育思想，后来经过英国教育家尼尔等人的实践，被转化为实际的教育行为。开放式教育是针对传统封闭、灌输式教育模式而言的，其通过营造一种开放、民主、平等、自由、互动与和谐的教学关系及教育氛围，优化教育资源和环境，借助现代科技手段，构筑起一种新型教育模式，其根本目的在于使学生全面发展。高校的思想政治教育利用多元的教育资源、自主互动的教育模式、民主平等的师生关系、创新与和谐的教育氛围，对学生进行科学正确的世界观、价值观和人生观教育，从而使学生成为一个能正常融入社会生活、适应社会发展需要的高素质的专门人才。思想政治教育的开放式教育理念能使学生思想政治教育与开放多元的社会环境相适应，以保证学生的全面自由发展，进而客观上推动社会的进步。

（三）"德育为先"的教育理念

"德育为先"理念早在春秋战国时期便已经逐渐形成。孔子指出："弟子入则孝，出则弟，谨而信，泛爱众而亲仁。行有余力，则以学文。"这句话说的就是要先培养人的道德观念和行为，然后才有闲暇时间和余力来引导其学习文化知识。孔子主教的文献、德行、忠诚、信用四大科目中，德行、忠诚、信用均为典型的德育课。同时，儒家学说将智性知识也归为德行知识，德育对智育具有兼容性。这些奠定了中国几千年以德育为先的基调。近现代的"德育为先"思想是随着鸦片战争爆发而进入中国历史进程的，其使德育独大的局面被打破，在高校课程设置和教学内容安排上德育的比重下降，智育的比重逐步增长，但总体来说"德育为先"的传统思想没有被摒弃，并随着时代的发展不断地与时俱进。特别是在当下，"德育为先"的思想与研究进入了一个深入发展的时期。

二、高校思想政治教育的原则

（一）方向性原则

方向性原则是指高校思想政治教育的全部活动要始终与社会发展的要求相一致，坚持正确的政治方向不动摇。当前，方向性原则主要体现为高校思想政治教育要旗帜鲜明地坚持社会主义和共产主义方向，坚持党的基本路线，要与中国共产党的纲领与宗旨相一致。坚持方向性原则对高校思想政治教育活动具有非常重要的意义。首先，只有坚持这一原则，才能保持无产阶级思想政治教育的本质特色。其次，只有坚持方向性原则，才能统一人们的思想与行动，充分发挥思想政治教育的作用。最后，坚持方向性原则是实现思想政治教育价值的根本要求。思想政治教育价值的实现与否，必须用教育目的的实现程度和方向原则的贯彻程度来衡量。

要在高校思想政治教育过程中坚持社会主义方向，首先，必须始终坚持以马克思列宁主义、毛泽东思想和中国特色社会主义理论体系为思想政治教育指导思想。其次，提高贯彻思想政治教育方向性原则的自觉性。邓小平同志指出："我们干的是社会主义事业，最终目的是实现共产主义。这一点，我希望宣传方面任何时候都不要忽略。"[①] 作为以培育"四有"新人为己任的高校更要始终牢记这一点。同时，要使高校思想政治教育工作者认识到，坚持思想政治教育的共产主义方向，是有效开展高校思想政治教育活动的根本保证，就要在实际工作中自觉运用这一原则，将其精神贯穿在具体的思想政治教育活动中。另外，也要帮助大学生认识到，坚持正确的政治方向，有利于个人的全面发展，有利于政治与业务的统一，有利于红与专的统一、德与才的统一，从而坚持向共产主义方向前进。最后，贯彻方向性原则必须讲究科学性。要很好地贯彻方向性原则，就必须将坚定的原则性与方法的灵活性结合起来，努力使高校思想政治教育自然地渗透到社会生活的方方面面，从而潜移默化地影响人。同时，要努力探寻方向性原则与思想政治教育具体目标之间的契合点，并以方向原则统摄各种具体目标，使共产主义方向成为高校思想政治教育的灵魂。

（二）求实原则

求实原则体现了一种科学的工作态度。思想政治教育是一项实实在在的转变人的思想的工作，因而任何华而不实和不切实际的做法都难以取得良好的教育效果。高校思想政治教育的一个重要特点就是具有针对性，要做到这一点，教育者必须遵循实事求是的原则。教育者在进行思想政治教育的过程中，必须从社会发展的现实和受教育者的思想实际出发，运用马克思主义的基本理论去分析解释社会问题和受教育者的思想问题，并从中寻找出解决问题的基本规律，从而指导高校思想政治教育活动。求实原则是指高校思想政治教育要始终坚持"理论联系实际，一切从实际出发，实事求是"的思想路线和原则。

所谓理论联系实际，包含以下两层含义。一方面，一定要掌握高校思想政治教育的相关理论。高校思想政治教育理论是从事高校思想政治教育的重要指导，能为相关工作提供有效的方法。因此，我们必须全面、系统、准确地掌握高校思想政治教育理论。另一方面，一定要从实际出发，实事求是。

---

① 邓小平. 一靠理想二靠纪律才能团结起来 [J]. 人民论坛，1996（12）：1.

理论只有面向实践、指导实践、接受实践检验并随实践发展，才富有强大的生命力和战斗力。

求实原则的贯彻实施要做到以下几点。

1. 自觉学习马克思主义理论

马克思列宁主义、毛泽东思想、中国特色社会主义理论是党认识世界、改造世界的强大思想武器。加强马克思主义理论的学习，有助于人们树立科学的世界观、人生观和价值观，抵制错误的思想和潮流。因此，要自觉加强马克思主义理论的学习。

2. 要一切从实际出发

一切从实际出发就是要坚持主观与客观、主体与客体的统一，按照实际情况，制定不同的工作目标和计划，选择恰当的方法。

3. 按照正确解决问题的步骤来办事

为了在高校思想政治教育工作中坚持求实原则，就必须按照及时发现问题、确实弄清问题、正确解决问题三个步骤来办事。

（1）做到及时发现问题，就要做到善于调查研究，准确观察和分析问题，正视矛盾，不回避矛盾。发现思想问题和实际问题贵在及时，这样就能掌握思想教育的主动权。

（2）做到确实弄清问题，是指发现工作中存在的实际问题后，要善于分析、研究和核实，抓住问题的核心，不为假象所蒙蔽。

（3）做到正确解决问题，是指在弄清实际问题后，及时联系相关人员，运用相关理论，实事求是地解决问题。

（三）教书与育人相结合原则

教书与育人相结合原则是高校思想政治教育工作的一项基本原则。所谓教书与育人相结合，是指教师在教学过程中，通过各种教学活动和各个教学环节，全面提高学生的素质和能力。教书与育人相结合原则的贯彻实施要做到以下两点。

1. 寓思想教育于教学之中

教书育人，教学是基础，育人是关键。教师要把思想教育工作渗透到各种教学和教学的各个环节中去，把传道、授业、解惑结合起来。这就要求教师在传授知识的过程中，要注意发挥和挖掘教材的思想性、知识性和趣味性，有机地结合社会实际和大学生思想实际，调动大学生的学习积极性，帮助大学生处理好德育与智育的关系，把思想政治教育工作渗透到大学生的各项学习活动之中，使他们酷爱学习，精于专业，从而达到教师所期待的目标。

2. 要正确处理思想政治教育和大学生学习活动的辩证关系

教书与育人，两者是相互联系、相互促进的。无论是自然科学还是社会科学的教师，都要结合教材特点，加强对学生的全面教育和培养，自觉地做到教书育人，发挥思想政治教育对大学生学习活动的方向引导作用和内在激励作用。但不能以此孤立地过分突出思想政治工作，过多增加思想政治教育时间，而削弱了知识学习活动，因为这种做法会影响人才的全面发展。因此，要教好书、育好人，就要正确把握高校思想政治教育和知识学习活动相结合的程度、方式，以利于大学生思想政治工作作用的发挥和满足大学生全面发展的需要。

（四）灵活变通原则

在高校思想政治教育过程中坚持灵活变通的原则，其实质是要求将思想政治教育目标和内容的规定性与思想政治教育过程和方法的灵活性有机结合起来。高校思想政治教育过程是沟通人的思想和交流人的情感的过程，是用正确的思想和真挚的情感影响和感化教育对象的过程，而人的思想和情感的丰富性与复杂性，就决定了在进行思想政治教育的过程中，必须避免生硬、呆板、简单、一刀切的倾向，必须根据教育对象的思想实际和个性特征，有针对性地、灵活变通地来安排教育的情境，选择教育的方法。高校思想政治教育灵活变通原则还要求根据时代的变化和思想政治教育任务的变化，以及大学生求新求变的思想特点，不断地解放思想，与时俱进，不断地探索高校思想政治教育的新规律，创造思想政治教育的新方法。

（五）尊重爱护原则

在高校思想政治教育过程中贯彻尊重爱护的原则，就是要求高校思想政治教育工作者必须尊重教育对象的主体地位，从关心爱护的愿望出发，努力发挥他们的主观能动性，并进行启发诱导，促使他们积极地进行认识交流并提高思想认识水平。思想政治教育活动强调主体之间的互动，因此要进行切实有效的思想政治教育，教育者先要树立以尊重爱护教育对象为前提的指导思想。思想政治教育是一种帮助教育对象在政治态度、人生道德、人生价值等方面，确立与社会意识相一致的个人意识的人类精神活动。尊重教育对象是指教育者要承认教育对象是具有自己个性特征和独立人格的主体，要能够体会教育对象的喜怒哀乐。教育者和教育对象之间应以同志式、朋友式的关系进行交流，从而建立双方互相尊重、互相交流、互相切磋、共同提高的良好关系。只有确实尊重和爱护教育对象，以真诚关心的态度和平等的姿态来面对教育对象，才能提高思想政治教育的效果。

（六）差异性原则

高校思想政治教育本身起因于教育对象现实思想状况与社会期望目标之间的差异和教育对象之间的思想差异。就是因为存在这种差异，所以社会就提出了对个人进行教育的要求。大学生的思想现状与社会主义发展要求之间，既存在着总方向上的一致性，也存在着具体要求上的差异性。这种差异性是客观存在的，是大学生进行思想政治教育的起点，且差异性产生的根源和影响因素是多方面的。在高校思想政治教育过程中，承认教育对象思想认识的差异性，是进行良好的思想政治教育的前提。教育者在思想政治教育中，要从大学生的思想实际出发，在密切联系大学生思想实际的基础上开展活动。一方面，教育者要不断深入大学生，不断地研究大学生的思想状况，在了解大学生思想脉搏的基础上有的放矢地进行教育；另一方面，教育者要把握大学生的不同思想层次，做到因层次而异、因人而异。在把握整体思想状况的前提下，教育者还应分析不同个人的层次类型，并针对不同个人的层次类型采取不同的教育方法，充分发挥教育的针对性特点，实现教育预期目标。

第三节　高校思想政治教育的主要途径

一、充分发挥课堂教学的育人功能

课堂教学是对大学生系统进行马克思主义理论教育的主渠道和主阵地，在培养中国特色社会主义现代化建设事业合格人才和社会主义事业接班人方面发挥着积极作用。课堂教学主要有启发式教学、讨论式教学和案例式教学等。

（一）启发式教学

启发式教学的核心是在教学过程中激发学生学习的主动性和积极性，调动和培养学生的启发性思维。教师在课堂教学中通过举例子、课堂讨论、提出问题、创设启发情景等方法，在课下通过布置作业、课外指导等各个教学环节，指导学生掌握获得知识的方法，培养学生根据需要处理各种信息的能力。在启发式教学过程中，教学的中心转移到了学生身上，重视调动学生学习的主动性和积极性，且教师作用的发挥取决于对学生主动性和积极性的调动。例如，对大学生进行公德教育，可以充分发挥思想政治理论课教育的主渠道作用，可以结合社会主义核心价值观和社会主义荣辱观的内容，用"爱国守法，敬业奉献，明礼诚信，团结友善"基本道德规范来培养大学生明辨是非的能力，使他们学会用正确的道德标准来评价和约束自己的行为，自觉维护公共秩序，做 个对他人和社会负责任的人。

（二）讨论式教学

讨论式教学是指在教学过程中，为了实现思想政治理论课教育教学目标，教师引导学生自学、思考有关内容，进而以系列问题为线索，师生之间以及学生之间利用讨论、辩论等形式相互启发，达成思想共识，提高思想政治理论水平和能力的一种教学模式。系列问题是指具有系统理论逻辑联系的问题，是实施讨论式教学模式的核心。讨论式教学是以师生、学生相互之间的自学、讨论为主要教学方法、手段的教学模式，其实质是一种互相启发学习的教学模式。讨论的精神实质是启发式教学思想，通过钻研问题、发言讨论，师生能互相从对方那里得到有益的启示，进而基于此重新组建自己的知识理解和认知体系，获得发展。

（三）案例式教学

案例式教学是指教师根据教学目标和教学任务的要求，运用精选出来的案例材料，使大学生进入某种特定的事件、情境，而在教师的启发指导下，大学生可根据基本概念和规律，用案例来解释和证明基本原理，从而获得解决实际问题的能力。

二、充分利用社会实践的育人功能

中共中央、国务院《关于进一步加强和改进大学生思想政治教育的意见》明确指出："社会实践是大学生思想政治教育的重要环节，对于促进大学生了解社会、了解国情，增长才干、奉献社会，锻炼毅力、培养品格，增强社会责任感具有不可替代的作用。"因此，加强和改进大学生思想政治教育，必须充分认识社会实践育人的重要意义，研究社会实践中的困难和问题，探索社会实践育人的有效途径和方法。

（一）大力推进高校社团型社会实践

社团是由兴趣爱好相同的学生自发组织成立的，是具有自己的目标、组织章程以及活动方式的学生群体组织。社团在社会实践中具有较强的号召力，因而高校应加强学生社团管理，引导学生参加积极向上、健康有益的实践活动。

1. 树立以学生为本的服务理念

牢固树立学生思想道德教育以学生为本的观念，尊重学生的主体地位，尊重青年的身心性格特点，遵循学生的成长规律，这是社团做好大学生思想道德教育工作的基础。

2. 建立社团型社会实践的长效机制

社团虽然有自己的目标、组织章程，但是因为是学生自发成立的，所以各方面还有待完善。高校应担负起社团管理和引导职责，保证社团的稳定、健康发展。同时，学校各部门应坚持"宏观控制，微观搞活"的基本原则，充分发挥社团引导学生实现自我教育、自我管理、自我服务的作用，让社团活动各具特色，形成勇于创新的社团实践活动新局面。

（二）加强和完善高校社会实践组织管理

高校要从思想上高度重视，加强对社会实践活动的支持和指导，调动各职能部门进行科学合理的统筹安排，上下结合，只有形成合力才能最大限度地保障大学生社会实践顺利进行。

1. 建立领导机制

设立校、院（系）两级领导机构，建立和完善责任制、督查制、报告制等管理机制，加强对社会实践工作的领导。校级领导机构要在明确责任分工、优化资源配置、协调工作冲突、进行督促检查、开展专题培训等方面发挥主导性作用；院（系）级领导机构要在策划部署、人员配备、考核评定、社会实践基地建设等方面发挥关键性作用。教学管理部门要抓好属于第一课堂的专业实习类社会实践活动；学生管理部门、党群组织要抓好属于第二课堂的军事训练类、生产劳动类、社会调查类、勤工俭学类社会实践活动。

2. 建立指导机制

没有高水平的专业指导，就不可能有高质量的社会实践活动。因此，高校应在建立校、系两级指导教师团队的基础上，进一步完善指导机制：一是通过加强课程建设，建立和完善大学生社会实践培训课程体系及课酬制度，共同推进校级指导教师团队的知识化和专业化建设；二是通过建立大学生社会实践指导教师进修培训制度和活动补助制度，推进学校、院（系）指导教师团队建设。

3. 建立激励机制

社会实践活动的最终受益者是大学生，如果大学生在活动中没有积极性，只是被动地参与，那么这样的社会实践活动是没有意义的。因此，必须从大学生在社会实践活动中可以获得什么，或者说作为施教者可以通过社会实践活动给予大学生什么这个根本问题出发，建立完善的激励机制，这样才能使学生从"要我参加"转变为"我要参加"。

4. 建立保障机制

大学生社会实践活动一般在校外开展，相较于校内活动存在一定的风险，学校需要更多地考虑到大学生在校外的安全，因此建立相关保障机制显得非常必要。在建立保障机制时要注重参与主体的多元化，需要学校、学生和社会三方共同参与；要注重保障形式的多样化，需要学校保险及社会保险的共同保障；要注重保障内容的多种类化，需要结合学生实践内容采用一般保障、特殊保障、全面保障等。

三、充分利用网络平台的育人功能

现代网络环境的迅速形成与发展，为学校思想政治工作网络化的开拓和创新提供了有利条件。高校思想政治教育工作者要对各方面的力量进行整合，有效开展学校网络思想教育，不断创新学生思想政治教育工作的方式和途径。

（一）坚持正确的政治方向

高校网站建设应坚持正确的政治方向，应以社会主义核心价值观为基础。社会主义核心价值体系体现了社会主义的本质特征，代表了国家发展和社会进步的价值取向，具有一定的政治性和严肃性。因此，高校要重点加强两点工作：一是要重点对教学资源进行审核，坚决抵制不符合社会主义核心价值体系的内容；二是要重点加强营造社会主义核心价值体系教育的校园氛围，使其对学生产生潜移默化的影响，使学生在思想上接受社会主义核心价值体系并逐渐将之内化为自我价值取向。

（二）提高网站吸引力

高校思想政治教育网站建设必须在马克思主义指导下，以社会主义核心价值观为引领，充分反映中国特色社会主义理论成果，并结合学校的实际，体现时代精神和创新精神。高校可以结合互联网创新网站的教育内容和教育形式，使网络思想政治教育的内容更加具有针对性、多样性、灵活性和实用性。此外，高校可以通过设置范围更广、涉猎更深的栏目，使网络思想政治教育的内容更加贴近实际、贴近生活、贴近学生，不仅符合学生需要，满足学生成才的实际需求，还能够提高教育工作的吸引力和感染力，促使大学生全面发展。

（三）推进网络团队建设

肯定人、重视人，充分发挥师生的各种才能，组建多元化的网络团队。要对高校所有参与思想政治教育工作的人员给予重视，在尊重学生客观需求的基础上组建高效率的教师团队和管理团队。其中，党组织是高校网络思想政治教育模式中的核心力量。在学生群体中不断发展和培养入党积极分子，发挥学生党员的带头示范作用，积极组织学习讨论，对在使用互联网过程中学生群体的各种问题及时跟进、有效解决，用习近平新时代中国特色社会主义思想武装头脑，对网络上的不良信息进行抵抗，使学校网络思想政治教育始终向着正确的目标迈进。除此之外，要充分重视辅导员的参与。作为高校思想政治教育队伍的重要组成部分，辅导员无论是在思想政治教育还是在学生日常生活中，都起到了重要的引导作用。通过学生与教师的团队组建，以学校内部以及学校之间的活动为载体，合理利用校园网络，广泛实施学校网络思想政治教育，有利于进一步促进大学生思想政治素养提升。

四、充分利用校园文化的育人功能

校园文化是高校开展思想政治教育的重要载体，不仅包括学校的硬件设施、自然环境等直观内容，还包括学校的办学理念、校风、学风等内容。作为保障校园正常运转及师生权益的党的组织制度，更应当纳入校园文化，使校园文化的内容更加丰富、多元、有生命力，并成为学生思想政治教育的"隐性课程"。

（一）加强校园文化建设

环境在育人活动中的作用不容忽视。在校园文化建设中，要加强校园环境和人文环境建设，突出环境在高校思想政治教育中的育人功能。

1.加强校园环境建设

校容校貌建设包括学校的建筑风格、绿化美化程度、自然风景特色、环境整洁水平、设备现代化层次等物质文化的建设。校园内应有与本校相关的名人及名师雕像、主题文化广场、文明标志牌等。建设校园物质文化，不仅要通过学校前辈的名言在精神上给予大学生鼓励，还要通过精致的学校建筑格局来培养大学生的审美情趣，强化大学生识别高尚美的能力。

2.加强人文环境建设

校园的人文环境建设主要通过校史、黑板报、宣传栏、校训、标语等形式向大学生进行精神传递，以起到对师生人文情趣的引导作用，从而形成大学生对母校具有强烈"自豪感"的校园文化。

（二）加强组织领导及制度建设

高校校园文化建设不仅要调用外部环境的力量，还需要有内部规章制度框架的支撑，从而形成内外合力与共识，促进校园文化的协调发展。

1.加强组织领导

在高校文化建设中，政府教育部门可以利用间接的宏观管理方式，从自身职能的角度促进其发展。一是政策方式，即通过制定相关政策引导学校进行文化建设；二是经济方式，即通过制定相关政策奖励和进行招标等活动，在教育经费分配过程中通过合理的倾斜来调整、提高文化方面的投入；三是信息服务的方式，即通过提供信息服务来使学校有选择地决策自己的行为；四是监督评价方式，即政府教育部门通过检查、鉴定、评估等活动来对文化建设情况进行检查监督。

2.完善校园制度建设

良好的高校制度建设，既能起到激励和约束作用，有利于形成良好的校风、教风、学风，又能全面协调学校上下各部门及全体教职员工的关系，实现科学管理，促成师生成长的精神家园。一是以质量为核心，形成和实施全面质量管理制度。以实施学校全面质量管理为核心，在学校质量管理的点、线、面上，从学校发展目标确立、工作计划制订、考评督办检查到奖励惩罚等，形成一整套系统、全面、协调的管理制度。二是以规范为坐标，形成和实施教学管理制度。建立健全规章制度，规范教师备课、上课、实训、作业批改、命题、阅卷等一系列教学行为，使教师增强责任心和自觉性，并建立合理的奖惩制度，营造具有良好竞争环境的教风和学风。三是以成长为指引，形成和实施学生教育制度。高校应不断加强德育工作，注重德育的主动性、针对性、实效性，逐步促成学生文明行为养成和守纪教育，民族精神、集体主义、爱国主义和民主法治教育，学生个性发展教育和心理健康教育，以及学生实践能力和创新精神教育等。

第四节　高校思想政治教育的发展趋势

一、民主化

（一）民主化趋势的成因

1. 社会主义民主的本质要求

社会主义民主的本质是人民群众当家作主，即人民群众是社会主义国家的主人。在社会主义国家，就人民群众而言，人与人之间的社会地位是平等的，解决人民内部的矛盾，只能用民主的方法，解决人民内部的思想矛盾，更是只能用民主的方法。正如毛泽东同志在《关于正确处理人民内部矛盾的问题》中所指出的，"凡属于思想性质的问题，凡属于人民内部的争论问题，只能用民主的方法去解决，只能用讨论的方法、批评的方法、说服教育的方法去解决，而不能用强制的、压服的方法去解决"。今天，我国在建设中国特色社会主义伟大事业的历史进程中，社会主义民主不断发展，人民群众的民主权利不断扩大，民主意识和民主要求不断提高。这也日益要求在思想政治教育中充分发扬民主，运用民主的方法来教育人民群众，加强平等基础上的思想交流与沟通，解决人民内部的思想矛盾问题。大学生是我国社会成员中文化程度较高的青年群体，他们的民主意识、维权意识和理论素养远高于社会一般人员，因而对于运用民主方法开展思想政治教育的要求也远高于社会一般人员。

2. 社会主义市场经济发展的必然产物

随着社会主义市场经济的发展，我国社会出现了经济成分、组织形式、就业方式、分配方式、生活方式的多样化，从而导致了利益主体、行为方式和价值取向的多样化。我国社会的深刻变革对高等教育产生了重大而深远的影响，必然导致大学生思想政治教育的民主化。截至 2021 年，我国在校大学生达 2.91 亿人。大学生是我国社会特殊的重要群体，也是我国社会特殊的利益主体。大学生来自不同的地区、不同的阶层、不同的家庭，社会经济发展的多样化趋势必然导致大学生学习方式、行为方式、生活方式、就业方式的多样化，导致大学生群体结构和价值取向的新变化。大学生中既有经济条件相对较好家庭的子女，也有经济条件相对较差家庭的子女，既有独生子女，也有非独生子女。大学生中也出现了不同的利益主体、不同的价值取向。不同的利益主体有不同的利益诉求，需要有利益表达的渠道和机会，以维护自身的权益；不同的价值取向有不同的思想成因，需要有思想交流的渠道和机会。对于高校思想政治教育来说，就需要提供这种利益表达和思想交流的渠道和机会，使不同的利益诉求受到重视和体现，使不同的价值取向在社会主义核心价值体系的引导下凝聚成共同的价值选择。这也就是高校思想政治教育民主化的过程。

3. 现代信息科学技术发展的产物

以现代计算机技术为核心、以互联网和通信高科技为代表的现代信息科学技术的发展，使人与人之间信息交流的方式发生了革命性的变革，使纵向传递为主逐渐转变为横向传递为主，使历时传递为主逐渐转变为共时传递为主，同时使人们获取信息的方式更加迅捷，获取信息的机会更加均等，这一切对思想政治教育，包括高校思想政治教育，产生了重大的影响。在高校思想政治教育中，过去教育者享有思想信息获取的优先权和垄断权，现在思想信息获取的机会日益均等，受教育者可与教育者一样，甚至可能比教育者更早地获取思想信息。教育者在进行思想政治教育时应更加谦虚、民主，自觉地以学习者的身份通过互联网获取思想信息，并主动地向大学生了解最新的网络动态和思想信息，了解大学生的见解、想法和感受，在平等的基础上与大学生进行信息交流和思想沟通，以加深理解，形成共识。

（二）民主化趋势的体现

高校思想政治教育民主化趋势，主要体现为高校思想政治教育主客体关系日趋平等、民主，高校思想政治教育日益体现为平等基础上的思想互动，民主方法在高校思想政治教育中得到日益广泛和充分的运用。

1. 主客体关系的平等化

思想政治教育主体和客体的关系是贯穿高校思想政治教育全过程的基本关系。过去这一关系往往体现为主客体之间某种程度的不平等关系，教育者和受教育者之间往往是我说你听，且教育者似乎总是高于受教育者，往往处于教育权威地位。现在，随着社会的进步和现代科学技术的发展，教育者和受教育者的社会地位日益平等，教育主体和教育客体的角色、地位再不是一成不变、不可移易的，而是可以相互转化的。两者的相互关系日益平等，教育者和受教育者获取信息的机会日益均等，教育者和受教育者进行和接受思想政治教育的权利和义务日益平等，这些都意味着高校思想政治教育主客体的关系更加平等，也意味着高校思想政治教育日趋民主。

2. 教育过程的双向化

过去高校思想政治教育主要体现为教育主体对教育客体进行的单向度教育。主体总是处于教育的地位，客体总是处于接受教育的地位；主体通过思想政治教育单方面作用于思想政治教育客体，思想政治教育客体在教育过程中只是接受主体的教育。总之，主体与客体的关系是单向度的传播与接受的关系。现在，在高校思想政治教育过程中，主体和客体之间的关系已经成为一种双向互动的关系，即教育主体可以作用于教育客体，教育客体也可以作用于教育主体。教育主体对教育客体进行思想政治教育，同时受到教育客体思想上的启发与影响。教育客体可以主动地接受思想政治教育，也必然反过来影响教育主体的教育活动。教育客体还可以在一定条件下转化为教育主体，主动进行思想政治教育，特别是自我教育活动。在高校思想政治教育中，主体可以客体化，客体也可以主体化。高校思想政治教育的过程实质上已转变为教育主体与教育客体双向互动、教学相长、优势互补、互相转化、共同发展的关系。

3. 教育方法的民主化

高校思想政治教育方法的民主化，就是高校思想政治教育要充分发扬民主，广泛运用民主的方法开展教育活动。高校思想政治教育方法的民主化主要表现在以下方面。

（1）教育与自我教育相结合。高校思想政治教育既是教育者进行教育的过程，又是受教育者进行自我教育的过程。教育是以思想政治教育者为主体进行的教育，自我教育是以大学生自身为主体自主进行的教育活动。教育以自我教育为目的，不断引导大学生增强自我教育的自觉性、主动性、创造性，逐步达到"教是为了不教"的最高教育境界。自我教育以教育为指导，既为教育提供重要的基础，又可减少自我教育的自发性、盲目性，提高自我教育的成效。教育与自我教育相结合的实质是把教育者的主导作用和受教育者的主动作用在平等的基础上结合起来，实现教育和自我教育的相互渗透、相互促进、相互转化。

（2）教会接受与学会选择相结合。高校思想政治教育既要运用多种方法传播正确的思想理论，教育和引导大学生学会接受和内化正确的思想理论，又要引导大学生适应开放条件下思想信息和价值取向多样化的社会环境，学会运用马克思主义的辩证法对多种思想信息和价值取向进行分析、比较、鉴别，去伪存真，去粗取精，获取和吸收正确的思想信息，选择和坚持正确的价值取向。引导大学生在价值取向多样化的开放环境中进行价值选择，充分体现了大学生在思想政治教育中的主体性，是高校思想政治教育民主方法的重要体现。

（3）自律与他律相结合。大学生思想道德发展的规律表明，人的思想道德素质的形成和发展总是遵循由无律、他律走向自律的客观规律与趋势。大学生思想道德素质的发展也是这样。在大学生思想道德素质发展中，必须把他律和自律结合起来。他律主要是法律、纪律、制度等对大学生自身形成的外在约束，具有强制性；自律主要是内化的道德规范对大学生自身形成的内在约束，具有自觉性。同时，自觉的内在的自我约束是大学生自主自愿的约束，突出了大学生的主体地位和思想觉悟。自律和他律相互结合、相互促进，是高校思想政治教育方法日益民主的重要体现。

（三）坚持民主育人

高校思想政治教育民主化趋势必然要求民主育人，把民主的观念与方法充分运用于高校思想政治教育实践中。具体说来，就是在高校思想政治教育中努力做到以下方面。

1.平等相待

高校思想政治教育过程实质上是在平等基础上主客体双方思想互动的过程。无论是教育者还是受教育者，在思想政治教育中都是平等的，都要互相尊重对方，尊重对方的人格，尊重对方发表意见的权利，尊重对方的意见和看法，坦诚地交流与沟通，加深理解，寻求共识。

2.重在疏导

大学生在成长发展过程中存在很多思想困惑和心理障碍，这些思想困惑和心理障碍与自身所处的环境、成长的经历及认知的能力等有着密切的联系。对于这些思想困惑和心理障碍，教育者既不能视而不见，也不能盲目指责，更不能一味压制，而应具体分析其成因与特点，有针对性地做好思想沟通与心理疏导工作，广开言路、理顺情绪、因势利导。

3. 换位思考

换位思考是思想政治教育发扬民主的重要方法。在高校思想政治教育中，教育者和受教育者要经常进行换位思考。教育者要常常站在受教育者的位置上观察、思考思想政治教育问题，看看思想政治教育的目的、内容和方法是否能很好地满足受教育者的需要；受教育者也要常常站在教育者的位置上观察、思考思想政治教育的目的、意图和要求，理解教育者从事思想政治教育的美好愿望和良苦用心，理解教育者所付出的辛勤劳动与价值，更好地配合教育者进行思想政治教育，共同提高思想政治教育的效果。

4. 比较选择

毛泽东在《在中国共产党全国宣传工作会议上的讲话》中指出："有比较才能鉴别。有鉴别，有斗争，才能发展。"真理总是在同谬误的比较、鉴别和斗争中发展起来的，正确思想也总是在同错误思想的比较、鉴别和斗争中发展起来的。目前，我国正处在扩大对外开放和经济全球化的时代环境之中，各种社会思潮和价值观念在我国社会以复杂多样的形态呈现出来，影响大学生的思想发展。在这种情况下，必须以大学生为主体，以马克思主义为指导，教育引导大学生加强开放环境下多种思想信息和价值观念的比较和鉴别，并在此基础上选择和内化正确的思想观点和价值观念。这种以大学生为主体，进行体验、比较、鉴别、选择的方法，本身就是高校思想政治教育民主方法的重要体现。

5. 民主参与

大学生既是思想政治教育的对象，又是思想政治教育的主体，因此要充分尊重和发挥高校思想政治教育的主体作用，引导大学生积极参与思想政治教育过程。同时，要引导大学生参与学校的民主管理，特别是参与与大学生学习、生活和切身利益密切相关的学校学生事务管理，不断提高他们的民主素质。

二、信息化

（一）信息化趋势的成因

思想政治教育信息化是高校思想政治教育发展的重要趋势之一。它的产生有着重要的原因。

1. 社会信息化的必然产物

中国互联网络信息中心（CNNIC）在京发布的第 49 次《中国互联网络发展状况统计报告》显示，截至 2021 年 12 月，我国网民规模达到 10.32 亿，受 4G/5G 业务开展的影响，使用手机上网的网民也已达到 10.29 亿，占网民总数的 99.7%，较 2020 年 12 月新增手机网民 4 373 万，增速迅猛。现代科学技术特别是互联网技术的发展，使信息的传播方式发生了革命性的变革，交互式、大容量、实时、多媒体的信息传播方式代替了过去传统的信息传播方式。它必然深刻影响高校思想政治教育的信息传播方式，促进高校思想政治教育信息传播方式的现代化。

2. 大学生信息素质不断提高的客观需要

大学生是现代信息社会中学习掌握、运用现代信息科学技术的主体。随着现代社会信息科学技术的发展，大学生自觉学习掌握和运用现代科学技术的意识越来越强，人数越来越多。第 49 次《中国互联网络发展状况统计报告》显示，截至 2021 年 12 月，中国 20 ～ 29 岁这一网民群体在总体网民中占比 17.3%，其中以青年学生居多。对青年学生尤其是大学生网民来说，互联网扮演的角色越来越重要，网络日益成为他们的信息渠道、沟通工具、娱乐工具和生活助手。大学生上网人数、时间的增加和网络应用功能的拓展，表明大学生的网络应用能力和信息素质在不断提高。随着大学生信息意识、能力和素质的提高，大学生越来越需要和期盼把现代信息科学技术手段运用到思想政治教育中，促进高校思想政治教育方式的根本变革。因此，高校思想政治教育应自觉适应和满足大学生的客观需要，着力推进高校思想政治教育的信息化。

3. 提高思想政治教育有效性的迫切要求

思想政治教育的有效性不仅与思想政治教育的内容、形式、方式、手段有关，还与思想政治教育的信息化程度有关。过去，思想政治教育信息传递的方式比较注重历时传递，忽视共时传递；注重单向传递，忽视交互传递；注重垂直传递，忽视横向传递；注重直接传递，忽视间接传递；注重单媒体传递，忽视多媒体传递，这些都严重滞后于现代社会信息化发展的要求，影响了思想政治教育信息传播的效果。为了增强思想政治教育的有效性，高校必须克服传统的思想政治教育信息传播方式的局限性，把传统方法和现代方法结合起来，在继续发挥传统方法应有作用的同时，不断创新和广泛运用各种现代化的信息传播方法，开展思想政治教育，克服思想信息传递过程中的时间差、空间差、信息差，克服传统方法和现代方法之间的信息落差，增强思想政治教育的吸引力、说服力和影响力，进一步提高思想政治教育的有效性。

（二）信息化趋势的体现与适应

高校思想政治教育信息化趋势主要体现为现代信息科学技术理论、方法、手段在高校思想政治教育中的运用和发展。高校思想政治教育是一个运用现代信息技术手段迅速获取、分析、处理、传递、反馈思想政治教育信息的过程。科学理解和主动适应高校思想政治教育的信息化趋势，必须把握好以下几点。

1. 信息观念的确立

从现代信息科学理论和信息科学技术的角度来看，开展高校思想政治教育的过程实际上就是运用一定的思想信息影响大学生思想和行为的过程。既然如此，高校思想政治教育的过程也就是思想信息输入与输出的过程。因此，必须增强思想政治教育信息意识，确立思想政治教育信息化的工作理念和思路；提高高校思想政治教育者的信息处理能力，自觉运用现代信息技术手段获取、分析、处理各种思想信息；把正确的思想信息传输给大学生，引导大学生在复杂多样的信息环境中接收、判断，从而使其选择、内化正确的思想信息，识别和抵御各种错误思想信息的干扰。处理高校思想政治教育的相关思想信息，不仅要注意提高思想信息输入与输出的能力，还要根据思想政治教育信息输出的效果，即思想政治教育输出的结果是否达到预定的目标，是否产生预期的效果，来加强思想政治教育的反馈、调节。通过把实际效果和预期目标之间的反差再输入思想政治教育信息系统，从而对思想政治教育信息的再输出产生影响，加以调控，直至达到思想政治教育的预期目标和效果。

2.信息内容的扩充

高校思想政治教育要注意改变过去信息容量过小、内容过于单一、视野过于狭窄的状况，注重在开放的环境中进行思想政治教育，从而扩大思想政治教育信息传播的范围和类别，增大高校思想政治教育的信息容量。大学生求知欲强、知识丰富、视野开阔、思想活跃，能通过各种渠道方便快捷地获取思想信息。因此，在对大学生进行思想政治教育时，一定要注意克服思想政治教育信息陈旧、空洞的弊端，不断扩充信息容量，既要注重国内信息的传递与解读，又要加强国际信息的介绍与分析；既要了解经济、政治信息，又要了解科技、文化、教育信息；既要了解学习成才的信息，又要了解就业成功的信息；既要了解历史信息，又要了解现实和未来的信息；既要了解积极的信息，又要了解消极的信息，以便于大学生在全面了解和把握各种思想信息的基础上独立思考，进而做出正确的判断和选择。只有不断扩充思想政治教育的信息容量，才能提高大学生在复杂多变的开放的信息环境中正确应对和处理各种思想信息的能力，不断提高大学生的信息素养。

3.信息传播手段的更新

过去，在高校思想政治教育中，通过会议、报告、课堂教学，利用口头语言传播思想政治教育信息的方式比较普遍。现在，在思想政治教育中，这种方式依然不可缺少，但同时要看到这种方式在传播思想政治教育信息方面存在着局限性，需要根据社会信息化的发展趋势和客观要求，充分运用数字化、网络化、多媒体等多种现代信息手段，进行思想政治教育。例如，创建红色网站，把具有思想政治教育价值的理论成果、实践成就、先进典型、经典小说、影视作品等当作红色网站教育的重要内容；研制具有丰富思想政治教育信息的软件；制作具有思想政治教育价值的网络游戏；利用电视和互联网制作播出紧密联系实际的电视政论片，加强教育的思想性和艺术性，提高思想政治教育的吸引力。总之，要把思想政治教育的信息手段和方法同传统的思想政治教育方法结合起来，运用现代信息手段和方法改造传统的思想政治教育方法，促进传统思想政治教育方法的现代发展与创新，赋予传统思想政治教育方法新的活力与效能。

4.信息方法的运用

大力发展网络思想政治教育，需要在网络中把教育引导和严格监管结合起来，积极传播有益信息，及时删除有害信息，营造良好的网络信息环境，防止黄赌毒信息对大学生的腐蚀与侵害；把正面灌输和比较选择结合起来，通过组建网络评论员队伍，针对网上传播的各种信息，及时进行分析和评论，加强针对大学生的选择教育，引导大学生在开放的网络环境中，比较、辨别信息，选择、内化正确的信息；增强大学生自主选择信息的意识和能力，使他们能够自觉抵制不良信息的诱惑和污染，防止信息爆炸形成的信息异化和自我迷失；把大众传媒传递信息和人际传递信息结合起来，转变信息传播方式，坚持实行信息两步传递，既要注重通过大众传媒迅速广泛地传播信息，又要注重通过人际传播渠道深入解读、理解和内化正确的信息，不断提高正确思想信息传播、选择、教育的效果。

三、社会化

（一）社会化趋势的成因

高校思想政治教育社会化是高校思想政治教育的又一重要趋势。高校思想政治教育社会化趋势主要体现为高校思想政治教育日益走向开放、走向社会、走向实践。思想政治教育的社会化程度不断提高，思想政治教育的社会合力将不断增强。它的产生有以下三点原因。

1.人的社会化的客观要求

马克思指出："人的本质不是单个人所固有的抽象物，在其现实性上，它是一切社会关系的总和。"[①]人总是生活在一定的现实社会关系中，人的社会化就是认识、选择和体现一定现实社会关系的根本要求，内化一定的社会规范，形成人的社会本质，提高人的社会化程度，实现从自然人向社会人的转变，把人培养成一定社会所需要的合格的社会成员的过程。实现人的社会化，对于大学生来说，就是把自身塑造成为具有社会主义新型社会本质的合格的社会成员，也就是说，把自己培养成为"有理想、有道德、有文化、有纪律"的社会主义新人。大学生是生活在现实社会关系中的大学生，促进大学生的社会化，既要发挥高校思想政治教育在大学生成长成才中的重要作用，又要发挥全社会在培养社会主义"四有"新人中的重要作用，努力形成

---

① 中共中央马克思恩格斯列宁斯大林著作编译局.马克思恩格斯文集：第1卷[M].北京：人民出版社，2009：501.

高校思想政治教育的社会合力。也就是说，促进大学生的社会化，客观上要求高校思想政治教育的社会化，否则很难把大学生培养成为中国特色社会主义事业所需要的合格建设者和可靠接班人。

2. 我国改革开放的必然产物

随着改革开放和社会主义市场经济的发展，高等教育发生了深刻的变革，正在由精英教育向大众教育转变。高等教育的大众化使高等学校与社会的联系更加紧密，使高等学校的教育环境和社会环境更加开放。社会发展对高等教育的影响也日益深刻，使高校和社会的互动日益频繁和深化。高校是社会的晴雨表，社会是高校的影响源。高校总是折射着社会的发展变化，社会的每一深刻变化也总是会在高校中有所反映，尤其是在大学生的思想行为上必然有所反映。解决大学生的思想认识问题，规范大学生的社会行为，仅在学校内部是难以真正做到的，必须将其置于开放的社会环境中加以分析、研究和解决。当代大学生承担着建设中国特色社会主义事业、实现社会主义现代化、振兴中华的历史使命，只有让大学生在开放的社会环境中，同各种不同的思想信息和价值观念进行接触、比较和选择，才能使其在接受教育和引导以及独立思考的基础上把握和坚持正确的政治方向和价值取向，坚定不移地走中国特色社会主义道路，把自己培养成建设中国特色社会主义事业的栋梁之材。因此，实现高校思想政治教育社会化，必须使大学生的思想政治教育同社会的发展变化更加紧密地联系在一起，引导大学生走向社会、走向实践，在开放的社会环境和伟大的社会变革中认识和解决自身的思想认识问题，而仅仅在封闭的高校校园中是无论如何也做不好高校思想政治教育工作的。

3. 努力增强思想政治教育的社会合力的必然结果

在社会主义现代化进程中，我国已经提出并正在实施"科教兴国"和"人才强国"的战略。我国的社会主义现代化建设能否取得成功，在一定程度上取决于科技教育同经济建设的紧密结合，取决于科学技术第一生产力的发展和人才第一资源的开发，取决于高校能否培养一批又一批社会主义事业的合格建设者和可靠接班人。高校的人才培养不仅是高校的根本任务，还是全党、全社会的共同任务，是社会主义现代化事业能否取得成功的关键。高校的人才培养不仅要注重教育引导学生掌握科学文化知识，提高科学文化素质，还要教育和引导学生掌握和内化社会道德、法律规范，提高学生的思想道德素质。要把学校教育、社会教育和家庭教育结合起来，协调教育目标，整合教育力量，优化教育资源，不断增强高校思想政治教育的社会合力，提高高校思想政治教育的整体效益。总之，高校思想政治教育社会合作程度的提高和社会合力的增强，必然会强有力地推进高校思想政治教育的社会化。

（二）社会化趋势的体现

1. 教育理念的社会化

高校思想政治教育要把大学生看作社会的人。大学生不仅是学校的一员，还是社会的一员，其思想道德素质的形成和发展不仅受到学校的影响，还会受到社会的影响。因此，要树立开放育人、实践育人、协同育人的理念。具体来说，不能只在相对封闭的校园环境中育人，而要注重在开放的社会环境中育人，运用各种社会因素积极提高大学生的思想道德素质，促进大学生的全面发展；不能只注重引导大学生通过课堂学习思想理论知识，还要注重引导大学生在社会实践中提高分析、解决思想问题和实际问题的能力；不能只依靠某一方面的力量分散育人，而要把校内的教育力量与家庭、社会的教育力量结合起来，分工合作、内外结合、优势互补、协同育人。

2. 教育主体的社会化

高校在进行思想政治教育时，不仅要加强学校内部人员之间的协调与配合，还要加强校际的协调与配合，更要加强与主管部门和社会其他力量之间的协调与配合，即组织、联合社会各方面的教育力量包括党团组织、新闻媒体、学术机构、社会团体以及家庭等各方面的力量，共同做好高校思想政治教育工作。一个学校的教育力量是单薄的、有限的，只有把单个学校的教育力量与其他学校的教育力量乃至整个社会的教育力量有机结合起来，才能构建"大德育"格局，形成大于单个学校教育力量的新的教育力量，进而形成整体大于部分之和的教育效应。

3. 教育内容的社会化

人们的思想意识在任何时候都是被意识到的社会存在，是社会存在的客观反映，因此要帮助人们形成正确的思想意识，就要立足于社会实践，把社会实践基础上形成的社会的发展变化视作思想政治教育的内容，实现思想政治教育内容的社会化，引导人们正确认识社会的发展变化，形成正确反映社会发展变化的思想意识。在现实社会中，高校思想政治教育必须坚持把当代社会发展、变化的内容当作教育的内容，总结社会发展成就，分析社会发展形势，了解社会生活意义，把握社会发展趋势，增强社会适应能力，提高人的社会化程度，努力培育合格的社会成员和国家公民。高校思想政治教育要注重根据社会实践的深化和社会的发展变化，不断拓展思想政治教育的覆盖面，充实和更新思想政治教育的内容，优化思想政治教育的内容结构。现在，随着改革开放的不断深入和社会主义市场经济的不断发展，经济全球化、社会信息化、文化多样化提出了很多新的重大社会课题。同时，大学生面临着一些新的现实问题和思想困惑，其思想行为受到极大的影响，必须引导他们直面现实，消除困惑，把握机遇，迎接挑战。因此，在高校思想政治教育内容方面，要注重以科学发展观为指导，根据全面建成小康社会的需要和人的全面发展的需要，加强价值教育、生存教育、生命教育、发展教育、心理教育、和谐教育、诚信教育、挫折教育、选择教育、安全教育等，这些都是现实的社会内容的折射。只有根据实践的深化和社会的发展，不断充实、更新和拓展高校思想政治教育的社会内容，才能更好地贯彻理论联系实际的方针，加强对大学生学习、生活和择业的指导，提高高校思想政治教育的实效性，促进大学生全面发展和健康成长。

（三）坚持开放育人

1. 要坚持正确的政策导向

大学生的思想行为不仅受到学校规章制度的影响，还受到国家方针、政策和制度的影响，尤其会受到与大学生相关的教育方针、政策和制度的影响。因此，政府有关部门在制定高等教育方针、政策、制度时，要考虑这些内容对大学生思想行为的综合影响，注意把政策导向与思想导向统一起来，寓思想导向于方针、政策和制度的制定之中。通过方针、政策、制度的制定来解决大学生的思想问题和实际问题，引导大学生坚持正确的政治方向与价值取向，形成高校思想政治教育中政策导向与思想导向的合力。

2. 营造良好的舆论氛围

在现代社会，大众传媒对社会发展的作用和对大学生的影响越来越大。大众传媒既可以通过舆论引导来影响人们的思想和行为，促进社会的发展与大学生的发展，又可以通过氛围营造来促进社会的和谐与大学生的成长。大学生的思想行为与社会大众传媒的影响息息相关，且社会大众传媒已经成为现代社会高校思想政治教育的重要载体。大众传媒的受众面广、信息量大、实效性强，在社会化的高校思想政治教育中具有独特的优势，发挥着不可替代的作用。高校思想政治教育要适应社会化的发展趋势，注重运用大众传媒开展思想政治教育，提高舆论引导能力，营造良好社会氛围，为大学生的健康成长和全面发展创造良好的思想舆论环境。

3. 积极主动参与社会实践

大学生的成长成才离不开在高等学府的系统理论学习，更离不开社会实践锻炼与教育。理论是实践的科学总结与抽象，实践是理论的不竭源泉与动力。社会是个大课堂，实践是门大学问。社会实践为青年学生提供了成长成才的重要平台，需要青年知识分子把学习科学理论和投身社会实践紧密结合起来，自觉走与实践、与工农相结合的成长道路，走向社会，投身实践，贴近实际，了解国情，融入群众，把学到的理论知识运用于实践，通过社会实践检验和发展理论，在社会实践中受教育、做贡献、长才干，不断提高自己的能力与素质，促使自己发展与进步。

四、综合化

（一）综合化趋势的成因

1. 适应大学生发展需求多样化的必然产物

思想政治教育综合化趋势主要体现为整体育德、综合育人。高校思想政治教育综合化是适应大学生发展需求多样化的必然产物。高等学校的根本任务是培养人才，而培养人才的根本任务是根据大学生多样化的发展需要和党的教育方针的基本要求，促进大学生全面发展，把大学生培养成德智体美等各方面都得到发展的优秀人才。大学生的根本利益在于促进自身健康成长与发展，除了通过学习、掌握科学文化知识提高科学文化素质，通过加强体育锻炼增强身体素质，还要通过加强思想道德修养和心理健康教育，以提高思想道德素质和心理素质，全面优化和提升自身的素质结构，促进自身全面发展。因此，大学生发展需求的多样化必然要求高校思想政治教育的综合化。

2.适应德育功能全面化的必然产物

高校德育有教育引导大学生坚持正确政治方向和价值取向的导向功能；有提升大学生素质，促进大学生全面发展的发展功能；有培养大学生文明素养、规范大学生日常行为的规范功能；有调动大学生的积极性、主动性、创造性，增强大学生学习的精神动力，激励大学生奋发成才的激励功能；有帮助大学生解决学习、成才、择业中的各种困难，为大学生健康成长和发展服务的服务功能；有维护高校和社会稳定，为大学生健康成长创造必要条件的保障功能；等等。全面实现这些功能必然要求综合地开展高校思想政治教育，推进高校思想政治教育综合化。

3.适应德育资源配置集约化的现实需要

在社会主义市场经济条件下和高等教育改革与发展的进程中，高校的办学资源既相对紧缺，又十分分散，而高校思想政治教育的任务日趋繁重。因此，如何把相对紧缺的办学资源，特别是德育资源加以整合与调整，实现德育资源的合理配置，使有限的资源在日益繁重的高校思想政治教育中发挥更大的作用，成了高校思想政治教育面临的重大课题和紧迫任务。然而，把分散的、紧缺的教育资源有效整合在一起并进行合理配置，保证高校思想政治教育重大课题和紧迫任务的完成，也需要深入推进高校思想政治教育的综合化。

（二）综合化趋势的呈现

1.教育内容的系统化

高校思想政治教育的根本任务是提高大学生的思想道德素质，促进大学生全面发展，进而促进社会全面发展。高校思想政治教育的内容结构与大学生的思想道德素质结构有着内在联系。大学生的思想道德素质包括思想素质、政治素质、道德素质、心理素质等，因而高校思想政治教育也应包括思想教育、政治教育、道德教育、心理教育等。通过加强大学生思想教育、政治教育、道德教育、心理教育，可相应提高大学生的思想素质、政治素质、道德素质、心理素质，优化大学生的思想道德素质结构，提高大学生的整体素质。中共中央、国务院《关于进一步加强和改进大学生思想政治教育的意见》明确要求，在高校思想政治教育中，要坚持以理想信念教育为核心，以爱国主义教育为重点，以公民道德教育为基础，以促进人的全面发展为目标。这体现了思想政治教育内容的系统化与整体化，且它是全面提高大学生思想道德素质和综合素质的内在需要。大学生整体素质的结构优化需要系统开展思想政治教育，优化高校思想政治教育内容体系，建立与大学生思想道德素质结构相对应的思想政治教育结构。因此，大学生思想道德素质的结构优化决定了高校思想政治教育的结构优化，大学生思想道德素质的综合化决定了高校思想政治教育的综合化。

2. 教育方法的多样化

思想问题的性质不同，解决的方法也不同。大学生的思想问题与大学生所处的环境有密切的关系。今天，大学生所处的时代环境比以前复杂得多，由此产生的大学生思想问题也比以前复杂得多，许多思想认识问题同政治问题、道德问题、心理问题交织在一起，因此解决这些思想问题不是某种单一的方法所能奏效的，必须同时运用多种方法才能加以解决。在这一过程中，尤其要注重多样化思想政治教育方法的组合运用，以不断提高思想政治教育整体效果。例如，大学生的心理健康问题既与大学生自身的心理素质有关，又与大学生对社会现实的认识有关，还与复杂环境中自身利益的维护与实现有关。因此，解决心理问题就必须把心理咨询同思想教育、利益引导等有机结合起来。对大学生开展理想信念教育也是这样。理想信念教育既是个理论问题，又是个实践问题，既要通过加强理论教育引导大学生认识人类社会发展的客观规律和必然趋势，坚定共产主义和社会主义的理想信念，又要通过加强实践教育，引导大学生从大量的事实中得出正确的结论，坚定走中国特色社会主义道路的政治信念。也就是说，只有把理论教育法与实践教育法结合起来，才能更好地深化理想信念教育，帮助大学生牢固确立正确的理想信念。另外，只有把思想政治教育的显性教育法和隐性教育法、主导教育法与自主选择法、传统教育法和现代教育法等结合起来综合运用，才能更好地解决大学生的思想问题，进一步增强高校思想政治教育的实效性。

3. 教育力量的综合化

教育力量的综合化就是要整合教育力量，优化资源配置，不断增强思想政治教育的合力。具体来讲，从全社会来看，就是要促进家庭教育、学校教育、社会教育相结合，不断增强高校思想政治教育的社会合力。家庭教育、学校教育、社会教育在高校思想政治教育中具有不同的职能和各自的优势。家庭教育是以血缘亲情为基础进行的教育，教育的主体是父母及其他家庭成员，教育的主要方式是以行导人、以情感人，潜移默化地进行教育。学校教育是有组织、有计划地按照党的教育方针对大学生进行思想政治教育，促进大学生全面发展，并在协调社会力量和家庭力量以及开展高校思想政治教育活动中发挥主导作用。社会教育主要是依靠社会各方面的力量，通过各种社会途径对大学生进行的思想政治教育。只有把家庭教育、学校教育、社会教育的力量整合在一起，才能有效增强高校思想政治教育的社会合力，提高高校思想政治教育的整体效应。从高校来看，就是要促进教书育人、管理育人、服务育人相结合，不断提高高校思想政治教育合力。高校的根本任务是培养人才，无论是教师、干部还是职工，都在高校思想政治教育中扮演着重要的角色，担负着特殊的使命，并且具有不同的教育优势。只有把教书育人、管理育人、服务育人结合起来，才能营造良好的育人环境，切实增强高校思想政治教育的合力，促进大学生全面发展和健康成长。

（三）坚持综合育人

高校思想政治教育综合化趋势的基本要求就是要坚持综合育人，形成整体大于部分之和的育人效应，也就是要增强高校思想政治教育的综合效应、整体效应。具体来说，全面育人，就是既要提高大学生的思想道德素质，又要提高大学生的科学文化素质，还要提高大学生的身心健康素质，促进全体大学生全面发展。全员育人，就是既要依靠学校党的工作者和学生辅导员开展高校思想政治教育，使他们成为高校思想政治教育的中坚力量，又要依靠和发挥广大教师、行政干部和后勤职工的育人作用，使他们成为高校思想政治教育的重要力量。只有全校的所有人员都关心、重视、支持和参与高校思想政治教育，才能形成浓厚的育人氛围，凝聚育人的强大力量，从根本上加强和改进高校思想政治教育。全程育人，就是要使高校思想政治教育贯穿教学、管理和服务工作的全过程，使教学、管理、服务过程的每个阶段、每个环节都体现育人的功能和要求。例如，把高校思想政治教育贯穿科学文化知识传授过程中备课、授课、实验实习、考试、评阅等各个环节，通过良好的教风培养学生严谨治学的学风，加强学习诚信教育，使学生拥有良好的学术道德，增强创新精神和创新能力。只有做到全面育人、全员育人、全程育人，才能真正做到育人为本、德育为先、整体育德，使高校思想政治教育的整体效应不断增强。

第四章　协同推进：高校思政
　　　　课程与课程思政

培养社会主义建设者和接班人是我国高校育人的重要目标。新时代，"最大限度地发挥课堂教学的育人主渠道作用"[①]，全面实施课程思政改革已成为提升高校育人实效的关键点。我国高校进行课程思政建设不仅能够促进"三全育人"格局的形成，推进社会主义高校培养目标的实现，还能够通过强化其他各类课程的育人功能，达到与思政课程同向同行的目的。

第一节　思政课程与课程思政的发展沿革

一、思政课程的发展沿革

中国共产党历来高度重视高校思想政治教育。高校思政课程在其建设与发展中经历了确立地位、逆境生长、逐渐恢复、逐步加强的过程。

（一）确立地位

中华人民共和国成立初期，为了促进国民经济的恢复和发展及进行社会主义改造，体现新民主主义社会的精神，在参照苏联经验的基础上，经过 7 年的建设和完善，高校思政课程地位初步确立并取得了以"56 方案"为标志的初步成果，体现了党和国家对思政课程建设的高度重视。

为了更好地开设新的思政课程，提高教学水平，中共中央及教育部陆续颁发系列文件，从师资建设、课程调整等方面凸显思政课程的育人功能。1952 年，中共中央专门下发了《关于培养高等、中等学校马克思列宁主义理论师资的指示》；1952 年 10 月，教育部颁发了《关于全国高等学校马克思列宁主义、毛泽东思想课程的指示》；1953 年 2 月，高等教育部（后与教育部合并为教育部）颁发了《关于确定马列主义基础自 1953 年度起为各类

---

① 王学俭，石岩.新时代课程思政的内涵、特点、难点及应对策略 [J].新疆师范大学学报（哲学社会科学版），2020，41（2）：50-58.

型高等学校及专修科（二年以上）二年级必修课程的通知》。经过几年的探索，1956 年形成了高校思政课程的"56 方案"，把高校思政课程明确规定为"马列主义基础""中国革命史""政治经济学"和"辩证唯物主义和历史唯物主义"四门课。

总的来看，自 1949 年中华人民共和国成立到 1956 年社会主义改造基本完成这段时间，尽管思政课程建设处于初创阶段，但其在整个高等教育中的地位已经非常凸显。对学生进行思想政治教育，就是不断提高学生的社会主义觉悟，培养学生的马克思列宁主义世界观和共产主义道德品质，也就是把学生培养成懂得马克思列宁主义理论基础，掌握现代最新科学技术知识，身体健康，并全心全意为社会主义建设服务的各种高级专门人才。中华人民共和国成立初期的思政课程建设对此后几十年的高校思政课程教育建设与发展都产生了深远的影响。

（二）逆境生长

1958 年 9 月，中共中央、国务院作出关于教育工作的指示，明确"党的教育工作方针，是教育为无产阶级的政治服务，教育与生产劳动相结合"，并且明确规定，社会主义教育的目的是"培养有社会主义觉悟的有文化的劳动者"。为此，中央强调，"在一切学校中，必须把生产劳动列为正式课程，每个学生必须依照规定参加一定时间的劳动"。1959 年，中共中央开始整顿教学秩序，系统学习马克思列宁主义、毛泽东思想的思政课程也开始恢复并逐步稳定下来。

1966—1976 年，许多高校停止招生，但高校思政课程建设仍在狭缝中艰难发展。

总的来看，在这一特殊阶段，高校思政课程能够实现曲折发展，足以体现中共中央对思政课程建设的高度重视。

（三）逐渐恢复

1977 年，高校思想政治教育以及思政课程建设逐渐恢复并逐步走上正轨。中共中央和教育部先后出台若干文件、意见以及通知，重新强调了高校思政课程教育教学对大学生培养的指导地位。1978 年，邓小平在全国教育工作会议上讲话指出："学校应该永远把坚定正确的政治方向放在第一位。"1980 年，教育部印发了《改进和加强高等学校马列主义课的试行办法》，进一步明确和规定了高校马列主义课的地位、任务和教学方针，以及课程、学时、大纲和教材等。1987 年 5 月 29 日，中共中央发布了《关于改进和加强高等学校思想政治工作的决定》（以下简称《决定》），总结了中华人民共和国成立以来特别是党的十一届三中全会以来高校思想政治工作的经验，提出了在改革开放条件下改进和加强高校思想政治工作的指导方针和措施。《决定》强调：在新形势下，"高等学校必须把改进和加强思想政治工作作为自己的重要任务，为青年学生的健康成长创造一个良好的社会环境"。20 世纪 80 年代中后期，邓小平反复强调"要加强对人民进行思想政治工作，提倡艰苦奋斗，这是中国从几十年的建设中得出的经验"。1991 年 8 月，原国家教育委员会下发的《关于加强和改进高等学校马克思主义理论教育的若干意见》指出："培养和建设一支有足够数量和较高政治与业务素质的教师队伍，是进一步加强和改进马克思主义理论课教学任务的根本保证，是建设社会主义精神文明，为社会主义现代化建设培养合格人才的一项具有战略意义的任务。"

此阶段的思政课程建设属于恢复阶段，也属于改革开放新时期的初创阶段，这一阶段对思政课程进行了重新认识、目标定位、内容调整等，对于进一步明确思政课程在大学生培养中的地位乃至在整个高等教育中的地位具有重要的意义。

（四）逐步加强

随着改革开放的深入发展，高校思政课程步入规范化的建设轨道，其地位更是空前凸显，主要体现在以下几个方面。

首先，思政课程教育教学纳入高等教育评估体系。高校思政课程教育教学评价一直是高等教育评估、评价以及测评体系的重要组成部分。我国高校本科教学水平评估体系中明确包括了对学校思想政治教育尤其是对高校思政课程的评估，规定了详细的评估内容以及相应权重。2008 年，教育部又把"高校思政课程教育教学测评体系研究"当作重大项目招标，通过专家的重点攻关，力求进一步保障思政课程教育教学实效稳步增强。

其次，思政课程地位提高和相对独立。一是表现为课程内容的独立。思政课程通过三次大的改革，目前已经形成以马克思主义理论以及中国化的马克思主义理论为核心的独立的课程内容。二是表现为固定的学时学分。教育部明确规定，高校四门思想政治理论必修课有明确的学时学分，其他课程不得任意挪用、占有思政课程的学时学分，极大地保障了思政课程的开设与效果。三是表现为思政课程教学研究专门机构的独立。在北京大学马克思主义学院的倡导下，在教育部的反复督促下，很多高校纷纷成立了直属学校的独立的思政课程教研机构，独立开设、管理思政课程教育教学，从制度体制上保障了思政课程的建设工作。四是表现为专业化的思政课程师资队伍建设。教育部在高校思政课程评估体系中明确规定要对高校思政课程教师队伍的准入、学历、教学技能、培训、科研等方面进行严格测评，极大地提高了这支队伍的综合素质。

最后，大大加强了马克思主义理论学科建设。2005年，国务院学位委员会和教育部下发的《关于调整增设马克思主义理论一级学科及所属二级学科的通知》明确指出，决定设立马克思主义理论一级学科及所属五个二级学科，并增列不少博士点、硕士点。2008年，又增设第六个二级学科。尽管六个二级学科并非与思政课程四门必修课程形成绝对的一一对应，但马克思主义理论学科建设以及相关科学研究的加强为高校思政课程提供着强有力的学科支撑，为不断提高课程教学效果和课程建设的可持续发展提供科学的理论指导和人才支持。

总体而言，高校思政课程的地位不断得到巩固与加强，尤其在主管部门、学术界以及教管单位的各项文件、规定、精神以及取得的实效中得以充分体现。但是，高校思政课程的地位与作用仍需得到更广范围的认可，而最为主要的是获得学生的认可与社会的认可。

二、课程思政的发展沿革

课程思政植根于新时代，是我国高等教育领域在党的十八大所确立的"把立德树人作为教育的根本任务"的时代背景下，深入学习贯彻习近平总书记关于教育的重要论述，为培养担当民族复兴大任的时代新人，助推实现中华民族伟大复兴中国梦，而对新时代高校育人理念、育人模式、育人机制等进行的探索与创新。从发展历程看，课程思政缘起于全国高校思想政治工作会议，并伴随立德树人根本任务的深化拓展，逐步在实践探索中完成其基本理论建构，有力促进了我国高等教育面貌的格局性变化。

（一）课程思政认识的缘起：全国高校思想政治工作会议

2016年，全国高校思想政治工作会议在北京召开。对于如何做好高校思想政治工作，落实立德树人根本任务，会议强调，"要用好课堂教学这个主渠道，思政课程要坚持在改进中加强，提升思想政治教育亲和力和针对性，满足学生成长发展需求和期待，其他各门课都要守好一段渠、种好责任田，使各类课程与思政课程同向同行，形成协同效应"。在全国高校思想政治工作会议后，这一重要论述便成为高校探索以立德树人为中心环节做好思想政治工作，落实立德树人根本任务的重要实践方向。关于课程思政的主体、地位、作用、内容、特征、功能等基本理论问题得以廓清，自然而然便成为课程思政认识的缘起。

（二）课程思政认识的深化：北京大学师生座谈会

2018年，北京大学师生座谈会是党的十九大之后习近平首次到高校考察调研时召开的。会议指出，"培养社会主义建设者和接班人，是我们党的教育方针，是我国各级各类学校的共同使命""高校只有抓住培养社会主义建设者和接班人这个根本才能办好，才能办出中国特色世界一流大学""要把立德树人的成效作为检验学校一切工作的根本标准""要把立德树人内化到大学建设和管理各领域、各方面、各环节，做到以树人为核心，以立德为根本""要引导教师把教书育人和自我修养结合起来，做到以德立身、以德立学、以德施教"。这些重要论述是对党的十九大确定的"全面贯彻党的教育方针，落实立德树人根本任务"的再动员、再细化、再部署，为刚刚兴起不久，正在实践中探索推进的课程思政建设提供了重要遵循，注入了强大活力，促使对课程思政的认识不断深化。

（三）课程思政认识的成型：全国教育大会

2018年，党中央召开的改革开放以来第五次、新时代第一次全国教育大会是一次非常重要的历史性会议。会议回顾了党的十八大以来我国教育事业所取得的历史性成就，高度总结了推动我国教育事业发展的"九个坚持"，将我们党关于教育工作规律性的认识提升到了一个新高度，为做好包括高等教育在内的教育工作提供了根本遵循。"教育是国之大计、党之大计""要努力构建德智体美劳全面培养的教育体系，形成更高水平的人才培养体系""要把立德树人融入思想道德教育、文化知识教育、社会实践教育各环节，贯穿基础教育、职业教育、高等教育各领域，学科体系、教学体系、教材体系、管理体系要围绕这个目标来设计，教师要围绕这个目标来教，学生要围绕这个目标来学"等重要论述，为新时代高等教育深刻把握"教育的首要问题"，培养一代又一代拥护中国共产党领导和我国社会主义制度、立志为中国特色社会主义奋斗终身的有用人才，擘画了蓝图、指明了方向、确定了路径，为从高等教育制度层面认识课程思政提供了坚实的理论依据，使课程思政作为立德树人重要落实理念和机制的认识基本成型。

第二节　思政课程与课程思政的价值契合

将思想政治工作贯穿到教育教学全过程，不仅是思政课程教师的任务，也是专业课教师的职责。之所以如此，是因为思政课程与课程思政具有一定的价值契合性，同时这种价值契合性表现在根本目标、育人功能和教育内容三个方面。

一、根本目标的共同性

习近平在纪念中国人民抗日战争暨世界反法西斯战争胜利75周年座谈会上指出："实现中华民族伟大复兴，必须坚持走中国特色社会主义道路。"在中国特色社会主义道路的指引下，我们的教育是社会主义教育，要为社会主义建设培养合格的建设者和接班人。近几年，习近平在多次讲话中提到了"培养社会主义合格建设者和可靠接班人"的重要性。作为高校思想政治教育的主渠道，思想政治理论课将"培养社会主义合格建设者和可靠接班人"当作自身的根本目标具有必然性。大学生是党和国家重要的人才资源，是祖国的栋梁和民族的希望。思想政治理论课程是将大学生培养成社会主义合格建设者和可靠接班人的重要途径。将大学生塑造成中国特色社会主义现代化建设所需要的人才，在校园内形成浓郁的政治文化氛围和健康的人文环境，使高校真正成为以科学理论武装人、以正确舆论引导人、以高尚精神塑造人、以优秀作品鼓舞人的重要场所是思想政治理论课建设的价值所在。

课程思政改革要求各类课程进行改革，将自身潜在的思想政治教育元素挖掘出来，是将高校思想政治教育贯穿到教育教学全过程的有力体现，是新时代高校思想政治教育工作的可靠武器和有力帮手，担负着重要职责，是高校思想政治教育不容忽视的覆盖面更广、更贴近学生实际生活情况的重要组成部分。因此，课程思政建设要做到两个"坚守"。第一个"坚守"是坚守知识传授和能力培养。课程思政改革不是要消解专业课程的教育内容，弱化专业课程的科学性，而是要在尊重专业课程知识、内容的基础上体现价值观教育的内容，不能使教育教学任务大打折扣。第二个"坚守"是坚守根本目标。将价值塑造、知识传授和能力培养三者融为一体是课程思政的目标要求。"守好一段渠、种好责任田"强调的"坚守"主要是坚守社会主义办学方向，坚守立德树人，坚守为社会主义现代化建设培养合格建设者和可靠接班人的阵地。这种"坚守"不是机械坚守，也不是"传道者"和"搬运工"。只有解决"培养什么人、怎样培养人、为谁培养人"这一根本问题，才能科学地理解课程思政坚守的意义。总之，思政课程与课程思政是一个共同体，两者的根本目标都是为社会主义现代化建设培养合格的建设者和接班人。

二、育人功能的一致性

思政课程与课程思政育人功能的一致性主要体现为帮助新时代大学生形成健全人格。帮助社会成员形成健全的人格是思想政治教育的重要功能之一。引导大学生树立崇高的精神追求、形成健康的心理品质，积极主动地参与社会生活，进而成为合格的社会公民是每一位高校教师义不容辞的职责。思政课程与课程思政都是高校思想政治教育的载体，教育者通过课堂教学开展育人活动，可以更好地使大学生明确自身在改造物质世界和创造社会历史中的主体地位，明确自身的使命与担当，进一步提升自身的主体意识；可以更好地引导高校树立远大的理想并形成高尚的目标，科学审视社会、审视人生、审视自己，进一步提升自身适应和改造客观环境的能力；可以更好地教育大学生对社会生活保持主动性和创造性，将自身的内在潜能充分挖掘出来，从而促进自身人格的完善。因此，思政课程与课程思政是大学生自我发展和自我完善的一种特殊的动力，具有塑造社会成员个体人格的功能。马克思主义主张实现人的自由全面发展，将人的个性发展给予充分的肯定，将其看作社会历史演进的重要尺度。从一定意义上来看，个体全面发展的过程也是人个性形成发展的过程。无论是在思政课程还是课程思政建设中，教师需将大学生的个性发展摆在重要位置，以塑造个体人格为着力点，秉持实事求是、具体问题具体分析的理念，积极鼓励大学生合理地选择适合自己发展的形式，通过诸多健康渠道实现自身的人格价值。只有这样，思政课程与课程思政的人格塑造功能才能有效地凸显出来。因此，思政课程与课程思政是促进大学生个性发展的重要途径，而积极健康的个性发展也是衡量思政课程与课程思政成效的重要标志。

三、教育内容的切合性

高校思想政治教育系统是由多种要素构成的。其中，思想政治教育内容是基本要素之一，是思想政治教育者向大学生实施教育的具体要素。思想政治教育内容是思想政治教育者以一定社会的发展要求为依据，以受教育者的思想实际为出发点，有目的、有计划地传递给受教育者的带有价值引导性的思想政治信息。无论是思想政治理论课中的思想政治理论内容，还是其他课程中潜隐的思想政治教育资源，都属于思想政治教育内容体系的一部分，两者具有切合性。虽然本书阐述的课程思政是狭义上的课程思政，但不能因此只重视课程思政建设，而轻视思政课程建设，因为两者在教育内容上具有切合性。思政课程与课程思政在教育内容上的切合性主要体现在以下三个方面。

（一）教育内容的政治性、目的性和先进性

政治性是思政课程的根本特点，也是课程思政的突出特点。思政课程与课程思政的教学内容都以我国社会发展的根本方向为遵循，与新时代的发展目标保持一致并为实现这一目标服务。在我国，思想政治教育一直是党和国家事业的重要组成部分。作为高校思想政治教育的"老力量"，思政课程的教育教学内容始终以马克思主义为灵魂，以党和人民的意志为出发点，与党的路线、方针、政策相一致，用马克思主义理论引导广大大学生全面发展。课程思政将政治性拓宽到所有课程中，使思政课程不再唱"独角戏"，成为高校思想政治教育的"新力量"。目的性是高校思想政治教育内容确定和实施的基本要求。思政课程与课程思政的根本目的都是增强大学生的思想道德素质，使大学生树立科学的价值观，增强高校立德树人的实效性。思政课程与课程思政的教育教学内容必须围绕这一根本目的展开。思政课程与课程思政的教育教学内容具有很强的现实针对性，是与时俱进的，并以现实为立足点、以未来为增长点，高度体现社会的发展需求和未来新人的成长需要，始终与社会发展趋势保持一致。

（二）教育内容的针对性和可接受性

大学生思想和行为之所以千差万别，是外在因素与内在因素共同影响的结果。外在因素主要指家庭、学校、社会及大众传播等环境；内在因素就是大学生自身能力、知识、经验等。因此，出于思想政治教育内容可接受性的目的，思政课程与课程思政的教育教学内容都是针对大学生的身心特点、思想实际、知识程度、接受水平而确立的，其针对性和可接受性很强。首先，思政课程与课程思政善于从大学生的内在需要出发，瞄准"突破口"，找准最佳时机来贯彻教育内容。对大学生进行价值观引导，就是要促进他们精神世界的发展，因此思政课程与课程思政的教育教学内容既贴近大学生的实际思想状况，又关乎大学生的未来发展需求，是大学生健康成长的有力载体。

其次，思政课程与课程思政善于从大学生的个性发展水平出发，以大学生的心理发展水平为基础，确立教育教学内容。思政课程与课程思政的教育教学内容需要掌握好"度"，如果超出了大学生的心理发展水平，就会导致大学生失去努力的动力；如果落后于大学生的心理发展水平，思政课程与课程思政就会丧失引导作用。因此，思政课程与课程思政的教育教学内容必须与大学生的心理发展水平相适应。最后，思政课程与课程思政善于从大学生的思想成熟度出发，确立自身教育教学内容的基调。思政课程与课程思政提出略高于大学生现有发展水平、大学生通过努力可以达到的目标要求，以更有效地促进大学生将教育内容主动转化为个体意识，内化于心、外化于行，为实现这一目标努力奋进。

（三）教育内容的时代性

随着时代的发展和大学生思想实际的变化，思政课程和课程思政的教育教学内容也在不断充实和丰富，具有较强的时代性。与时俱进是马克思主义的理论品质。作为以马克思主义理论为思想根基的思政课程和课程思政，其教育教学内容与社会发展的实际状况和大学生思想发展的实际情况紧密结合在一起，时代性较强。首先，思政课程和课程思政的教育教学内容富有时代感。思政课程和课程思政从来不是闭门造车，而是紧扣时代发展的新诉求，在教育教学过程中充分体现时代发展出现的新课题、面临的新问题、提出的新要求，突出自身教育教学内容的时代精神；思政课程和课程思政积极利用时代气息浓厚的思想和精神来引导、说服和鼓励大学生，将新信息、新知识、新观念、新思想传递给他们。其次，思政课程和课程思政的教育教学内容强调现实性。敏锐、及时地反映社会生活的实际情况是思政课程和课程思政教育教学内容永葆生命力和说服力的法宝。新时代，国内外形势发生了深刻的变化，各学科任课教师将全球化、信息化、市场化等内容渗透在教育教学过程中，逐渐将全球意识、经济伦理、生态伦理等知识拓展到教育内容中，与时代发展要求保持同步。同时，各学科教师坚持"三贴近"的原则，即"贴近实际、贴近生活、贴近大学生"，时刻与大学生进行良好沟通，针对他们在学习、工作和生活中遇到的实际问题展开教育教学工作，对大学生关心、关注的问题给予回应和解答，做他们的贴心帮手。

第三节　思政课程与课程思政的辩证统一

近年来，我国高校普遍存在一种现象，即价值观教育与知识教育相脱离，同时重专业知识教育轻价值观教育、重专业课教师轻思想政治理论课教师。事实上，其他各门各类课程同思政课程一样，都具备育人功能，只不过一直以来被遮蔽了而已。思政课程与课程思政是高校思想政治教育的两个方面，在育人责任上不存在"分工"一说，两者是相辅相成、同路偕行、价值互补的。

一、相辅相成

随着时代的发展变化，我国高校必须始终坚持以学生为本，并意识到合力育人的必要性和紧迫性。课程思政发挥育人作用和功能，与思政课程相辅相成且势在必行。思政课程与课程思政相辅相成主要体现在两个方面：一方面，思政课程引领课程思政；另一方面，课程思政拓展思政课程。

（一）思政课程引领课程思政

1.政治方向的引领

虽然思政课程与课程思政都具有政治性，但是思政课程需要实现对课程思政的引领。党的十九大报告对我国所处的历史方位进行了新的界定，即中国特色社会主义进入了新时代。此论断不仅为我们深刻、全面地理解和把握中国特色社会主义发展中一系列问题指明了方向，还对高校思想政治理论课提出了更新、更高、更多的要求。在学校思想政治理论课教师座谈会上，习近平对思想政治理论课在高校中的地位、功能等进行了重点论述，强调思想政治理论课是落实立德树人根本任务的关键课程。这一论述说明作为对大学生进行马克思主义理论与思想政治教育的主渠道，引导大学生形成知、情、意、行的主阵地，思想政治理论课的政治性指向不可动摇。新时代对高校思想政治工作提出了新诉求，即除思想政治理论课以外的其他各类课程应积极挖掘自身潜在的思想政治教育元素，彰显自身独特的育人功能，形成教育合力，进而推动全员全程全方位育人"大思政"格局的实现。但是，在思政课程引领课程思政的过程中，个别专业课教师的政治立场模糊，导致所授课程的政治性不明确。针对这一情况，专业课教师一定要摒弃这种错误认识，与思想政治理论课教师"拧成一股绳""汇成一条河"，为思政课程在政治方向上引领课程思政消除阻碍。

2.思想价值的引领

思政课程与课程思政的目的都在于将大学生培养成具有崇高价值观的时代新人，而这一目的的实现离不开思政课程对课程思政的思想价值引领。"未来 30 年，我们培养的人要能够完成'两个一百年'的伟业。这就是教育的历史责任。我们党立志于中华民族千秋伟业，必须培养一代又一代拥护中国共产党领导和我国社会主义制度、立志为中国特色社会主义事业奋斗终身的有用人才。"[①] 思想政治理论课不单单是对大学生进行马克思主义理论知识教育的课程，还是承载价值认同教育的课程，暗含思想价值引领的理论担当。新时代，引导大学生树立"四个意识"、明确"四个自信"、坚持"两个维护"是思想政治理论课的新任务。因此，思想政治理论课必须积极回应现实关切，帮助新时代大学生确立价值坐标、构架理论图景，从而提升他们对思政课程的自信心和自豪感，增强他们对中国特色社会主义实践和思想的价值认同。课程思政的本质在于育人，这一本质通过挖掘各门各类课程中所蕴含的思想政治教育资源体现出来，并用这些思想政治教育资源来满足新时代大学生在成长成才过程中日益增长的精神文化需要。在这一过程中，价值主体是新时代大学生，价值客体是课程，精神文化则是育人载体。评价课程思政价值实效的指标是多维的，包括课程思政开发的思想政治教育元素能否满足受教育者的精神文化需求、教师在知识传授中是否充分体现了精神文化资源、课程思政能否实现综合育人效应、课程思政能否完成价值观教育的人才培养目标等。但是，由于个别专业课教师对思想价值认识片面，主观地将思想价值引领"划分"给思政课程，他们将思想价值看作专业课程的"超纲"内容，认为思想价值并非"我之专长"，从而导致思政课程在思想价值引领上与课程思政缺乏联动效应。因此，专业课教师要意识到思想价值引领是"我之专长"，一定要在传授理论知识的过程中凸显精神文化的培育。

3.教学方法的引领

思想政治理论课的教育教学过程是一种引导大学生养成良好思想素质、政治素质及道德素质的价值转换过程。在这一过程中，思想政治理论课教师

---

① 黄其昌，张娜琦.提升大学生学校归属感的价值依归与实践逻辑：基于文化自信的视角 [J].教育教学论坛，2021（7）：129-132.

用社会主流的政治观点、思想观念和道德规范，通过内化和外化规律来引导大学生的思想、规范大学生的行为。长期以来，高校思想政治理论课随着时代的进步与发展，不断被改革与创新。习近平在学校思想政治理论课教师座谈会上针对高校思想政治理论课的改革与创新工作提出了方法论要求，即坚持政治性与学理性相统一、价值性与知识性相统一、建设性与批判性相统一、理论性与实践性相统一、统一性与多样性相统一、主导性与主体性相统一、灌输性与启发性相统一、显性教育与隐性教育相统一。这"八个相统一"的方法论以学生的需求为出发点，以关心学生、关照学生、服务学生为指向，从而强化了思想政治理论课的政治性、思想性、理论性，提升了思想政治理论课的亲和力和针对性，是增强课程思政建设有效性的一剂良药。课程思政是新时代高校实现立德树人根本任务的新举措，要求各门各类课程在教育教学中体现思想政治教育元素，并将这一理念贯穿到教育教学的全过程，使大学生在接受科学文化知识和专业知识教育的同时，提升和加强思想道德修养和思想政治素质，润立德树人于无声之中。教学方法是使思政课程和课程思政同向发力的催化剂，教学方法越科学、越合理，立德树人的效果就越好。随着课程思政改革的普遍实行，大部分专业课教师都比较认可"八个相统一"方法论的要求，并积极落实到教育教学过程中。但是，还存在个别专业课教师固守传统教学方法，认为思政课程的教学方法只适用于思政课程。鉴于此，专业课教师应在"八个相统一"方法论的指导下开展教育教学活动，在课程思政建设中探索怎样做到"八个相统一"，进而实现"课程"与"思政"的相互交融，为受教育者的成长成才提供方法论指导。

（二）课程思政拓展思政课程

1. 师资力量的拓展

高校的育人格局随着时代的发展不断被扩充与完善。课程思政改革改变了以往思想政治理论课教师"单兵作战"的局面，使高校育人工作不再由专员唱"独角戏"。实践证明，仅靠思想政治理论课教师通过课堂教学提升育人工作的实效性是远远不够的，应将育人的主体扩充至所有专业课教师，使专业课教师加入大学生价值观教育行列，成为育人的新力量。高等院校所有教师要自觉做到习近平提出的"六个要求"，即"政治要强、情怀要深、思维要新、视野要广、自律要严、人格要正"①，将真善美的种子种在新时代大学生的心中。值得注意的是，育人不仅体现在课堂中，全体教师还应发挥课外活动等"第二课堂"的作用，将立德树人落细、落精在新时代大学生学习工作实际生活中，更好地落实育人这一系统工程。虽然课程思政改革拓展了立德树人的力量，使立德树人不再是思想政治理论课教师的"独角戏"，但是在育人过程中，思想政治理论课教师如何处理与其他教师的关系是亟须解决的问题。个别思想政治理论课教师没有意识到其他教师的育人作用，对其育人的科学性、系统性产生怀疑，在一定程度上高估了自身在育人过程中的特殊性，低估了其他教师的育人作用。所以，思想政治理论课教师应对自身的身份、地位保持清醒的认知，公正、客观地看待其他教师在育人过程中发挥的价值。

2. 课程载体的拓展

在教育教学全过程中落实大学生思想政治工作的要求，推进全程育人、全方位育人是回答"培养什么人、如何培养人、为谁培养人"这个根本问题的重要举措。课程思政也就是在课程中体现"思政"，促进显性教育课程与隐性教育课程结合，使高校思想政治教育实现由"单课程"向"全课程"的创造性转化。换句话说，就是将育人功能从传统的"思政课程"拓宽至其他各类课程中，进而完善高校思想政治教育的载体。具体而言，科学精神、人文素养等思想政治教育元素是专业课程潜隐的宝贵育人资源，同时这些育人资源为课程思政建设提供了有利条件。"教育者本人一定是受教育的"②，广大教师应扮演好"引路人"的角色，做马克思主义的坚定信仰者和先进思想文化的传播者，为新时代大学生的全面发展导引航向。在教育教学过程中，专业课教师要将本门课程中内隐的家国情怀、创新创业、不懈奋斗等鲜活的思想政治教育素材开发出来，在教给大学生专业知识与技能的同时，将为人处世的道理、社会主义核心价值观的内涵以及民族复兴的理想与使命内化到大学生的心中，从而在潜移默化中奠定课堂教学的基调，促成专业课程与思政课程同向发力的局面。虽然课程思政打通了专业课程与思政课程的融合点，但是融合的效果如何是一个值得深思的问题。作为专业课教师，一定要瞄准、悟透所授课程与思政课程的融合点，不可生搬硬套、生拉硬拽，而应

---

① 边慧敏，李向前. 新时代高校思想政治工作指导手册[M]. 北京：东方出版社，2020：127.

② 郑守林. 马克思是怎样成为马克思的[M]. 上海：上海三联书店，2018：66.

在尊重大学生认知规律和特点的基础上进行课程思政教学。

3. 教育资源的拓展

从"大思政"格局的角度来讲，思政课程属于高校思想政治教育的第一课堂，而课程思政致力于将各种各样的思想政治教育元素挖掘出来，全方位地进行高校思想政治教育。首先，其他各类课程是课程思政建设的基础；其次，课程思政促使高校将育人理念体现在了科研、管理、服务、文化及组织工作中。这种要求具有两方面的意义。一方面，有利于调动思想政治教育者的主动性、自觉性和创造性。各二级学院的本科生辅导员、班主任、研究生秘书及各位导师要教育新时代大学生勤奋学习、修身育德、明辨是非、坚实笃行，使他们心中产生信仰与真理的火花；心理咨询师要加强对新时代大学生心理特点的把握，进行人文关怀和心理疏导，使他们养成健康理性的心态；广大教师要强化"四有"意识，"用理想信念立德树人、用道德情操教书育人、用扎实学识以理服人、用仁爱之心以情动人"[①]。另一方面，有利于打造各类教育平台。例如，高校积极进行蕴含社会主义核心价值观的校园文化建设，利用文化所固有的潜移默化和深远持久的特点，使大学生在无形中受到校园生活各个方面的影响，使校园文化充分发挥自身对大学生的引领和规范作用；出于使大学生的课余生活不再单调，变得丰富多彩的目的，高校及其各二级学院应积极组织一些政策宣讲、义务支教、红色之旅、志愿服务等带有课程思政性质的社会实践活动，这不仅可有效地弥补思政课程的不足，还可为提升大学生思想政治素质和能力提供有力的实践路径。此外，运用网络平台进行网络思政课堂建设已成为课程思政与网络育人功能相结合的新形式。网络思政课堂打破了传统思想政治教育遭受的时间和空间限制，为新时代高校思想政治教育开拓了新领域，为提升课程思政的实效作出了突出贡献。尤其在全球抗击新冠肺炎疫情期间，全国各大高校开展的网络思政课堂成为新时代大学生接受理想信念、家国情怀、无私奉献等方面教育的新途径。网络思政课堂通过线上向受教育者传递文字、图片、视频等信息，使他们生动、真切地感受到国家、榜样人物在这场"斗争"中发挥的力量，成为思政课程的有益补充，大大增强了思政课程的时代感、亲和力和吸引力。虽然课程思政改革壮大了思想政治教育者的队伍，扩充了各类教育平台，但是个别思想政治理论课教师将其上成了网络课或者实践课。新时代，高校立德

---

① 蒋传海. 高校教师应以德立身以德立学以德施教 [J]. 重庆与世界，2018（20）：48.

树人工作更为系统和完善，形成新老力量协同共进的局面。不可否认，思政课程应在改进中加强，同时结合新时代的新诉求，加入实践元素，利用新媒体等新渠道进行创新，但是思想政治理论课教师不能扩大视频教学和实践活动的学时，丢弃理论讲授，而应将其控制在合理的范围内。作为"老力量"，思想政治理论课教师要坚守思政课程的特殊性，借鉴"新力量"的经验，正确认识两者在立德树人过程中的价值。

二、同路偕行

新时代高校的育人工作离不开课程这一载体。课程思政与思政课程是高校育人工作的两个部分，两者需要发挥自身的作用和功能，同路偕行。课程思政与思政课程同路偕行包括"同路"与"偕行"两个方面。

（一）同路

同路就是沿着共同的道路前进，具体体现为政治之路、育人之路及文化认同之路的一致性。其一，政治之路的一致性。政治维度上的一致性是课程思政与思政课程同路的根本所在。课程思政要以马克思主义道路为根本道路，不失政治性，在把控政治大局、明确大局意识上下功夫，与思政课程齐心协力，共同促进新时代大学生对整个中华民族的认同、对中国特色社会主义政治的认同，激发他们的中华民族情感等。其二，育人之路的一致性。课程思政与思政课程的本质都在于育人，两者必须在立德树人、以文化人等层面保持一致。从根本上来讲，课程思政与思政课程育人之路的一致性问题就是要充分解决"培养什么样的人、为谁服务"的问题。新时代，习近平新时代中国特色社会主义思想是中国特色社会主义理论体系的最新成果，课程思政与思政课程要将育人之路的一致性统一到这一思想维度上来，所培养的人才要具备为中国特色社会主义理论与实践服务的本领和能力，要对中国特色社会主义道路保持坚定的信念，提升道路自信；要对中国特色社会主义制度进行深刻的理解和掌握，提升制度自信；要对中国特色社会主义文化保持喜爱和敬仰之情，提升文化自信。新时代的思想政治教育者和受教育者必须珍惜、坚持和发展中国特色社会主义道路、中国特色社会主义理论体系和中国特色社会主义制度。课程思政与思政课程要在中国道路、中国理论、中国制度、中国文化等育人之路上保持一致，进而提升道路自信、理论自信、制度自信和文化自信。其三，文化认同之路的统一性。文化认同和价值观认同是课程思政与思政课程要解决的重要问题。习近平强调："文化自信，是更基础、更广泛、更深厚的自信。"然而，文化自信离不开教育。课程思政蕴含的文化认同和价值观认同教育一定要与思政课程对新时代大学生进行的文化认同和价值观认同教育相一致，不能相互对立、各圆其说。一般而言，课程思政与思政课程要统一到对中国优秀传统文化的认同、对当代中国文化的认同、对中国价值观的认同以及对人类共同价值观认同的层面上来。在当代中国，社会主义核心价值观教育是课程思政与思政课程共同努力的方向，两者要将社会主义核心价值观的深刻要义贯穿到对新时代大学生的教育教学全过程中，使之成为中华民族最持久、最深层的力量。

（二）偕行

偕行即同心同德、互相弥补、彼此推进、共享发展。其一，同心同德。课程思政不能与思政课程背道而驰，而要与思政课程在国家政治、道路、理论、制度及文化认同等层面齐心合力、思想一致。换句话说，纳入课程思政系列的课程要参照思政课程的要求，在课程标准上下功夫，加强对课程大纲、内容设置的顶层设计，将社会主流价值观融入课程体系建设，凸显立德树人的现实诉求，坚守社会主义高校的育人底线。其二，互相弥补。这里的互相弥补是指建构课程思政与思政课程互补型的课程体系。在建构过程中，我们要避免两种错误倾向：一种是将思政课程建成课程思政；一种是将课程思政建成思政课程。两者的课程体系是能够互相弥补的，即新时代的高校思想政治教育要构建以思政课程为核心、以课程思政为补充的课程体系。在课程思政建设过程中，思政课程要积极推进改革，明确自身的限度，澄清自身的功能和边界，明确自身重点传授的内容以及不在自身范围内的任务，为课程思政课程体系的建构腾出一定的空间和范围。课程思政要以思政课程的教学大纲和根本任务为依据进行课程体系设计，使其他各类课程将立德树人、以文化人等内容纳入课程体系，与思政课程的课程体系形成补充。其三，彼此推进。一方面，由于思政课程的理论来源十分广泛，课程思政能够为思政课程提供理论支撑和学科借鉴，同时为思政课程拓宽队伍。思政课程可以从课程思政汲取理论营养，也只有与课程思政结为一体，才能开出最美的花朵。另一方面，思政课程能够以示范标准、教学规范标准和政治导向标准引领课程思政建设，尤其是政治导向标准。由于自身的特殊性质，思政课程在关注、学习国家方针、政策等方面要先于其他课程，为其他课程的教育教学提供一系列标准，实现对其他课程的引领，两者形成彼此推进、良性互动的局面。其四，共享发展。这里的共享发展是指课程思政与思政课程在信息和资源上的共享。人类社会进入信息时代，使课程资源共享成为一种新趋势。如果课程思政与思政课程能够在课程信息资源方面实现共享，将会推进高校思想政治教育工作有效进行。课程思政与思政课程在信息和资源上的共享主要体现在学生思想观念、课程建设及教学方式方法三个方面。高校要在共享结构上下功夫，为推动课程思政与思政课程共享发展，形成协同效应提供有利条件。

从实质上看，"同路偕行"体现的是认识和实践的辩证关系问题，因此课程思政与思政课程同路偕行就是要实现思想政治教育认识与实践的统一。"同路"是"偕行"的前提，"偕行"是"同路"的目的。课程思政先要在认识维度上与思政课程保持"同路"，然后在认识的指导下，与思政课程保持"偕行"。"同路"体现的是观念性，"偕行"体现的是现实性。课程思政只有意识到与思政课程保持"同路"是实现自身有效性建设的根本所在，才能为两者的"偕行"创造有利条件，最终形成协同效应。具体而言，"同路"是方向性问题。如果课程思政与思政课程做不到"同路"，那么两者再怎么努力也完不成立德树人的根本任务。所以，在方向性问题上，课程思政必须要向思政课程靠拢，在马克思主义信仰和社会主义核心价值观教育上统一前进。"偕行"是实践性问题，反映的是课程思政如何做到与思政课程相伴相行，并以此来检验"同路"的方式方法是否有效，最终达到知行合一。

但是，在课程思政建设过程中出现了课程思政与思政课程同路不偕行、偕行不同路的问题。一方面，虽然大部分专业课程在认识维度上与思政课程保持一致，凸出政治之路、育人之路和文化认同之路的导向，但是个别专业课程缺乏实践性，与思政课程并不一致；单纯地构建符合自身专业特点的课程体系，不体现"思政"；走不出自己的"领地"，把自己的理论藏起来，不与"思政"接触，不为思政课程提供借鉴；将自身裹在"套子"里，与思政课程断绝来往，不共享教育教学信息和资源。另一方面，部分专业课程做到了与思政课程偕行，但是在认识维度上没有与思政课程同路，使偕行流于形式。例如，部分专业课程表面上突出了政治之路的导向，将符合主流意识形态的价值观寓于知识传授之中，但是并没有挖掘其深刻的内涵，没有向新时代大学生讲清楚它的具体内涵是什么，它为什么是对的，它对新时代大学生提出了怎样的要求等内容；表面上突出了育人之路的导向，但是没有对"培养什么人、怎样培养人、为谁培养人"这一根本问题进行深刻的认知和感悟；表面上将社会主义核心价值观的基本内涵渗透在专业知识教学中，但是这种渗透不代表认同，对于社会主义核心价值观的科学性、合理性缺乏深入的分析和探讨，在一定程度上阻碍了新时代大学生对社会主义核心价值观的认同。

三、价值互补

课程思政与思政课程在高校思想政治教育中具有多维价值。思政课程是高校思想政治教育的主阵地，课程思政是新时代大学生思想政治教育的新途径，两者实现了显性教育和隐性教育的价值互补。

从教育功能的呈现形式来看，教育学理论将教育分为显性与隐性两大类。显性教育采用严格的"教学标准、教学计划、教学目标"[①]等，倾向于对受教育者进行理论灌输，对其进行知识维度和行为维度的教育和引导，从而在个体世界观、人生观、价值观的养成过程中发挥关键作用；与显性教育具有明显不同，隐性教育强调教育的渗透性和内隐性，而非直接灌输，是非正规的教育因素，倾向于对受教育者的思想维度和心理维度产生影响，从而在个体思想品德的形成过程中发挥熏陶作用。在教育过程中，显性教育与隐性教育是密不可分的，双方相互依存、相互补充，是辩证统一的关系。两者共同作用于教育过程，如果缺少其中任何一种方法，那么整个教育过程就是不完整的，教育效果不会达到最优化。就高校思想政治教育而言，显性教育的价值在于采用"有计划、有意识、直接的方式对大学生进行教育"[②]，长期以来，主要通过思想政治理论课来完成，追求的是立竿见影的教育效果。但是，这种方法单一、简单、死板，逐渐发展成一种自上而下、"填鸭式"的教育模式，而且显性教育的教学内容以概念、观点等为主，理论性较强，从而导致受教育者的内化不够及时和有效，其简单明确的特点也会使学生产生一定的抵触情绪，教育效果不尽如人意。隐性教育恰好能够弥补这一不足，它不直接公开教育的目标、任务和内容等要素，而是将其附载和渗透于其他教育实践中。课程思政是隐性教育的一种形式，主要通过其他课程来完成大学生思想政治教育工作。其他课程遵循"守好一段渠、种好责任田"的要求，将育人的价值和理念潜移默化地渗透在课堂教学中，与思想政治理论课一道，沿着同一个方向前进，形成协同效应。此外，课程思政改革也促进了课堂之外的思想政治教育实践活动的开展，如参观红色基地、抗日英雄纪

---

① 徐向飞."课程思政"视域下高职院校建构协同育人平台的逻辑理路 [J]. 教育与职业，2018（22）：84-89.

② 李前进. 我国大学生社会主义核心价值体系教育研究 [M]. 上海：上海三联书店，2014：239.

念馆等，可使受教育者切身体会到蕴含思想政治教育元素的教育内容，进而增强自身的民族荣誉感和使命感。校园文化建设也是一种有效的隐性教育形式。积极健康的校园文化对教化、塑造、熏陶和培养大学生的人文精神起着积极作用。

从思政课程到课程思政的实践，为显性教育与隐性教育的价值互补开拓了新渠道。加强高校思想政治教育的实效性，从而实现立德树人的根本目标是新时代我国高校面临的主要任务，而这一任务的完成离不开显性教育与隐性教育的相互配合、良性互动。培养德才兼备的人才是显性教育与隐性教育长期共同作用和影响的结果。在以往的高校立德树人工作中，部分教师偏重于采用具有一定系统性、规范性的有形教育，对隐性教育有所轻视。课程思政的提出有效地弥补了这一漏洞，实现了显性教育与隐性教育的价值互补。习近平在学校思想政治理论课教师座谈会上指出："要坚持显性教育和隐性教育相统一，挖掘其他课程和教学方式中蕴含的思想政治教育资源，实现全员全程全方位育人。"这一论断一方面从显性维度为办好思想政治理论课提供了强大的战略定力，另一方面从隐性维度为其他课程与思想政治理论课同路偕行、通力合作、各显神通，共创立德树人新局面提供了战略定位。

课程思政与思政课程的价值互补在于实现了显性教育与隐性教育的通力合作，最主要的是促进了显性课程与隐性课程的相互借鉴。在课程思政建设中，显性课程主要就是思想政治理论课，而中国特色社会主义教育是我国教育的本质归属，因此开好思想政治理论课是应有之义。思想政治理论课具有公开性，在高校思想政治教育中占据特殊地位，是落实立德树人根本任务的关键课程。新时代，课程思政为开好思想政治理论课注入了强大的动力，将习近平新时代中国特色社会主义思想贯穿到教学过程中，这一点必须坚决、明确、不含糊。隐性课程主要指除思想政治理论课之外的其他课程，对大学生明确立场、坚定信仰、形成价值观有着重要影响，具有潜隐性。课程思政改革激发了其他课程与思想政治理论课同路偕行、共同发挥育人功能的积极性。从一定意义上来看，一定的知识储备和经验积累是显性课程的优势，但也会导致相应的空缺，这就为隐性课程的成长提供了可能。同时，隐性课程会促进显性课程的发展，为显性课程提供直接经验或社会政治、价值体系等支柱。虽然显性课程与隐性课程各有侧重、各有千秋，但是它们并不是一成不变的，而是随着时代的变化不断调整、不断进步的。因此，两者只有通力合作，结合在一起，才能更有效地促进个体的健康成长，实现立德树人的最优化。

综上所述，作为立德树人的两个有机组成部分，课程思政与思政课程既存在一定的差异，又具有一定的价值契合性，是相辅相成、同路偕行、价值互补的。思政课程对课程思政进行政治方向、思想价值和教学方法的引领，课程思政在师资力量、课程载体及教育资源上拓展了思政课程；课程思政与思政课程在政治之路、育人之路及文化认同之路上具有一致性，并且同心同德、互相弥补、彼此推进、共享发展；课程思政与思政课程为显性教育和隐性教育的通力合作开辟了新渠道。就目前课程思政与思政课程建设的情况来看，虽然还存在一些不尽如人意的地方，但只要课程思政与思政课程齐头并进、共同发力，就能将立德树人根本任务落到实处，大大提升高校思想政治教育的质量。

第五章　课程思政背景下高校思想政治教育隐性课程开发

在新时代环境中，密切结合"课程思政"背景，深入贯彻"课程思政"理念，着力加强高校思想政治教育隐性课程开发工作，是我国高等教育优化和思想政治教育创新的题中应有之义。

第一节　高校思想政治教育新视野——隐性课程

当今世界各国学校思想政治课程的一个共同特点是高度重视自身在培养学生思想政治素养方面的作用。然而，现实的社会背景对传统的思政课程理论与实践提出了挑战。它不仅要求我们在理论上把相关内容纳入思政课程，还要求我们在实践上使思想政治教育研究走向更广域的时空。因此，切实确立思想政治教育课程在思想政治教育课程体系中的地位，系统完整地对其进行研究，科学地构建符合社会发展需要的思想政治教育课程体系，促进学生思想政治教育全面协调可持续发展，便成为我们在加强和改进学校思想政治教育工作中必须给予高度重视的一个重大理论课题和实践课题。

一、课程

就课程的定义而言，瑞典斯德哥尔摩大学国际教育研究所荣誉教授胡森和德国汉堡大学比较教育学教授波斯特尔斯威特主编的《国际教育百科全书》中提出："'课程'一词的拉丁语词根意指'跑道'。根据这一渊源，最为常见的课程定义是指教材学习的进程。但是，这种看法在现代课程文献中受到了广泛的批评，并遭到频繁的修正、替换，一般来说，还没有一个得到广泛接受的定义。"伴随着课程观念现代化的发展进程，我国学者提出了新的课程定义：

"综合"说——把课程作为一个独立研究对象，从各个不同角度分析课程的综合性。①

---

① 施良方.课程理论[M].北京：教育科学出版社，1996：1-7.

"学校经验"说——把课程理解为由学校所实施的施加教育影响的计划，是受教育者在教育者引导下获得的经验，或把课程理解为学生通过学校教育环境获得旨在促进其身心全面发展的教育性经验。① 这些课程定义方式超越了传统，为课程的概念注入了新的内涵。

根据以上课程定义我们可以看出，"课程"这一概念虽然从本质上说是指学习者学习课业及其进程，但是学习者除了学习学校开设的学科，还可以在学校获得很多其他方面的经验。例如，教师在教学过程中传达出的思想观念；学习者在学校物质环境、制度环境和精神环境中获得的具有教育性的经验等。所有这些都对学习者的课业及进程产生了潜移默化的影响。因此，课程是学习者在学校教育环境中所获得的，是学校作为整体提供给学生的教育经验的总和。这种教育经验由学校通过显性或隐性的方式，有目的、有计划地（或在这个过程中通过无意识或暗示的方式）使学生获得。在现代课程论中，课程是建立在经验课程本质观基础上的，以学生在学校接受的教育性经验作为课程研究范围的"大课程观"。

二、隐性课程

（一）隐性课程的内涵

理解隐性课程的概念应该注意以下三点：

首先，隐性课程较偏向于非学术性内容。它不指向学科内容，但并不完全排除学术性内容。例如，作为非学科内容的实体性精神文化有关哲学、科学等课外读物，其内容明显是学术性的。

其次，隐性课程必须是有目的、有计划规范设计的。作为教育的媒介，隐性课程是课程的一部分，应有明确的目的指向性。隐性课程作为学校教育的"附生物"，必须体现教育的属性。作为一个文化机构，学校内部的一切（除学生外）影响学生发展的因素都是人创造的财富，因此校园文化是丰富多彩的。这些丰富多彩的校园文化始终伴随学校的产生与发展。处于自发的、偶然状态的校园文化对学生的发展既可能产生正效应，也可能产生副作用。它们不具备有目的地培养人这一教育的根本特征，因而不能被称为课程，当然更不能被称为隐性课程。总之，隐性课程必须按照一定的教育目的及其具体化的教育目标进行规划设计，使之处于意图性和预期性状态。

---

① 钟启泉.现代课程论[M].上海：上海教育出版社，1989：178.

最后，作为依据教育目的及其具体化的教育目标而规范设计的校园文化隐性课程，必定具有可预期性。否则，就不能对它进行规范设计和评价，也就没有研究它的必要了。

根据上述分析，笔者认为，所谓隐性课程，就是指学校范围内除显性课程之外，按照一定的教育目的及其具体化的教育目标规范设计的校园文化要素的统称。

（二）隐性课程的构成

作为完整的课程体系的两大组成部分，隐性课程与显性课程各有其特定的结构。显性课程主要由哲学、科学、艺术等几种实体性精神文化要素构成。隐性课程则主要包括以下三种文化要素：

第一，按照具体化的教育目的建设的由学校物理环境构成的物质文化。校园物质文化包括学校建筑及其造型、颜色、布局，教学工作的装备设施，校舍的大小，教室的空间安排，种植的花草树木，教职员工的服饰以及校徽、校徽、校服等。作为构成学校整体文化的一个重要因素，校园物质文化对学生的精神状态及其发育、成长产生了重要的影响。实验证明，物理环境对人的思维有很大的影响。例如，丰富多彩、空气清新的环境能提供大量的积极提示，特别是某些花木的芳香味，更能使人精神舒畅、思维清晰与敏捷；单调、阴沉、刻板的环境往往使人的思维难以展开并会让人产生一种忧郁的心理。

第二，不指向学科内容，却对学生有教育作用的实体性精神文化。实体性精神文化包括学校图书馆和资料室里收藏的图书、期刊、报纸等。这些都是学生课外读物的主要来源，是学生发育、成长的重要精神养料，并且都是按照教育目的和一定的培养目标精心选择的，因此它们是隐性课程的重要组成部分。此外，学校与家庭、社会不可能截然分开，学校也不是与世隔绝的"象牙塔"，因此社会上各种各样的图书、期刊、报纸等必然会通过各种渠道大量地流入学校并对学生的人格发展产生影响。

第三，按照教育目的及其具体化的教育目标创造的非实体性精神文化。学校中的非实体性精神文化包括两个部分。一是制度文化，主要包括学校的规章制度、学校机构体制、教师的职业道德规范、学生的行为守则等。这些制度文化一旦形成就成为一种不以人的意志为转移的客观力量存在于学校生活中，潜移默化地影响生活于其中的学生。那些经过改造的和本来就合理的制度文化因而具有了课程的性质，成为隐性课程的构成要素。二是非制度文化，主要是指那些符合教育目的、对学生的发展起积极作用的学校领导的正确的工作方式和工作作风，教职员工特别是教师正确的思想意识、价值观念、理想信念、思维方式，以及良好的师生关系、校风、校貌等。

在隐性课程的构成要素中，有形的、看得见的、相对静态的是校园物质文化和实体性精神文化，无形的、看不见的、相对动态的是非实体性精神文化。隐性课程就是有形和无形、动态和静态多种文化要素的有机结合。隐性课程的三大组成部分及每一部分的各要素都存在密不可分的联系，彼此之间相互渗透、相互影响、彼此促进。总之，隐性课程是一个要素繁多、结构复杂的体系，而开设隐性课程是一个需要多学科通力合作的系统工程。

（三）隐性课程的特点

隐性课程的独特结构决定了它的特殊性质。与显性课程相比，隐性课程作为完整的课程体系的重要组成部分，具有以下四个特点。

1. 范围的广域性

隐性课程是所有学校文化要素的集合，学校生活的所有方面都渗透于其中。隐性课程涉及范围的广域性要求学校内的每一位教育工作者都认识到它的存在价值，都要积极地参与隐性课程的建设，以求发挥其最大的育人功能。隐性课程涉及范围的广域性决定了教育主体的广泛性。除了教师，学校行政人员、后勤人员都是教育者，他们正确的一言一行都有助于学生的身心健康发展。隐性课程涉及范围的广域性同时意味着教材范围的扩大。教材建设不应局限于某几门学科，还应包括对学校范围内所有文化要素的有目的的改造、创造、控制和设计。

2. 过程的潜在性

在影响学生的方式和机制方面，显性课程与隐性课程有明显不同。显性课程主要是以直接的、外显的、明确的方式，通过学生有意识的特定的心理反应机制影响学生。显性课程的开设是师生双方通过自觉的、有目的性的、控制性的心理活动进行的，双方根据行为的目的自觉地控制自己的行为和思想。隐性课程则主要是以不明显的、间接的、内隐的方式，通过学生无意识的、非特定的心理反应机制影响学生，缺乏自觉性和明确的目的性。隐性课程的教育痕迹不外露，而学生也没有明确地意识到其教学过程。因此，教育过程对师生双方来说都是"潜在的"。

3.联系的外系统性

由课程设计者精心选择和组织的显性课程的各门学科之间的联系具有较强的逻辑性和系统性。而隐性课程的各种文化要素属于学校文化系统中的非逻辑、非系统领域，它们之间的联系缺乏逻辑性和系统性。这一特点决定了在隐性课程的开设过程中没有明显的逻辑步骤和知识联系线索。它们只是各自在不同时间、不同场合下诱导、启示、熏陶学生，有时具有显性效应，表现在使学生的精神状态突然发生飞跃，但在绝大多数情况下不具有显性效应，只是给学生以陶冶、督促。

4.结果的难量化性

显性课程具有确定的教育者、教材和教育目标，因此我们可以用考试或其他测量手段来检查显性课程的影响结果，隐性课程则不然。我们对隐性课程的影响结果进行定量分析是极为困难的。因为隐性课程虽然也对学生的理性发展产生影响，但它更主要的是作用于学生精神世界中的非理性领域，对学生的情感、意志、想象、直觉、兴趣等非理性因素的产生和发展起作用，而这些非理性因素的发展水平都是难以量化的。由于这个原因，我们对隐性课程的影响结果在很大程度上只能进行定性分析。

（四）隐性课程的功能

隐性课程特殊的主体取位、内容结构和本质特性决定了它具有不同于显性课程的特殊功能，其功能表现也是隐性课程同显性课程相区别的重要标志。

1.课延性认知教育功能：知识的内化与领域拓展

是否承认并实施认知教育并不是隐性课程同显性课程的分界点。相反，注重和引导知识的学习恰恰是两者的共性。学科教育在以认知教育为基本方式和以课堂灌输与理性说教为主要特征的情况下也不排除甚至十分需要以课后继续教育和课外学习活动为补充，而这部分教育和学习活动恰好与隐性课程相衔接。与显性课程相比，隐性课程在促进知识内化和知识向能力、素质转化方面具有更大的作为。因此，隐性课程并不排斥认知教育，反而以认知教育为起始点和发展条件，并且在帮助学生反思课程知识的同时，着重引导学生吸收那些非公开性教育经验。实践表明，隐性课程的开展有利于催化课堂教学效果，促进知识内化，同时便于开展相关学科的延伸教育和隐性课程因素学习活动，使学生涉猎广阔的知识领域，获取生动的感性知识、实时信息和丰富的社会历史经验。

2. 素质整合功能：个性的完善与全面发展

培养知识面宽、能力较强、个性完善、素质全面的新型人才是现代教育的目标定位。对此，学科教育担负着主要任务，提供了重要的认识基础。但是，学科教育在内容、方式、环境、时空等方面的局限决定了它难以最大限度地发挥素质教育的效能。相比之下，隐性课程克服了学科教育在培养能力和非智力因素方面的缺失，进一步满足了人才结构合理化的要求。隐性课程具有育人环境开放、真实等特点，可使学生在丰富的文化活动、和谐的人际关系、健康的教风学风与多彩的集体生活里陶冶情操、锻炼心智、净化灵魂和感悟人生；隐性课程还具有方法、手段灵活的特点，可使教师通过运用情境感染、人际交往、舆论引导、磨砺教育等方式培养学生的独立生活能力、科学思维能力、社交能力、职业能力、组织管理能力，以实现预期社会化教育要求；隐性课程产生的主体性教育的内驱力与外动力，利于学生形成主体意识，不断激发和培养学生积极向上的动机与志趣、健康的情感、善良的性格和坚强的意志品质。

3. 养成教育功能：品德养成与行为规范

隐性课程其实是以思政教育为主要功能的教育形式，是以思想品德教育内容为核心，以提高思想政治素养为主要目标的素质教育课程。学校道德教育工作主要由道德认知教育和道德养成教育两部分组成。道德认知教育虽然是品德构建的重要前提，但是德育课程学习成绩不能反映实际的思想道德水准。德育工作的目的将系统的道德知识逐渐内化为主体素质。道德养成教育是品德构建的主要方式。道德养成的过程即体验道德情感、磨砺道德意志、训练道德行为、修炼道德人格的过程。实践中，主体道德意识向道德行为的转化是一个非强制的渐进的过程。渗透着道德内涵和教育意志的隐性课程可以使学生通过暗示、舆论等从众机制产生潜在心理压力和动力，自觉规范约束自己的行为，逐步形成良好的道德习惯。不仅道德素质依赖于养成过程，主体的生活作风、心理素质、审美品质以及各种能力的培养，都需要通过长期的潜移默化的养成教育来实现。

三、高校思想政治教育隐性课程

从"大课程观"的视角来看，现代思想政治教育课程可以划分为思想政治教育显性课程和思想政治教育隐性课程。高校思想政治教育隐性课程作为一种独立的课程形态，与思想政治教育显性课程相比，呈现出鲜明的特征，体现了道德品质发展规律的内在要求，因而具有更加丰富的思想政治教育功能。

（一）高校思想政治教育隐性课程的特征

为了对高校思想政治教育隐性课程的特征有进一步明确的认识，这里主要从教育目的、教育方式、教育内容、教育对象四个方面来说明思想政治教育隐性课程的特征。

1. 教育目的的潜隐性

高校思想政治教育隐性课程目的的潜隐性是指在教育对象不可或缺的经济文化活动、日常活动和喜闻乐见的活动之中，教育者把带强制性政治要求的目的巧妙地隐藏起来，使教育对象接受思想政治教育工作所倡导的思想观念，并得到相应的影响和塑造。这种目的的潜隐性是相对于显性课程而言的，即不像显性课程那样把教育目的开诚布公、直截了当地表现出来，而是潜隐起来，让教育对象在意识不到的情况下接受外来的政治教育，进而实现教育的目的。

心理学家霍切尔和布雷姆曾做过一项政治宣传实验。他们把测试对象分为高控制组和低控制组，且这两组都被要求读同一篇宣传材料，但在高控制组阅读的材料中插入一些带控制意图的语句，如"其他意见不足挂齿""除此之外皆不可信"等。阅读之后，测量被试者的态度。结果是，高控制组中有 50% 的人接受了宣传资料的观点，40% 的人的态度向相反的方面变化，10% 的人态度没有改变；低控制组中有 67% 的人接受了宣传的观点，15% 的人的态度向相反方向变化，18% 的人态度无变化。这一实验表明，思想政治教育工作的意图越明显，就越容易激起人们的逆反心理或对抗心理。因此，在教育过程中隐藏教育目的的方法，可以使人们消除逆反心理，教育效果也更持久、巩固。

2. 教育方式的"非正规"形式

高校思想政治教育隐性课程的"非正规"形式不是采用人们已经司空见惯的思想政治教育常用形式，而是充分利用具有多样性、灵活性、愉悦性等优点的其他"非常规"形式，即人们社会生活、日常生活中本身存在的形式，包括社会文化因素、组织管理、职业活动等对人们进行教育影响的形式。这些更容易被人们所接受，因而教育效果更好。在美国和西欧国家，思想政治教育的实质性内容就大量通过这种"非常规"形式来传输，而学校内的学生工作机构在日常行为管理的名目下进行的工作事实上正是思想政治教育，且往往通过职业咨询、心理咨询等形式进行，可使教育对象自觉自愿地、不知不觉地接受思想政治教育。

思想政治教育工作能够不受时空的限制，从封闭走向开放，全方位发挥教育作用，正是得益于思想政治教育隐性课程的"非正规"形式。在高校，无时无刻不在进行着思想政治教育隐性课程，它填补了显性课程无法有效覆盖的生活时空。

3. 教育内容的渗透性

高校思想政治教育隐性课程教育内容的渗透性是指个人的社会实践活动和生命活动之中渗透着思想政治教育隐性课程的教育内容。

由于把思想政治教育工作的内容和要求融入个人的活动，使各种活动在价值观念和目标追求上达到一致，从而产生了教育合力。这种教育合力，虽然由各种教育方式组成，但它产生了"整体大于部分之和"的综合功能效应。正如恩格斯所说："许多人协作，许多力量结合为一个总的力量，用马克思的话来说，就造成'新的力量'，这种力量和它的一个个力量的总和有本质的差别。"[①] 同时，教育者将教育内容渗透进个人的社会实践活动和生命活动之中，多角度、全方位地展开教育，使教育对象在不知不觉中接受教育，从而对教育对象的思想、政治、个性、兴趣等各方面都产生了教育作用。

4. 教育对象接受的自主性

思想政治教育工作能否收到预期效果取决于教育对象能否主动接受教育。只有教育对象主动接受教育，才能实现教育的目的。高校思想政治教育

---

① 中共中央马克思恩格斯列宁斯大林著作编译局 . 马克思恩格斯选集：第 3 卷 [M]. 北京：人民出版社，1995：469.

隐性课程教育对象接受的自主性，集中体现了教育对象的主体性，是指教育对象在教育过程中对教育信息的自主反映、自主择取、自主整合、自主内化和外化。在显性课程中，因为教育者主体性的客观存在，以在面对教育主体时，被放到被动地位的教育对象接受教育的主动性就会受到抑制。即使被给予主体的期待，教育对象也很难从主观意识上发挥自主性。思想政治教育隐性课程与显性课程的不同之处在于，它在教育过程中将强制要求接受的内容潜隐在教育对象的职业活动、日常活动和喜闻乐见的活动中，使教育对象真正转换到主体位置，让他们在活动过程中和认知体验的过程中发挥自身的主体性。所以，在思想政治教育隐性课程开设的过程中，教育对象是以主体的姿态积极参与教育活动，主动接受教育和开展自我教育的。

上述特点说明了思想政治教育隐性课程在整个思想政治教育工作中具有重要的作用，特别是在当前形势下，思想政治教育隐性课程更是有着广阔的天地，作用巨大。需要说明的是，为了叙述方便而截然分开的上述四个特征，在实践中是紧密结合在一起的。

综合以上分析，笔者认为高校思想政治教育隐性课程是指教育者为了实现思想政治教育目标，有目的、有计划地通过一定的教育环境和教育活动，通过受教育者无意识、非特定的心理反应使受教育者获得良好思想政治素养的教育因素。

（二）高校思想政治教育隐性课程的优势

1. 有利于针对不同类型的思想问题采取针对性和科学性的工作方式

思想政治教育常常被理解为防范学生思想和言行出轨，以既定方针政策和行为规范去监督、约束学生的手段。这种理解是比较片面的。高校思想政治教育的目的是使学生确立正确的立场和观点，树立正确的世界观、人生观和价值观，成为社会主义事业的合格建设者和可靠接班人。由于个性和心理的差异，每个大学生的思想反应和出现的思想问题都与他人不同，因此教育者必须根据个体的不同有针对性地开展思想教育。传统的思想政治教育显性课程在内容上注重理想信念教育和道德理论系统化教育，忽视社会现实，教育教学内容空洞乏味，无法紧跟学生的思想变化；在方法上，简单说教和集体灌输仍是主流，忽视学生的个体和个性，缺乏思想教育的针对性。这样的教育方式很难有效地解决不同学生的思想问题，也不可能把思想政治教育做到学生心坎上。而思想政治教育隐性课程是一种多层次、全方位的开放式教育，教育者利用弥散于高校生活之中的思想政治教育资源，以不同的方式从不同的角度用不同的途径从不同的层次对所有大学生施加全面的、综合的影响，针对大学生不同的思想问题开展有针对性的思想政治教育工作，使思想政治教育工作做到因人而异，可增强思想政治教育工作的针对性和科学性。

2. 有利于形成全员育人的思想政治教育格局

思想政治教育隐性课程依据大学生自身的心理和行为规律，对大学生施加软引导。思想政治教育隐性课程既体现了一般教育方式的本质——引导和教育，又具有自身的特征——"隐"和"软"，是在顺应大学生心理和行为规律的基础上进行的，这决定了它可以无所不在。它不仅隐含在思想政治教育显性课程中，贯穿教学、管理及服务工作，还潜藏于教职员工的一切活动中，存在于所有的环境和氛围中，其发生作用的范围较显性教育更为广泛，能在学生的态度、动机、价值和其他心理的成长方面发挥重要作用。因此，高校的每一位教职员工都可以发挥育人的作用。例如，学识渊博、学术严谨的教授对学生会有一种无形的影射，他们在学术研究的道路上可以培养学生严谨求学、刻苦钻研、迎难而上的精神和品质；美育、体育和音乐教师可以在自己的专业领域对学生进行好的影响和熏陶；高校的管理人员也会对学生产生重要影响，他们平等、民主、高效的工作作风容易赢得学生的信服，在服务学生的过程中做到感染和教育学生；品德高尚、教风活泼的专业课教师会受到学生的喜爱，他们可以在授课的过程中不知不觉地对学生进行思想政治教育。因此，思想政治教育隐性课程有利于营造教书育人、管理育人、服务育人的良好氛围，形成全员育人的思想政治教育格局。

3. 有利于思想政治教育从被动转向主动

在传统的思想政治教育工作中，教育者主要采取的是一种以灌输为主的显性教育方式，使大学生始终作为一个受教育者，被动地接受教育者的思想观点。心理实验证明，因为感到自己的选择自由受到限制，人们对灌输性或诱导性过于明显、强度过大的教育方式容易产生抵触情绪。而且，传统的思想政治教育显性课程强调理想、忽略功利，会使大学生产生强烈的逆反心理和对抗情绪，无法使思想教育深入人心。思想政治教育隐性课程从内容到方法都适应了大学生思想接受方式的新要求，隐藏了教育的意向与目的，论道而不说教，述理而不生硬，使富有教育意义的哲理通过受教育者所喜闻乐见的形式，内化为受教育者的认识和思想，在其心灵深处积淀下来。思想政治教育隐性课程创造了一种宽松、自由、愉快的氛围，使大学生在接受思想政治教育过程中成为一个平等、独立、自主的个体，淡化了他们作为被教育者的角色意识，赋予他们充分自由选择的权利，满足了他们渴望成为主体的愿望，这就激发了他们的参与意识，使他们感觉不到在被动地接受教育，有效地消除了他们的逆反心理。因此，思想政治教育隐性课程为新时期高校思想政治教育提供了新的物质和精神载体，这是大学生思想政治教育取得实效的前提。

（三）高校思想政治教育隐性课程的功能

1.情感陶冶功能

教育过程不仅是学生认知社会化与主体化的过程，还是学生情感活动的过程，所以思想政治教育隐性课程在教育过程中也对学生情绪、情感产生影响。伴随着学习的成功、遭遇挫折以及学校给予相应的奖惩，学生从中获得喜悦、焦虑与沮丧等情绪体验，而这种情绪体验的连续积累与稳固就是他们理智的形成与沉淀过程。此外，通过思想政治教育隐性课程，学生可以获得道德感、美感。因此，思想政治教育隐性课程的情感陶冶作用是显著的。

2.同化功能

同化功能即思想政治教育隐性课程同化学生的思想意识、品德操行、价值观念、信仰系统。学校育人的途径、方式包括显性课程和隐性隐性。显性课程偏重于"知"，即通过开设各种课程对学生进行教育；隐性课程则倾向于"行"，即以同化的方式，潜移默化地培养学生良好的道德品质，因此思想政治教育隐性课程也被称为无声的教育。思想政治教育隐性课程具有暗示性和愉悦性，在教育工作中发挥着独特的功能。高品位的学校内隐文化可以形成一种现代文明的氛围：坚持正义、追求真理的进取意识，尊重科学、勇于探索的创造精神。学生的心灵在这样氛围的长期熏陶下受到净化，心态得到改善。他们能够淡泊名利，渴求进步，摆脱传统文化中的消极影响；能够以敏锐的目光洞察事物，明辨是非，鉴别美丑，弃恶扬善，虚心学习，实事求是，以开放的胸怀对待古今中外的一切文化成果；能够以执着的精神追求真理，创造新知，锲而不舍，孜孜不倦。通过一个合乎社会要求、体现时代精神、具有自身特点的价值观念体系，思想政治教育隐性课程形成的高品位的环境和氛围对受教育者产生深刻的同化和影响。这种同化和影响必然会辐射到社会，反作用于社会文化。历史上，新思想、新道德都曾从学校走向社会，进而影响社会。认识思想政治教育隐性课程的这种同化功能必将进一步提高我们优化学校内隐文化的责任感。

3.发展功能

思想政治教育隐性课程的发展功能即发展学生的智力和能力。通过学校的内隐文化，思想政治教育隐性课程与外显文化相得益彰，有力地促进了学生智力的开发、创造能力的培养，有利于大学生社会组织能力和工作能力的提高。由于内容形式的丰富多样，思想政治教育隐性课程吸引大学生投身其中，力图通过实践形成一种理想化的文化模式来影响整个社会文化，从而提高整个民族的综合素质。这一实践过程本身就是发展智力和创造力的过程。受学校内隐文化的濡染，大学生的文化素质得以提高，智力和创造力得以充分开发，使其在日后参与社会文化活动时总会自觉不自觉地把校园文化的精神及表现形式纳入社会文化具体实践，构建融实用性、理想性和探索性为一体的文化模式，并通过它去改良社会文化。这是智力与创造能力运用的最高表现。在思想政治教育隐性课程中，大学生培养和锻炼了自己的组织能力和社交活动能力，如艺术节、学术讲座、社团活动、民俗展览的策划和组织能让学生得到充分锻炼。

4.完善功能

思想政治教育隐性课程的完善功能即完善学生人格。人格是在社会历史实践中形成的特定的精神现象，即在特定的历史条件下，人的素养、气质、信念、思维方式、心理特征、行为模式等诸要素在一个人身上的综合反映。现代社会要求受教育者应有稳定的心理结构、独立的个性品质、健全的人格特征。在完善学生的人格方面，思想政治教育隐性课程发挥着重要的功能。通过参与思想政治教育隐性课程活动，学生可掌握特定的文化精神和价值观，并把它们转变为个人内在的品质，渗透在心理和行为中，化为健康的人格精神的内驱力。同时，思想政治教育隐性课程对学生人格精神的塑造表现为学生通过接受学校内隐文化的价值观来选择个人人格精神成长和发展的方向。思想政治教育隐性课程陶冶和制约着学生的气质、信念、心理特征、行为模式等，且这种濡染和完善的过程颇为复杂，而健全的人格精神也促进隐性课程向更高层次发展。这种互逆流向的关系是人对文化的选择和内化，也是文化对人的制约。在很大程度上，对内隐文化的理解和回应的深度与广度决定了学生人格的完善程度。思想政治教育隐性课程中的真善美在被内化的过程中也在完善着学生的价值观、信念、意志、气质、情感、性格等，使学生的人格精神力量在改造人类社会和自然的实践中真正得到发挥。历史昭示我们：一个民族只有具有优良的心理素质、健全完善的人格精神，才能对自然和社会在不同时期显示出来的演变有很强的适应力，否则必然在自然和社会不断演进中逐步失去生存能力。

5. 行为制约功能

思想政治教育隐性课程反映了学校的行为要求和教育规章制度、条例、目标、任务等，对学生具有一定的强制性。只有通过长期的文化渗透和浸润，并将其转化为自觉的态度、观念和行为准则，才能产生一股强大的习惯力量，保证学校管理秩序、教学秩序、活动秩序正常运行。同时，规范约束着学生沿着正确的方向健康成长。一定的规章制度，经过语言概括和长期遵循以后，可以在人们的生活中产生强有力的舆论导向作用，并在日常生活中给学生以提醒和警戒，使他们努力调整自己的思想和行为。例如，当学生置身于清洁、整齐、优雅的校园，会努力控制自己的言谈举止，改变平时的不良习惯；当学生唱着校歌，就会感觉到一股集体的向心力，使他们控制自己的言行，避免使学校的荣誉受损；当学生受到勤奋向上、积极进取校风的影响，就会克服懒散情绪和松弛作风；等等。所有这一切都说明了思想政治教育隐性课程对学生的行为起到了重要的制约、规范作用。事实证明，在学校受到思想政治教育隐性课程濡染的大学毕业生，走上社会后都能较快地进入社会角色，并能协调周围的社会环境，发挥才干。同时，大多数大学毕业生认为，组织能力可在学校读书时参与各类社团活动养成。总之，思想政治教育隐性课程是发展学生智力、培养学生组织能力的重要途径。

（四）隐性课程资源开发的客观依据

1. 环境条件依据：环境变化发展的必然要求

方法是在一定的客观条件下运作的，总要受到社会环境条件及其发展状况的影响和制约。高校思想政治教育隐性课程集中体现了 21 世纪社会环境的变化发展对思想政治教育工作方法的必然要求。

（1）高校思想政治教育隐性课程符合国际国内环境变化的要求。在 21 世纪，世界政治多极化和经济全球化的发展趋势日趋突出，并出现加速发展的态势，信息全球化的发展趋势也日益明显。以通信和计算机为代表的信息革命使各国在生产、贸易、金融、科技、文化以及劳动力的交往上日益紧密。全球化浪潮的出现，已对我国21世纪的思想政治教育工作方法提出了发展创新的要求。在国内，单一的显性课程不能满足现实的需要，而高校思想政治教育隐性课程所具有的独特功能，正好填补了思想政治教育工作的盲区，扩大了工作的覆盖面，满足了国际国内环境变化的需要。

（2）高校思想政治教育隐性课程符合人们思想观念变化的要求。随着社会的发展，人们获取信息的渠道和信息量骤增，社会参与的机会也增多，使人们的思想观念发生巨大变化，思想认识问题涉及范围更加广泛。这些变化主要表现在人们的自我判断、自我体现意识增强，逆向思维的表现增多；自我设计、自我包装的意识增强，服从塑造的意识减弱；更加关注与自身发展相关的信息，由"政治人"变为"经济人"，强调自我实现。这些变化要求我们的思想政治教育方法富有吸引力、感染力，因为人们厌恶和排斥单一观念的灌输，不再习惯于被动接受教育，不满足于简单接受某种现成的观点和结论，而要求能独立自主地做出判断和取舍，主动地探索自己关心的人生和社会问题。高校思想政治教育隐性课程隐蔽教育目的、无意识接受的浸润功能正好符合人们思想变化的这些要求，因而能以其独特的优势赢得广大群众的普遍认同，发挥显性课程不能替代的作用。

2. 哲学依据：辩证唯物主义联系观点的具体体现

作为对客观世界（自然、社会、思维）规律的理论概括，哲学的基本内容就是世界观和方法论。因此，任何方法的确立都要自觉或不自觉地受到已有的世界观和方法论的指导。高校思想政治教育隐性课程确立的哲学方法论依据是辩证唯物主义关于事物普遍联系的观点。普遍联系是指事物、现象、过程及其内部诸要素之间都有着相互影响、相互作用和相互制约的关系。思想政治教育活动作为社会活动系统中的一个要素，也必然要与其他社会活动要素，如社会政治、经济、文化活动等，发生相互依存、相互渗透、相互作用的关系。高校思想政治教育隐性课程就是依据社会活动系统中存在的这种相互联系的规律而提出来的，是联系观点在思想政治教育工作中的具体运用。这样，将思想政治教育工作与人们经常性的实践活动分离开来的简单做法就得到了有效的克服。根据联系的观点和要求，使思想政治教育工作与教育活动之外的相关要素进行融合和渗透，使思想政治教育工作进入学生的社会生活和日常生活，能扩大思想政治教育工作的覆盖面，有效避免思想政治教育工作单打独斗的局面。由此可见，高校思想政治教育隐性课程是符合辩证唯物主义联系观点的科学要求的。

3. 接受心理依据：无意识接受

思想政治教育工作的接受是指教育对象出于自身的需要，对教育者所传递的信息加以反映、择取、整合、内化以及外化。这就告诉我们：没有需要，就没有接受的主动性和积极性。高校思想政治教育隐性课程要充分照顾到主体的内心需要，将教育意图隐含在人们的社会生活中，使人在无意识中接受教育。从心理学的角度说，高校思想政治教育隐性课程发生作用与人的某些心理需要直接相关。这些心理需要主要有好奇、兴趣需要，安全、归属、从众需要，尊重、认可、成就需要，等等。因为这些心理需要，人会主动寻找有利于满足这些需要的事物和活动。这个主动注意、关心某些事物或活动，以便从中满足需要的过程对人来说是一种自觉意识活动。因为思想政治教育工作的内容紧密隐藏在满足需要的活动之中，所以人们在有意识地追求满足需要的活动时，就无意识地接触、认同乃至接受了隐含在其中的思想政治教育工作的内容。无意识是指未被意识到的意识，而不是"没有意识"，它是对某种事物的不知不觉的认识和体验，包括无意感知、无意注意、无意识记、无意再认、无意思维（非言语思维）、无意体验和无意动作等。在施行高校思想政治教育隐性课程的过程中，思想政治教育工作的信息是通过教育对象的无意识而发挥作用的，可使教育对象在不知不觉中受到潜移默化的教育和影响。从中国人的心理习惯和思维方式来看，无意识的接受方式更符合中国人的思维特点。目前，大多数人认为，中国人的思维方式重形象、轻抽象；重实际、轻理论；重感性体验、轻逻辑推导。在实践中，人们也注意到，那种未经宣布的教育，才是最有效的教育。高校思想政治教育隐性课程是从教育对象思想不设防的心理感受层面入手，通过让人们在日常的、自然放松的状态下不知不觉地深入思想体系层面来达到教育目的。可见，高校思想政治教育隐性课程符合人的无意识心理接受对教育方法的要求。

4. 对象依据：人的思想意识的形成发展受到人的社会实践活动的整体影响

高校思想政治教育工作的对象是学生，学生是有思想意识的。学生的思想意识也有其形成发展的规律。马克思主义的实践论和认识论以及心理科学的研究成果充分证实，人的思想意识的形成发展受到人的社会实践活动的整体影响。人的社会实践活动内容又是丰富多样的，包括经济活动、政治活动、文化学习与娱乐等社会实践活动。人的思想意识形成的源泉是社会实践活动，并随着社会实践活动的发展而发展。同时，相互依存、相互推动、相互制约和相互影响的社会实践活动必然从整体上影响人的思想意识的形成发展。人的某种思想观念常常来自政治、经济、文化诸要素构成的社会实践条件以及家庭生活、职业活动、组织管理活动及其构成等多种社会实践活动的合力作用。高校思想政治教育隐性课程遵循人的思想意识的形成发展受社会实践活动的整体影响这一规律，自觉占领与思想政治教育工作相关的社会实践活动领域，潜隐地将思想政治教育工作的内容和要求渗透到人们实践活动的各个领域和各个方面，通过渗透结合找到深入人们生活和思想的有效载体，与社会环境诸要素一起，整合成无所不在的教育合力，形成对教育对象思想的浸润和教化。因而，思想政治教育隐性课程是符合人的思想意识形成发展规律对教育方法的要求的。

5. 实践反馈依据：教育活动中形成的良好效果

马克思主义告诉我们，实践是检验真理的唯一标准，能够判断方法是否科学有效。高校思想政治教育隐性课程在教育实践中取得的良好的教育效果是其确立的实践反馈依据。运用高校思想政治教育隐性课程在古今中外都已有了成功的经验。思想政治教育隐性课程的运用在我国有悠久的历史：封建社会的统治阶级利用它使封建主义深入人心；在新民主主义革命时期，我们党利用它有效地传播了马克思主义理论，调动起了民众的革命积极性，取得了革命的胜利；改革开放初期，我们党恢复和发展了潜隐方式，使教育对象在各种实践活动、各种生活空间和交往活动中，不知不觉地接受思想政治教育工作的影响，在提高人的思想政治素养上发挥了独特而重要的作用。今天，人们已经越来越深刻地认识到：多种潜隐方式，如大众传媒、城市绿化、社区风貌、组织管理、校园文化、教育者人格等，在日常的、持续的时空中，通过潜移默化的影响，在一定程度上决定了人们的价值取向和实际的素质养成，它所产生的功效是那种轰轰烈烈于一时的思想政治教育显性课程难以达到的。

第二节 高校思想政治教育隐性课程的影响机制

一、高校思想政治教育隐性课程开发过程中的施教机制

"机制"一词原指机器的构造和工作原理。生物学和医学通过类比借用此词,指生物机体结构组成部分的相互关系,以及其间发生的各种变化过程的物理性质、化学性质和相互关系。机制一词现已广泛应用于自然现象和社会现象,指其内部组织及其运行变化的规律。在任何一个系统中,机制都起着基础性的、根本性的作用。在人文社会科学领域中,机制用来表示在一个复杂的系统中,各要素之间相互作用的方式。在思想政治教育研究中,机制是指为了实现特定目标,思想政治教育各要素有机联结的基本规律、作用方式。思想政治教育隐性课程不同于思想政治教育显性课程,它潜移默化地、间接地对学生施加教育影响,因而有其独特的施教机制。一般认为,思想政治教育隐性课程的施教机制是通过暗示、感染、认同和模仿等方式来影响学生的。

(一)暗示

在我们的日常生活中,暗示是最常见的特殊的心理现象。它是人或环境以非常自然的方式向个体发出信息,个体无意中接受了这种信息,从而做出相应的反应的一种心理现象。蒋平在研究暗示者的权威身份时,对生物学家巴甫洛夫"暗示是人类最简单、最典型的条件反射"这一观点进行了讨论。通过对该观点的解读,本书认为暗示与其他心理现象不同,具有如下一些特征。

1. 自动性

暗示作用是快速而突发的,包括动觉反应和心理活动。知识不是靠死记硬背而是自动地、直接地去获得。

2. 直接渗透性

直接渗透性是指暗示现象进入心理的方式。它对人的影响比理智来得更加直接和深入,直入人的内心世界。

3.高效性

通过暗示进行教育教学，可使学生吸收知识的速度比运用传统方法时快一倍到五十倍不等。

高校思想政治教育隐性课程正是通过各种情境、气氛对学生产生暗示作用，使学生在不知不觉中接受教育。在学校生活中，无论是学校的各种仪式活动还是教师的言谈举止，都可以给学生某种暗示，使学生接收信息，产生心理体验。

高校思想政治教育隐性课程通过暗示对学生产生影响的大小，取决于以下两个因素：

（1）客观因素。例如，学校的氛围、人际关系状况、教师的思想品德素养和知识结构、教学方法的选择等。

（2）主观因素。这主要指学生主体的心理特征和主观意向等。一般说来，从独立自主倾向来看，缺乏主见、随波逐流的人容易受暗示，而独立性很强的人往往具有反暗示性，反对顺从、反对驯服，特别是当他意识到他人企图以暗示影响他时，更不会接受暗示。这就要求高校思想政治教育隐性课程的设计和实施具有较高的科学性、艺术性。

（二）感染

感染是人的一种同化反应形式，它表现为个体对他人和特定情境自觉地产生共鸣或类似的心理状态。感染有以下特点：一是双向性，即感染者与被感染者可以相互转变；二是爆发性，即在大群体内会产生循环感染，从而导致更强烈、更冲动的情绪爆发，乃至一些非理智的行为发生。

高校思想政治教育隐性课程对学生的影响大多是借助感染的方式进行的。例如，在空气新鲜、阳光充足、美丽清洁的校园里，学生往往容易受到感染，会产生积极愉悦的情绪，会加强对美的追求；团结向上的班集体里会形成一种愉快和谐的氛围，而身处其中的学生就会受到感染，产生热爱集体的情感。社会心理学研究表明，情境气氛会感染任何置身其中的人，使他们的心理活动不自觉地发生变化，从而与他人的情感或心理气氛一致。

当前，为增强高校思想政治教育课程的实效性，全国各高校都充分利用所在地的资源，积极开展实践教学活动，使大学生在情境中受到感染。例如，大连的一些高校组织学生到旅顺博物馆、万忠墓、鸡冠山等地参观，使学生更加深刻地了解中国近代历史，激发了他们的爱国之情；湖南一些高校组织学生到韶山毛泽东同志纪念馆、湖南雷锋纪念馆、刘少奇同志纪念馆等地参观学习，使学生深受革命精神的感染。此外，还有一些高校利用暑假组织优秀学生到全国各地进行社会考察，使学生在贫困地区和老区进行科技扶贫考察活动，更加深刻地体会"科学技术是第一生产力"和实现"共同富裕"的重要意义。在特区考察活动中，学生可进一步认识到"中国共产党要始终代表中国先进生产力发展要求"的重要性；在"改革开放伴我成长"系列活动中，学生可亲眼目睹和体验改革开放以来祖国大地的巨变和腾飞。在这样的实践活动中，学生可身临其境，在潜移默化中受到感染和教育。

（三）认同

认同是一种情感、态度乃至认识的移入过程，是社会化过程中个体对他人的整个人格进行全面性、持久性的模仿学习。它是自居作用，即把自己亲近的人或尊重的人作为行为榜样进行模仿或内投自身的过程。总的来说，认同具有潜隐性、自发性、动态性与社会性特点，其功能主要表现为支持功能和评价功能两个方面。

认同是思想政治教育隐性课程影响学生的一种普遍性心理机制。一般而言，社会舆论作为一种无形力量，可以驱使人们遵从或认同集体规范。学校环境中的社会舆论作为思想政治教育隐性课程的一部分，通过学生的认同作用，影响其身心发展。所谓社会舆论，就是公众的意见与看法，是社会全体成员或大多数人的共同信念，也可以说是信息沟通后的一种共鸣。由此，就产生了团体规范。团体规范作为一致性压力，促使人们认同或遵从。

认同作为一种重要的心理机制，在思想政治教育隐性课程的理论与实践教学中被广泛应用。皮亚杰从一种打弹子的游戏中发现，人的思想道德素质的形成并非源于个体的自发性和权威灌输性，而是源于群体共同参与形成自发性基础上的认同。在他看来，儿童在与同伴交往的过程中，通过广泛的相互协作来体会什么样的价值是自己需要遵从和认同的，并在共同的社会实践中将这种意识内化为自己的价值观念。柯尔伯格在公正团体法中也十分强调同辈群体间的不成文的伙伴规则的影响力。1969 年夏天，他在参观以色列集体农庄后进行了大量的实验，即应用隐性课程，建立一个公共的环境和氛围，采取直接民主管理，由学生自己决定，自己执行。他发现，一个团体越公共，并能使所有的受教育者都参与其中，就越能够培养公正的社会人格。

（四）模仿

社会心理学研究表明，模仿是指个人受非控制的社会刺激引起的一种行为，其行为与社会上其他人的行为类似，是再现他人一定的外部特征、行为方式、姿态、动作和行动。这些特征、行为方式、姿态的特点同时具有一定合理的情绪倾向性。在榜样的影响下，人们不仅可掌握简单的活动技能，还会形成特定的思想、兴趣、价值观和行为方式等。

模仿可能是自觉有意的，也可能是自动无意的，但都不是通过外界的命令而强制发生的，具有非控制性。模仿在人的发展和社会角色获得中具有重要意义，这一点已经被不少社会心理学家所认识、强调。教育社会心理学家班杜拉提出的"社会学习理论"对于说明思想政治教育隐性课程如何借助模仿来教育学生很有启发性。他认为："模仿或观察性学习是这样一个过程，在这个过程里，一个人观察他人的行为，形成所观察到的行为的动作及其结果的观念，并运用这些观念作为已经编码的信息以指导他将来的行为，人们所表现的行为大多数是通过有意识或无意识的模仿学习到的。模仿使人们甚至能够在尝试某一特定行动之前，就可以向范例学习到应做些什么，从而减少直接尝试错误学习的负担和风险。"① 显然，班杜拉的"社会学习理论"强调学校社会交往过程中模仿的教育意义。班杜拉认为，观察学习包含四个子过程。第一，注意过程。注意过程决定了个体在诸多榜样作用影响时有选择地观察哪些方面，观察者必须注意到榜样行为的明显特征，否则就不可能习得这一行为。第二，保持过程。经过注意阶段，观察者通常以符号的形式把榜样表现出来的行为保持在长时记忆中。班杜拉认为，保持过程主要依存两个子系统，一个是表象系统，另一个是言语编码系统。第三，动作再现过程。它是指把符号的表象转换成适当的行为。一般而言，学习者是通过按照榜样行为方式组织自己的反应而达到行为再现的。第四，动机过程。能够再现示范行为之后，学习者是否能够经常表现出示范行为还受到行为结果因素的影响。观察学习是通过观察榜样的示范行为进行的，因而榜样的条件会影响学习。②

学校里的一切现象都可能成为学生观察模仿的对象，都可以通过学生的

---

① 比格.学习的基本理论与教学实践[M].张敷荣，译.北京：人民教育出版社，1991：204.

② 班杜拉.社会学习理论[M].陈欣银，李伯黍，译.北京：中国人民大学出版社，2015：1-237.

模仿而产生教育作用。学生生活在学校这个特定的环境之中，可能自觉地、有意识地影响别人，也可能不自觉地、无意识地影响别人，同时接受别人的影响。这种模仿或观察学习是学生的一种基本学习方法，也是学生学习知识和技能的一条捷径，更是学生思想品德形成和发展的重要途径。就高校思想政治教育隐性课程而言，学校中教师的示范作用、显性课程中所包含的大量榜样教育因素都会对学生产生教育影响。学生在与同辈群体的交往过程中，由于其年龄、经历、性格特点、行为活动等各方面都有相似之处，因此同学的行为常常更容易被他们理解和接受，也就更容易激发他们模仿和学习的兴趣。校园中的传播媒介也会对学生产生示范教育作用，如校报、校广播电台等，提供了大量形象生动的模仿信息，对学生的认知结构、行为准则、道德品质、价值观念等都有很大的影响。因此，高校应在不同时间树立适当的榜样让学生有意无意地去模仿。

榜样的力量是无穷的。榜样教育法也是思想政治教育过程中常用的一种方法。所谓榜样教育法，就是指通过树立先进典型，以先进人物的先进思想、先进事迹为范例，教育人们提高思想认识、政治觉悟和道德品质的一种办法。进行榜样教育要深入调查研究，善于发现和选择不同方面、不同层次的代表性的先进典型，尽可能地请他们现身说法，从不同角度教育学生，增强说服力和感染力。例如，就业指导中的思想道德教育要注意发挥各界成功人士的榜样作用，发掘他们成功的思想道德根源，将成功或者失败的案例作为教育的素材，从而教育学生。此外，高校也可以邀请我们能够接触到的身边的成功人士进行现身说法，因为他们的语言更接近实际，感受更真实，对学生更加具有说服力和感召力。例如，邀请一些毕业后在社会各行各业取得突出成就的校友返校，举办系列的"创业论坛""校友谈成功"或"谈学习，谈成才，谈择业，谈考研"等主题的报告会，将他们的奋斗精神、创业精神，做人做事的道理生动地传达给校园中的学生。高校也可以邀请一些从事人力资源管理的主管人员为大学生谈谈他们在人才引进和人才管理方面的见解，告诉大学生什么样的人才是受欢迎的。例如，一位经理在给大学生作报告时说了这么一段话："今年，我从你们的学校招聘了一名学生，我最看中的是他回答了一个我提的问题，我问他在学校学了些什么，他说他学会了做人、学会了做事、学会了吃苦、学会了创新。这正是我们想要的。我们需要的就是讲诚信、讲奉献，能吃苦，有团队合作精神，有发展潜力，不断创新的学生。"这位经理的话告诉了在校大学生思想道德素质在职场中是多么重要。模仿作为思想政治教育隐性课程施教的一种重要方式，有一系列复杂的内部心理机制，通过这些内部心理机制的调控、选择、改造、引导等活动，可促使学生的思想政治教育素养得到提高。

二、高校思想政治教育隐性课程开发过程中的接受机制

所谓接受，是指接受主体出于某种需要对接受客体的反映、择取、理解、解释、整合、内化以及外化践行的过程。可见，接受过程是接受主体和接受客体双向建构、双向发展的过程，既是一个内化整合过程，又是一个外化践行的过程。学生对思想政治教育隐性课程信息的掌握，不是通过教师直接讲授进行的，而是通过其独特的接受机制在暗默中进行的。

（一）主体接受机制

事实上，思想政治教育隐性课程对学生的影响离不开学生积极主动的主体活动。正如马克思在《德意志意识形态》中所指出的，"人在革命活动中，在改变环境的同时改变着自己""环境的改变和人的活动的一致，只能被看作并合理地理解为革命的实践"。这就可以说明，学生在接受思想政治教育隐性课程影响的同时，会主动地选择和加工思想政治教育隐性课程传递的信息。

思想政治教育隐性课程的接受作为一种文化传递现象，既是一种认识活动，又包含了实践的含义。如果把思想政治教育隐性课程信息当作一种客体，把学生看作认识主体或接受主体，那么思想政治教育隐性课程的接受活动所反映的是认识主体与信息客体之间的相互关系，是一个由接受主体对外来思想政治教育隐性课程信息进行选择、整合、内化、外化的多环节构成的连续、整体的特殊认识过程。

选择就是接受主体即学生根据自身的体验和已经形成的主客观评价标准，对思想政治教育隐性课程中包含的经验进行判断、比较，鉴别其真、善、美，从而进行吸纳或排斥的过程。它是在反映基础上的选择，体现了学生作为认识主体的能动性，是接受过程的关键环节。

整合就是学生对已吸纳的思想政治教育隐性课程信息进行归纳、整理。当外来的思想政治教育隐性课程与原有的认知结构、思想品德结构中的观念体系相一致时，两者便发生契合，并使学生将思想政治教育隐性课程信息纳入已有的心理结构或经验结构，引起原有心理结构的变化，这种现象被称为同化。当思想政治教育隐性课程所传递的信息与学生原有的经验结构指向不同，其强度又足以使学生不能同化时，学生就会被迫打破原有的经验结构界

限，改变甚至重组原有的经验结构，以适应思想政治教育隐性课程信息的要求，这种现象被称为顺应。所以，从本质上看，整合过程包含建构和重构双重含义。学生在学校环境生活过程中，不断收到大量思想政治教育隐性课程的信息，这时学生就会力图用原有的经验结构去同化它。如果成功，原有的经验结构就得到巩固和强化，认识达到平衡；如果失败，就做出顺应，调整或建构新的经验结构去适应新的经验体系，直到重新达到认识上的平衡。

内化是学生通过多次反复的体验、熏陶，最终形成能指导其社会行为并相对稳定的主体认识的积淀过程。通过内化过程，学生原有的经验结构得到扩充、发展，并且身心得到发展。此时，思想政治教育隐性课程便产生了其应有的教育影响。

接受经过内化过程以后，最终要通过外化表现出来。但是，这种外化过程相对于前面各阶段而言往往具有一定的滞后性，且必须在一定的条件下才能发生，即提供了外在的刺激并经接受主体的主观能动性努力形成动机才能产生外化的接受行为。思想政治教育隐性课程接受过程不是简单的刺激—反应过程，而要经过学生主体的反映、选择、整合、内化和外化一系列复杂的过程才能完成。学生在接受思想政治教育隐性课程教育影响的过程中也不是消极被动的，其主观能动性充分发挥着作用。如果我们忽视学生主观能动性的发挥，那么我们就不可能利用思想政治教育隐性课程对学生进行富有实效的教育，也就不利于思想政治教育整体功能的发挥。总之，学生对思想政治教育隐性课程的接受，要经历反映、选择、整合、内化、外化这样一个认识活动过程。当然，这条认识路线也不是绝对的，也可能出现各种复杂的情况。

（二）影响主体接受的因素分析

思想政治教育隐性课程接受是伴随着课程的开展而发生作用的，并在诸多因素的综合作用和影响下实现。影响思想政治教育隐性课程接受的因素主要包括教育者、受教育者、教育内容、接受环境和接受媒介。

教育者作为教育活动开展的主导者、设计者和实施者，对教育效果具有十分重要的影响。可以说，接受主体往往先接受教育者，然后才接受他们所传授的教育内容。同时，教育者的人格形象直接影响接受主体对教育的信任度。因此，教育者在思想政治教育隐性课程的开展中具有非同一般的地位和作用。思想政治教育隐性课程是一种不具备独立学科形式，而且附着、渗透、隐含在其他载体中的课程，其性质不明显、不直接、不暴露。思想政治教育隐性课程往往融于各科教学内容、教学环节及管理、服务环节之中，这样思想政治教育隐性课程中的"教育者"即是广义的。学校的所有教师、行政管理人员和服务人员都是教育者，只有教育者对道德规范躬身践行，创设民主、宽松、和谐的接受氛围，与接受者建立平等、尊重、信任、融洽的关系，才能形成教书育人、管理育人、服务育人的良好局面，产生良好的接受效果。

受教育者是影响思想政治教育隐性课程接受的核心要素。在这里，要考虑以下两个方面。一方面，坚持实现个体价值和实现社会价值的统一，提高思想政治教育隐性课程接受的有效性。教育对象的需求是接受有效性的原动力。对思想政治教育隐性课程的接受是根据接受主体需求强度来确定的，是以其需要满足与否作为衡量和选择的标准的。只有当接受主体在心理上有一种强烈的愿望、需求，才能形成一种主动接受的态势。因此，思想政治教育隐性课程必须改变以往只是作为满足社会政治诉求的工具的状况，转向关心人、尊重人、理解人，坚持个人价值和社会价值的统一。另一方面，坚持教育者主导性与受教育者主体性的统一，提高思想政治教育隐性课程接受的自觉性。

教育内容是思想政治教育隐性课程所要传播的信息。思想政治教育隐性课程作为一种课程形式，虽然不在学校正式课程表之内，但它并不是一种不可控制的、不能计划的影响学生成长的自然因素，而是经过教育者有意识、有目的地进行开发设计的课程。教育者在选择、组织教育内容时，要充分考虑到被存在主义哲学家海德格尔称为"前结构"的东西，即接受主体已有的认知结构、思维习惯、价值观念、道德品质和行为倾向，因为这些直接影响他们对教育内容的选择和接受。另外，从价值性上来讲，教育内容要反映社会发展和人自身发展的双重要求，要能够满足接受者求真求善的精神需求，能够帮助他们更好地适应社会和发展自己。

接受环境有宏观环境和微观环境之分。宏观环境指整个社会环境，包括政治的、经济的、文化的环境；微观环境指对人的思想观念、情绪态度、行为习惯等具有直接影响的工作环境和生活环境。环境不仅是思想政治教育隐性课程的重要构成要素之一，还是影响思想政治教育隐性课程接受效果的重要因素。接下来，笔者主要对校园周边环境、家庭环境和社会大环境进行阐述。校园周边环境是学生每天必须接触的环境，对学生产生的影响与校园环境几乎没有什么不同，因此要把校园周边环境纳入隐性思想政治教育课程资源，并对其进行改造、利用。家庭是思想政治教育隐性课程必须关注的又一重要环境。家庭环境对于学生思想政治素养的形成具有举足轻重的作用，家长的一言一行无不对子女产生直接的影响。因此，学校应构建与家长联系的网络，适当对家长进行一些教育方法指导和帮助。社会大环境对学生的影响最大。有人说，学生在学校五天，在社会两天，思想政治教育效果就会变成零，甚至有人说，校内十年功，抵不过校外三分钟。这些说法虽然有些偏激和夸张，但说明了社会不良现象对学校思想政治教育效果的危害性。因此，高校应将社会环境纳入思想政治教育隐性课程体系。

接受媒介是指思想政治教育隐性课程信息的传播渠道，具体分为以下几类：第一类是知识性思想政治教育隐性课程，包括隐蔽于各种正规思想政治教育显性课程中或其他学科课堂教学中的思想政治教育隐性因素；第二类是活动性思想政治教育隐性课程，包括各种活动性思想政治教育课程的思想政治教育隐性课程因素和非思想政治教育活动的思想政治教育隐性课程因素；第三类是以环境为载体的思想政治教育隐性课程，含校园物质环境和校园文化环境；第四类是以制度为载体的思想政治教育隐性课程。

第三节　高校思想政治教育隐性课程资源开发与利用的原则

一、开发的目的性与利用的导向性相结合原则

（一）开发的目的性

目的性原则是反映思想政治教育本质的根本原则，它要求我们在开发思想政治教育隐性课程资源时一定要坚持明确的社会主义和共产主义方向，坚持以社会主义的核心价值体系为引领。邓小平在《一靠理想二靠纪律才能团结起来》中说过："我们干的是社会主义事业，最终目的是实现共产主义。这一点，我希望宣传方面任何时候都不要忽略。"在当前社会，由于市场经济大潮的冲击、多元文化的影响，在开发思想政治教育隐性课程资源时要始终坚持目的性原则。"隐"思想政治教育的教育目的，不等于放弃社会主义思想政治教育目的，也就是任何时候、任何环节都不回避思想政治教育的意识形态功能，唯有如此，才能保持社会主义思想政治教育的本质特色，才能保证思想政治教育的整体效益。

（二）利用的导向性

利用的导向性原则是指所选取的思想政治教育隐性课程资源必须有利于大学生思想道德素质的提高，且能够促进大学生的健康成长。根据中共中央、国务院《关于进一步加强和改进大学生思想政治教育的意见》的要求，全体学生都要确立在中国共产党领导下走中国特色社会主义道路、实现中华民族伟大复兴的共同理想和信念，牢固树立四个观念，即祖国观念、人民观念、党的观念和社会主义观念，最终达到个人的全面发展。在此基础上，要积极引导学生中的骨干力量和先进分子树立共产主义的远大理想，确立马克思主义的坚定信念。因此，思想政治教育隐性课程资源的利用要符合思想政治教育的目的，始终把握正确的政治方向，同时能够以灵活多样、丰富多彩的形式引导学生向着合格社会主义建设者和接班人的方向发展。当然，在遵循利用导向性原则的时候，要以正面典型教育引导为主，同时辅之以反面典型的剖析和警示作用，在明显的对比过程中做出是与非、对与错的取舍。

思想政治教育隐性课程资源开发的目的性和利用的导向性两者并没有完全的界限，只不过前者是对资源本身的利用意义做特定考究，而后者更强调资源在利用过程中所能达到的效果，这也决定了两者必须紧密结合，服务、服从于思想政治教育隐性课程的教育目的。

二、开发的创新性与利用的求实性相结合原则

（一）开发的创新性

开发的创新性原则是指思想政治教育隐性课程资源在开发过程中要与时俱进，既体现时代发展的特征，也要满足当前学生思想发展变化的要求。时代在变化，学生的思想也是如此，高校思想政治教育也因此面临着更多的新情况、新问题，如思想政治教育隐性课程资源理论研究和开发利用都是崭新的课题。长期以来，我国高校的思想政治教育主要是由专门的政工系统及思想政治理论课教学来完成的，虽然也提倡日常教育的熏陶，也讲德育渗透，但从课程功能的完整性、整合性角度去开发和设计还是一个探索性的课题。这就需要吸收新的思想政治教育理念，以创新的精神去探索新的开发隐性课程资源的方式方法，使其既不彻底脱轨于传统，又能涵盖时代的需要。例如，优化校园环境，创新校园文化，开展充满学府气息和厚重底蕴的文化艺

术活动；创新大学生党团组织和班集体活动的形式，增强其吸引力、凝聚力和号召力，充分调动学生的主动性、积极性；创新社会实践形式，使"四进社区""三下乡"活动成为真正激发学生责任意识、培养其家国情怀的活动资源；等等。

（二）利用的求实性

利用的求实性强调在思想政治教育隐性课程资源利用的过程中既能遵循思想政治教育隐性课程的客观实在性，也能追求思想政治教育隐性课程资源利用的实效性。解放思想、实事求是、与时俱进，是我们党在开展所有工作时必须遵循的准则之一。毛泽东在《矛盾论》中重申了列宁的思想，即马克思主义的最本质的东西，与马克思主义的活的灵魂，就在于具体情况具体分析。就思想政治教育隐性课程而言，要根据具体的课程利用具体资源，尊重其实际需要来确定所采用的思想政治教育资源及其配置方式，讲求思想政治教育隐性课程资源利用的实效性；就思想政治教育隐性课程资源本身而言，要客观评价每种类型资源的功效，既不能肆意夸大，也不能随意缩小。事实上，每种思想政治教育隐性课程资源都有其特定的教育、启发意义，都有其独特的功效，关键在于如何运用它。

总之，思想政治教育隐性课程资源开发的创新性和利用的求实性是相辅相成的，也就是在思想政治教育隐性课程资源开发、利用的过程中既注重方式方法的吸引力，又不能忽略思想政治教育的教育目的，还要更加强调思想政治教育的实效性。

三、开发的普遍性与利用的特殊性相结合原则

（一）开发的普遍性

开发的普遍性原则体现了思想政治教育隐性课程资源的丰富性和多样性等特征，同时说明思想政治教育隐性课程资源针对的是每个大学生思想政治素质的培养和提高。正如苏联著名教育家马卡连柯所指出的："一个人不能够一部分一部分地来教育，而是由人所经受的种种影响的全部总和综合地教育出来。"① 所以，在思想政治教育隐性课程资源的开发过程中，一方面要兼具丰富性和系统性，从知情意行、教书服务管理、理论实践等全方位、多角

---

① 马卡连柯.马卡连柯教育文集[M].北京：人民教育出版社，1985：71–179.

度的思路来着手；另一方面应整合对受教育者思想品德有教育影响的各方面力量和因素，使其都能相互配合、协调一致，共同、普遍地发挥教育作用。

（二）利用的特殊性

利用的特殊性意在确保思想政治教育隐性课程资源开发的实效性，也就是在具体的隐性课程资源利用的过程中体现因材施教、因人而异的教育理念。众所周知，相同的课程资源对不同的学生而言依然会有不同的教育效果，因此应针对不同的问题和特殊的教育对象来选取不同的思想政治教育隐性课程资源。例如，由于受教育者成长环境的特殊性及其自身素质的差异性，我们在开展思想政治教育隐性课程并利用具体的课程资源时，要从环境条件、教育客体等具体实际出发，有针对性地组合、配置资源。

思想政治教育隐性课程资源开发的普遍性与利用的特殊性符合思想政治教育的客观规律，也就是在思想政治教育过程中既注重面对所有学生而展开的普遍性教育，也要有针对性地对问题学生、贫困学生开展特殊性教育。唯有如此，才能避免思想政治教育盲点和空白区的出现。

四、开发的效益性与利用的可持续性相结合原则

（一）开发的效益性

开发的效益性是指在思想政治教育隐性课程资源开发的过程中要保证投入与产出的合理优化，实现以最少的投入换取最多的产出。教育者开发思想政治教育隐性课程资源是有明确目的的，即深入挖掘思想政治教育隐性课程资源的功能和效用，以促使思想政治教育隐性课程更好地开展，从而达到思想政治教育目标，实现思想政治教育效果。实际上，思想政治教育隐性课程资源的功能和效用就是思想政治教育隐性课程资源开发的效益问题。如果目的不明确、作用不大、效益不佳，思想政治教育隐性课程资源的开发也就失去了应有的价值和意义。思想政治教育隐性课程资源开发之所以要坚持效益性原则，是由思想政治教育隐性课程资源开发的成本与效益的辩证关系决定的。用最小的成本获取最大化的效益，是人类所有活动的原则，思想政治教育隐性课程资源开发同样遵循该原则。任何思想政治教育隐性课程资源的开发都不是无偿的，都需要支付一定的代价，这是由其社会属性决定的。开发某种思想政治教育隐性课程资源，必须有一定的投入，这种投入就是思想政治教育隐性课程资源的开发成本。立足思想政治教育目的，当产出不变时，

投入越小，效益就会越大，因此我们在思想政治教育隐性课程资源开发过程中要尽量降低成本，提高效益。需要说明的是，我们开发更多思想政治教育隐性课程新资源并挖掘资源更多的新用途，对资源的扩充来说固然是好事，但也容易导致资源滥用或资源浪费等现象的发生。为此，我们应该认识到所有的资源使用都是有成本的，要提高各类思想政治教育隐性课程资源的利用率，必须遵循可持续原则。

（二）利用的可持续性

利用的可持续性更强调思想政治教育隐性课程资源的利用率，既满足当代大学生的需要，又不牺牲未来学生思想政治教育的需要。可持续发展理论包含着丰富的伦理道德要求，使可持续发展战略在思想政治教育的具体实施中有了举足轻重的作用。坚持思想政治教育隐性课程资源利用的可持续发展原则，就是要求思想政治教育隐性课程资源的利用既要满足当代人开展思想政治教育的需要和愿望，又要兼顾未来人进行思想政治教育的资源需求。因此，当前人们在开发、利用思想政治教育隐性课程资源的过程中，应该把对未来人利用资源的机会的损害控制在最小的范围内，尽量保护现有资源的可再生能力。

总之，在思想政治教育隐性课程资源开发、利用的过程中应尽量做到以最少的投入获得最大的收益，并且能将"在开发中保护，在保护中利用"的原则贯穿整个思想政治教育资源的开发与利用中，从而促进其可持续发展。

第四节　高校思想政治教育隐性课程资源开发与利用的措施

一、充分利用"三个课堂"，完善学生自我教育体系

自我教育作为高校思想政治教育的一种方法，要求教育者按照受教育者的身心发展阶段予以适当的指导，充分发挥他们提高思政素养的自觉性、积极性，使他们能把教育者的要求变为自己努力的目标；要求教育者帮助受教育者树立明确的是非观念，以善于区别真伪、善恶和美丑，鼓励他们追求真、善、美，反对假、恶、丑；要求教育者培养受教育者自我认识、自我监督和自我评价的能力，使他们善于肯定并坚持自己正确的思想言行，勇于否定并改正自己错误的思想言行。自我教育因素与他人教育因素是相辅相成的

关系。没有自我教育的教育不是真正的教育，教育目的必须通过受教育者的内化才能真正实现。因此，研究学生自我教育的体系有重要的现实意义。接下来，笔者将从三个方面展开论述。

（一）加强指导"第二课堂"——学生社团实践活动

大学生社团具有学生自我教育、自我管理、自我服务的特点，对大学生具有较强的吸引力、影响力，是思想政治教育隐性课程的重要内容。通过社团活动开展思想政治教育，有利于满足学生多样的个性发展需求，提高思想政治教育的针对性、实效性。积极组织、培育、管理好各类学生社团，充分利用学生社团开展思想政治教育，发挥其在加强校园文化建设、提高学生思想政治素养、促进学生成才等方面的重要作用，是思想政治教育隐性课程资源开发的重要组成部分。

高校和相关管理部门可以从以下途径切实加强学生社团建设。

第一，提高认识，把加强学生社团建设和充分发挥社团在学生思想政治教育工作中的重要作用视作高校思想政治教育工作总体布局的重要组成部分。现在，人们逐渐认识到，加强学生社团建设是遵从教育规律、发挥学生主体作用、培育优良校风学风的重要手段。随着经济全球化、知识化程度不断加深和国际政治局势风云变化，尤其是随着我国高等教育体制改革不断深入，学生社团在学生思想政治教育工作中的重要作用逐渐凸显，而依托学生社团加强学生思想政治教育工作是适应新形势对思想政治工作新要求的新举措。基于这种认识，在规划高校思想政治教育整体布局时，高校要充分重视学生社团的地位和作用，让它们以思想教育工作和校园文明建设主力军的身份出现在校园生活中。

第二，明确指导思想，建立指导机制。必须明确，马克思列宁主义、毛泽东思想、邓小平理论、"三个代表"重要思想、科学发展观、习近平新时代中国特色社会主义思想是学生社团建设的指导思想，这是保证社团在学生思想政治教育工作中重要地位的基础。为了使各社团牢固树立这一指导思想，高校必须建立相应的指导机制。在条件具备和必要时，要为学生社团指定思想政治素质高、有学生工作经验的人员作为指导教师，把握社团活动和社团发展的政治方向。在社团审批时，要把它放在校园文明建设和承担学生思想政治教育任务背景下衡量社团成立的目的、人员素质、具备的条件和存在的缺陷，对于有利于校园文明建设和优良校风学风建设，但又暂不具备条件的给予积极帮助，对有重大缺陷的不予审批。学生管理部门要重视社团干部队伍和骨干队伍建设，定期对社团的主要干部进行培训，使他们明确社团在校园文明建设中的重要作用，并具备一定的思想政治素质和社团管理能力，促进社团持续、健康发展。高校管理部门要针对社团建立科学的评价机制，对各社团在校园文明建设、学生思想政治教育工作和推进素质教育方面所起的积极意义以及学生社团建设中取得的成绩和存在的问题做出科学判断，以利于指导社团不断成长、壮大，并实现全校学生社团的合理布局。

第三，全校要积极为社团建设提供必要的条件和氛围。任何事物的发生发展都离不开必要的条件，为了充分发挥学生社团在校园文明和思想政治教育工作中的积极性、主动性和创造性，全校上下要为社团建设和发展创造必要的条件和氛围，这和树立"全员育人"意识相辅相成。例如，清华大学在 2000 年就大程度地削减第一课堂学时数量，把学生科技比赛成绩纳入评价体系，在科技比赛中取得的优异成绩可以取代相近课程的成绩，这些举措大大拓展了社团活动的时间和空间。高校可以通过把与社团主题相近的思想教育活动、课余科技活动交给社团具体承办，加大指导力度，在锻炼和培养社团能力的同时，使社团得到必要的活动经费。高校应当积极创造条件，让社团有较多机会走出校园。单靠社团的力量赢得社会的信任和机会总是有限的，在必要时，高校应为社团提供一定的信誉担保和条件支持，使大学生有更多机会接触社会、服务社会、认识和了解社会，为大学生全面、快速成长创造条件。

学生社团不是新鲜事物，但我们对它的认识还有待深入，特别是在新形势下如何进一步加强社团建设，充分发挥学生在自身综合素质全面发展中的积极性和主动性，拓展新时期学生教育和管理的新领域，探索思想教育工作的新途径，将是高校今后一段时间内的重要工作，也是全体高校工作者思考的重要课题。

（二）统一规划"第三课堂"——社会实践活动基地

社会实践活动作为课堂教育的必要延伸和高校思想政治教育隐性课程的重要载体，对促进大学生全面发展，实现理论知识转化，提高自身素质具有十分重要的意义。具体措施如下。

1.健全大学生社会实践的工作管理运行机制

高校要把社会实践和教学实践纳入人才培养方案和教学计划，规定学时学分，对大学生参加社会实践提出时间和任务要求，使社会实践活动贯穿整个高校学习期间。一般来说，高校一年级的学生入学时间较短，多数尚未接触专业课，运用专业知识解决问题的能力比较低，但他们具有较为强烈的好奇心和较大的热情，因此高校可以组织学生开展社会考察、社会服务活动和爱国主义教育活动，为其专业性实践做好准备。高校二年级学生已接触一些专业课，已经较为深入、系统地学习了专业课程，因此高校可以组织学生依托专业知识广泛开展科技文化服务活动，以及科技发明和创业实践，与专业深入结合。

2. 掌握方法，保证效果

学生可以根据自身的专业特点和实习岗位的状况，采取多种形式的社会实践方式。学生既可以在高校教师的指导下组成社会实践小组，也可以单独进行社会实践活动，其实践活动可以是调研、参观和服务。其中，调研的方式包括访问式调查、问卷调查、实地调查等。学生可以结合自身实际情况任选其一进行社会实践。目前，大多数高校都精心组织了若干支社会实践小分队，指导学生利用所学专业知识开展社会调查和社会服务。

3. 加强大学生社会实践的经费保障

对于大学生的各种社会实践，高校要在经费上给予有效保障。为支持大学生的创新活动，可以建立创新基金，经学生申请、学校评估后提供一定的科研经费。对于学生社团，高校既要加强引导和管理，还要加大投入，为其购置必要的器材，提供必要的活动经费，确保各种社会实践活动顺利进行。

4. 完善社会实践活动基地建设

高校要注重社会实践基地建设，具体可从地方建设发展的实际需要和大学生锻炼成长的目标出发，根据结对合作、多向受益的原则，与有关部门、企事业单位共建社会实践基地。此外，高校要结合专业课程进度，将科技学术活动、大学生社会工作、校园文化活动等作为选修课，并规定相应的学分。各课程指导教师负责编制教学大纲和教学计划，制定考核方法和标准。科目的设定应体现合理性和灵活性，课程内容应遵循注重实效和实事求是原则，课程安排则根据学生的专业、年级、兴趣等特点进行分类设定。高校要协调好时间和空间的关系，充分利用周末和寒暑假时间，集中在同一时间进行教学。

5.建立奖励机制，完善活动体系

高校要建立健全社会实践活动奖励制度，完善考核评价机制，把活动与大学生素质拓展结合起来，将社会实践活动与大学生成长需要、素质教育要求及社会人才市场的评价机制有机结合起来，使学生真正意识到社会实践活动对于其自身发展的重要作用。对带队教师、校外聘请指导教师参加社会实践给予相应的课酬补助，并将其当作年度工作考核的参考依据。制定社会实践评比标准，将评比结果当作学生综合测评加分、奖学金评定、推优评优、推荐入党的重要依据。高校要不断提高在校学生的社会化程度和社会适应能力，使其掌握进入社会角色的知识和技能，进一步增强大学生的社会责任感和时代使命感，在实践中使其思想得到升华，走实践成才道路。

总之，大学生社会实践活动是大学生了解社会、认识社会、走向社会的一个重要平台和窗口。在社会实践活动中，高校工作者要高度重视、严密组织、创新思维、完善制度，为大学生提供优质、良好的社会实践舞台。

（三）开辟"第四课堂"——学生生活实践平台

思想政治理论课教学是对大学生进行思想政治教育的主要阵地，然而其现状不尽如人意。究其原因，是因为课堂教学内容与模式存在弊端，有的课堂教学与生活课堂脱节，没有把教学课堂植根于生活课堂。因此，要提高思想政治教育工作的实效，高校必须将学生生活实践平台纳入隐性课程领域，使思想教育来源于生活、生效于生活。

1.拓展政治生活课堂，使教学课堂贴近政治生活

就政治信仰的确立而言，大学生正处于世界观、人生观、价值观形成的关键时期，而且由于还未涉足社会，他们的思维方式、价值判断、人生态度具有不成熟性和未完善性，有时不能对社会的主流形势进行正确的认识和判断，因而容易产生信仰空虚、思想困惑、价值扭曲等问题。对于这一问题的解决，一是要深化学生已有的政治生活课堂，通过加强学生党团政治生活，帮助学生正确认识和解决问题；二是要拓宽学生的政治生活课堂，要引导、鼓励大学生参与社会政治生活，积极组织大学生参加社会调查、生产劳动、志愿服务、公益活动、科技发明和勤工助学等社会实践活动，不回避矛盾与社会问题，激发他们的政治热情和社会责任感。在此基础上，教师可采取有针对性、有说服力的教育方式，提高他们分辨是非的能力。

2. 拓展经济生活课堂，使教学课堂贴近经济生活

历史唯物主义认为，文化和社会植根于物质环境或经济环境。马克思在其《政治经济学批判》序言中表达得十分明确："物质生活的生产方式制约着整个社会生活、政治生活和精神生活的过程。不是人们的意识决定人们的存在，相反，是人们的社会存在决定人们的意识。"①大学生对经济生活的体验是形成政治信仰、道德观念的关键。大学生的经济生活正处在由依赖走向独立的准备时期，所以他们对社会经济生活有着强烈的了解与参与愿望。但由于大学生没有确定的社会职业和社会经济基础，其生活环境相对狭窄，以校园为主，缺乏对社会经济生活的全面了解和切身体会。加之，社会经济生活中存在的个别不良现象在一定程度上影响了他们对社会经济生活的评价，甚至使他们形成了扭曲的认识，从而影响了他们对社会制度、道德风尚的信心。针对这些问题，应从三个方面积极引导学生参与经济生活：一是引导学生从宏观层面了解我国经济生活的变迁，即通过组织学生进行社会考察等途径，让他们真真切切地感受社会经济生活的深刻进步，从而坚定中国特色社会主义的理想信念；二是引导学生从中观层面体会经济生活的变化，即通过建设实践基地使学生感受所在地区经济的发展；三是引导学生从微观层面体悟经济生活的积极方面，如帮助学生树立正确的就业观，积极为学生就业创造条件，帮助他们解决就业问题，以及帮助贫困学生解决实际困难，弘扬艰苦奋斗、克勤克俭的作风。

3. 拓展文化生活课堂，使教学课堂贴近文化生活

文化生活是一个社会意识形态的载体，直接折射人们的精神状态。积极营造大学生的文化生活，把"思想政治理论课"理念渗透在文化生活之中，是思想政治教育的重要内容。文化生活的营造要从以下两个方面展开。一是积极营造先进的校园文化。我们要以良好的校风、学风和师德建设为先导，注重发挥学生自我教育、自我管理、自我服务的功能，广泛开展有利于德、智、体、美全面发展的各项校园活动，努力激发大学生的学习热情和创新精神，激励他们求真、务实、创新、进取，建设体现社会主义特点、时代特征和学校特色的校园文化。二是积极开展丰富多彩的社会文化活动，充实大学生的精神生活。高校要吸收社会文化活动的优秀成果，将先进的社会文化转

---

① 中共中央马克思恩格斯列宁斯大林著作编译局.马克思恩格斯选集：第2卷[M].北京：人民出版社，1972：82.

化为高校文化的有益组成部分，促成社会文化与校园文化互动；要组织大学生参与社会文化活动，直接投身于社会文化的大舞台，真正使校园文化与社会文化有机融合、优势互补。

二、积极构建网络平台，开发网络隐性课程资源

目前，高校是全社会综合信息量最大、信息化程度最高的区域。充分利用网络资源开展思想政治教育是网络时代的必然选择。目前来看，各高校对校园网络的思想政治教育功能已经有足够的重视，但是，校园网络的建设方面也存在很多需要改进的地方。具体来讲，利用网络开展思想政治教育隐性课程，要做好以下三个方面的工作。

（一）做好校园网的建设工作

校园网无疑是开展思想政治教育隐性课程的重要途径，然而，各高校校园网的访问量非常低。没有访问量的网站是没有生命力的。因此，高校要改变网页主题单调、内容枯燥的缺点，建设集趣味性、知识性、文艺性、思想性于一身的网站。例如，提供有关中国传统文化的视频，提供大量优秀的电影、电视剧，提供展示大自然风景的高清图片，等等。这些丰富多彩的内容既能够传递积极、健康的思想意识，又能够引起学生的兴趣，使学生养成主动访问校园网的习惯。高校还需要一支既熟悉思想政治教育工作又熟练掌握网络技术的工作队伍，以便及时过滤不良信息，把握学生的思想动向，有效疏导学生的心理障碍，真正做到创建绿色、健康的校园网络环境。

（二）充分利用微信、QQ 等交流平台

微信、QQ 等是一种平等、开放的交流平台，可以使教育双方自由地表达自己的生活感悟、人生体验等，无形中增进双方的感情和信任。教师能以微信、QQ 为平台对当前发生的热点进行评论，并与学生展开充分的讨论，在交流过程中对学生中出现的不良思想及时进行疏通和引导。此外，教育双方在交流的过程中不可避免地会产生思想碰撞，这种碰撞的过程也是大学生活跃思维、拓宽视野、提升自我的过程，有利于思想政治教育工作以"润物细无声"的方式充分发挥育人功能。

（三）网站的技术要先进、网速要快

网速慢是校园网络普遍存在的一个问题。网速慢、程序障碍等技术问题

会直接影响学生的访问热情，使学生产生不愉快的心理。网速问题是很多学校进行网站建设时最容易忽略的问题，但它确实是影响点击率的一个重要因素。对此，各个高校应给予高度重视。

需要注意的是，并非所有利用校园网开展的思想政治教育都属于隐性课程的范畴。如果开设经典著作选读、形势政策、教学课件等栏目，无疑是以网络为依托开展的思想政治教育显性课程。思想政治教育隐性课程应以"隐"为特点，如展示反映祖国大好河山的图片，播放净化学生心灵的音乐。这些内容隐去了明确的教育目的，让学生在放松身心的过程中获得了道德修养上的提升，因而属于思想政治教育隐性课程的范畴。

三、构建显性与隐性课程结合的思想教育新模式

作为两种相互独立又相互影响的教育形式，显性教育与隐性教育在高校思想政治教育中是辩证统一的，且这种辩证统一具有深刻的内在逻辑，主要表现在显性教育与隐性教育既具有目标上的同构性，也有功能上的互补性。同时，显性教育与隐性教育相统一是基于现实境遇中两者之间结构失衡而产生的一种反推机制。

作为高校思想政治教育的两种不同教育方式，显性教育和隐性教育都是为了贯彻落实立德树人的根本任务而存在的，因此，它们事实上具有目标上的同构性。具体而言，就立德树人中的"德"本身而言，其主要包含两个方面，即时代性道德知识（社会公德、职业道德、家庭美德、个人品德等）和超越性道德信仰（共产主义理想和信念之大德）。事实上，知识可以分为显性知识和隐性知识两种。显性知识是以概念、命题、公式等形式加以陈述的可感性知识；隐性知识则是只能模糊地意识到，不能以形式规则加以传递的缄默性知识。在立德树人过程中，时代性道德知识基本属于显性知识，多以显性教育的方式来传递；超越性道德信仰属于缄默性知识，常由隐性教育加以浸润。虽然显性教育和隐性教育的教育内容有所不同，但其教育目标是一致的，都指向立德树人。

高校思想政治教育中的显性教育偏重于政治道德规范的灌输和理论政策的宣讲，隐性教育则偏重于道德规范和主导意识形态的浸润与弥散。显性教育以其规范性和系统性的教育内容，能够更好地传达主导思想理论和价值观念，使受教育者对教育内容和教育目标有系统化的了解，能够弥补隐性教育的随意性和自在性；显性教育的公开性和直接性赋予了显性教育强大的意识形态功能，通过旗帜鲜明的宣讲，能够凸显马克思主义在意识形态领域的指

导地位，这从一定程度上弥补了隐性教育对结果的不可控性。与此同时，显性教育的"说教"性质可能会让受教育者产生厌烦和逆反心理，不利于受教育者主观能动性的发挥。隐性教育则不同，由于教育内容的开放性和教育手段的隐匿性，其可通过巧妙地创设有意义的教育情境，使受教育者能够在不知不觉中接受教育内容，从而弥补显性教育的不足。同时，隐性教育淡化了教育者与受教育者的主次关系，能够更好地体现受教育者的主体性。显性教育和隐性教育存在功能上的互补性，这为两者的统一提供了理论上的可能性。因此，在高校思想政治教育过程中，我们应该推动两者的结合统一和同向同行。

推动高校思想政治教育显性教育与隐性教育相统一既是教育发展的规律性展现，也是思想政治工作改革创新的内在诉求，因而既具有理论上的可能性，也具有现实中的可操作性。观照现实，我们应当从推动思政课内部隐性教育与显性教育同向同行、推进思政课程与课程思政相统一以及发挥课程育人与文化育人的协同效应等多个方面入手，推动高校思想政治教育的显性教育与隐性教育相统一。

（一）推动思政课内部显性教育与隐性教育同频共振

习近平在学校思想政治理论课教师座谈会上发表重要讲话指出："思政课是落实立德树人根本任务的关键课程，思政课作用不可替代，思政课教师队伍责任重大。"事实上，思政课是高校显性思想政治教育的最主要形式，但就思政课本身而言，也存在着显性教育和隐性教育两种方式。显性教育主要是教育者对受教育者进行理论灌输、知识讲解和答疑解惑等，而隐性教育主要熔铸于教育者对受教育者进行显性教育的方式方法之中，两者双向同构。一方面，要强化思政课显性教育中的隐性渗透。习近平强调："推动思想政治理论课改革创新，要不断增强思政课的思想性、理论性和亲和力、针对性。"高校思政课的思想性和理论性主要通过显性教育来呈现。教育者通过理论灌输使受教育者对思政课的内容有直观的了解，因而要坚持思政课的知识性、理论性、统一性、主导性和灌输性。思政课的亲和力和针对性则更多地通过隐性教育来呈现。教育者要注重思政课的价值性、实践性、多样性、主体性和自主性，通过形式多样的教育载体，将教育目标和教育内容隐含在喜闻乐见的形式之中，以良好的教育氛围潜移默化地影响受教育者。另一方面，要加强教育者的师德师风建设，为受教育者树立榜样。孔子云："其身正，不令而行；其身不正，虽令不从。"办好思政课的关键在于教师。拥有渊博的学识、优秀的品质和高尚人格的教师属于显性教育中的隐性资源，能够对学生产生潜移默化的影响，从而提升思政课的有效性。

（二）增强隐性课程文化育人含金量

高校思想政治教育除了显性的、有课堂组织的、有纪律传统的教育形式外，还应加强文化育人观念，真正让渗透性、长期性、缓慢性和无意识隐性教育得到体现。在显性教育"惊涛拍岸"的同时，做到隐性教育润物无声，做到课堂教学和校园文化两手抓，同时要深刻领悟教育方式是多种多样的，并运用多样化的教育方式塑造受教育者的世界观、人生观、价值观。此外，不仅要正确建设"三观"，还要不断挖掘新的隐性教育模式和手段。实际上，就是不断扩大隐性教育的影响范围。隐性教育同样要有明确的规章制度，即每所学校都应有相应的规章制度。其中，学生规范条例的作用在于加强校风校纪建设，帮助学生树立法纪观念。精神文化育人是隐性教育非常重要的一环，可推动教育改革创新发展。从其他层面来说，校风校纪同样是除精神文化外的一种潜移默化的隐性教育。"显隐"教育不分彼此、相互成就。为让显性教育发挥功能，隐性教育就要做好辅助；隐性教育发挥作用，显性教育也要积极参与。两者不分伯仲，也不厚此薄彼，同向发展，才会有好的结果。

（三）显性教育和隐性教育相结合的网络教育新阵地

信息技术和手段的飞速发展，为高校思想政治教育提供了新的载体。广泛应用的互联网为显性教育提供了新的媒介，扩展了思想政治教育工作的空间和渠道，突破了传统显性教育的时空限制，使教师可以通过网络平台，随时发布信息。开放性强、适宜远距离传输的持续教育环境大大提高了教师的工作效率，极大地增强了政治影响力。在自媒体时代，学生作为信息终端，方便了师生交流，从而有利于教师对学生进行了解，增强了教育的实效性，同时强化了学生作为教育主体的地位。互联网为高校思想政治教育提供了交互式的新载体，显性教育和隐性教育充分融合，可使高校思想政治工作不断焕发出新的生机和活力。

总之，高校思想政治教育的改革发展需要坚持显性教育与隐性教育相统一。这种统一既是由显性教育与隐性教育目标上的同构性、功能上的互补性决定的，也是避免显性教育与隐性教育内部失衡的现实需要。鉴于此，在推动高校思想政治教育发展过程中，我们应当遵循显性教育与隐性教育相统一的教育发展规律，回应思政课改革创新的现实诉求，着力推进显性教育与隐性教育的统一。在教育教学实践过程中，我们要加强思政课隐性教育与显性教育相统一、课程育人与文化育人相统一、课程教育与网络教育相统一，从而推动高校显性思想政治教育与隐性思想政治教育协调统一、同频共振。

第六章 课程思政背景下高校思想政治教育实践课程设计

——以"马克思主义基本原理"为例

第一节　"马克思主义基本原理"实践课程教学目的与要求

"马克思主义基本原理"课程旨在帮助学生准确地把握马克思主义基本原理，使学生能够科学地理解马克思主义哲学、马克思主义政治经济学、科学社会主义基本原理和基本观点，树立马克思主义的世界观、人生观和价值观，提高理论思维水平和运用马克思主义科学世界观、方法论观察和分析问题的能力。

结合国家思政课相关文件要求，课程教学目标主要体现在表 6-1 中所述几个方面。

表 6-1　"马克思主义基本原理"教学目标的体现

教学目标 1	从理论与实践相结合的角度接受系统的马克思主义理论教育，能够从整体上把握马克思主义的精神实质、基本理论和方法论原则
教学目标 2	提升思想理论素养和逻辑思维能力
教学目标 3	学会运用马克思主义的基本立场、观点和方法去分析问题、解决问题，正确地面向社会和把握自我
教学目标 4	树立正确的世界观、人生观和价值观
教学目标 5	坚定理想信念，为投身新时代中国特色社会主义事业，打下扎实的思想理论基础

"马克思主义基本原理"课程实践教学与理论教学需遵循既定目标，互相有效契合，以达到有机统一。"马克思主义基本原理"课程实践教学的直接和主要目的是理论性的，即促进大学生科学认知和自觉认同马克思主义基本原理。

"马克思主义基本原理"是高校思想政治理论课的重要课程之一，它是集理论性和科学性、整体性和系统性、全面性和综合性于一体的一门课程，为当代大学生树立正确的人生观和价值观提供理论指导，为大学生放眼世界、统观全局、树立积极的世界观提供方法论指导。"马克思主义基本原理"课程是实施高校思想政治理论课新方案的最后一门课程，要想高质量地开好这门课程，至关重要的是要做好实践性教学工作。

为深入贯彻落实习近平新时代中国特色社会主义思想和党的十九大精神，进一步巩固马克思主义在高校意识形态领域的指导地位，加强新时代高校"马克思主义基本原理"课程建设，引导大学生树立正确的世界观、人生观、价值观，不断提高大学生对思想政治理论课的获得感，培养担当民族复兴大任的时代新人，以习近平同志为核心的党中央高度重视学校思想政治理论课建设，作出一系列重大决策部署，使思想政治理论课建设在改进中不断加强，课堂教学状况显著改善，大学生学习思想政治理论课的获得感明显增强。为推动习近平新时代中国特色社会主义思想进教材、进课堂、进头脑，深入贯彻落实党的十九大和十九届二中、三中全会精神，中宣部、教育部组织对《马克思主义基本原理》教材进行全面修订。新教材强调，新时代的青年必须坚定理想信念。习近平在同团中央新一届领导班子成员集体谈话时强调："青年时代树立正确的理想、坚定的信念十分紧要，不仅要树立，而且要在心中扎根，一辈子都能坚持为之奋斗。"理想信念是精神上的"钙"，是人的精神支柱和精神脊梁，是鼓舞人们前进和奋斗的强大精神动力。理想信念动摇是最危险的动摇，理想信念滑坡是最危险的滑坡。心中有信仰，脚下才会有力量。当代大学生要坚定理想信念，自觉做中国特色社会主义共同理想的坚定信仰者、忠诚实践者。为此，就要深入学习马克思主义基本原理及马克思主义中国化的理论成果，特别是学习习近平新时代中国特色社会主义思想，让真理武装我们的头脑，让真理指引我们的理想，让真理坚定我们的信仰。要坚持学而信、学而用、学而行，把学习成果转化为不可撼动的理想信念，转化为正确的世界观、人生观、价值观，用理想之光照亮奋斗之路，用信仰之力开创美好未来。

当代青年要积极投身新时代中国特色社会主义事业，勇做担当中华民族伟大复兴大任的时代新人。我们的国家正在走向繁荣富强，我们的民族正在走向伟大复兴，我们的人民正在走向更加幸福美好的生活。展望未来，我国青年一代肩负历史重任，必将大有可为，也必将大有作为。当代中国青年要投身新时代中国特色社会主义事业，投身党和人民在中国特色社会主义新时代的伟大奋斗；要以勇于担当的精神，做走在新时代前列的奋进者、开拓者、奉献者，以执着的信念、优良的品德、丰富的知识、过硬的本领，同人民群众一道，担负起历史赋予的重任，在实现中华民族伟大复兴中国梦的生动实践中放飞青春梦想。

第二节 "马克思主义基本原理"实践课程教学 应当坚持的原则

一、"马克思主义基本原理"实践课程教学应坚持的基本原则

按照教育部《新时代高校思想政治理论课教学工作基本要求》，实践教学作为课堂教学的延伸拓展，重在帮助学生巩固课堂学习效果，深化对教学重难点问题的理解和掌握。要制定实践教学大纲，整合实践教学资源，拓展实践教学形式，注重实践教学效果。网络教学作为课堂教学的有益补充，重在引导学生学习基本知识、基本理论等内容。要深入研究网络教学的内容设计和功能发挥，不断创新网络教学形式，推动传统教学方式与现代信息技术的有机融合。国家要求，"马克思主义基本原理"课程在实践教学方面有固定学时的课程安排，思想政治理论课教学科研二级机构要定期组织全员集体备课，集中研讨教学共性问题，促进各门课程有效衔接。要组织教师集中学习党中央重大方针政策和决策部署，及时将党的理论创新最新成果贯穿融入教学，充分体现课程的思想性、理论性、时效性。

教育部印发的《新时代高校思想政治理论课教学工作基本要求》中指出，"马克思主义基本原理"课程实践教学应坚持以下基本原则：

一是坚持正确政治方向，强化思想政治理论课价值引领功能。

二是坚持全流程管理，贯穿思想政治理论课课前、课中、课后各环节。

三是坚持规范化建设，不断健全思想政治理论课教学工作制度。

四是坚持增强获得感，促进思想政治理论课教学有虚有实、有棱有角、有情有义、有滋有味。

二、"马克思主义基本原理"实践课程教学应坚持的一般原则

实践教学是促进学生转识成智的重要方法，也是促使学生坚定马克思主义信仰的根本途径。构建有特色、有吸引力的实践教学体系必须注重理论教学与实践教学的"贯通"与"互动"，坚持理论学习与实践教育相结合、双

主教学模式与能力教育相结合、课堂教学与在线教学相结合、将问题意识贯穿于实践教学中等一般原则。

实践观点是马克思主义认识论首要和基本的观点。实践催生了对认识的需要，为认识提供了可能，使认识得以产生和发展，也是检验认识真理性的唯一标准，构成了认识的基础。

（一）理论学习与实践教育相结合

理论联系实际是中国共产党思想路线的根本途径和方法，是马克思主义学风的集中体现。教学理论来自实践，且可反过来指导实践。正如邓小平所言："学马列要精，要管用的。"

理论学习与实践教育相结合要求在"马克思主义基本原理"课程教学过程中特别注意联系多方面的社会实际。

首先，要注意时间性，尤其是联系当代中国特色社会主义走向强国的实际。当代中国面临的时代任务要求"马克思主义基本原理"课程必须对当代的新现状进行针对性解答。

其次，要注意需求性，即要联系当代学生的学习实际和生活实际，要关注新时代大学生感兴趣的话题。

最后，要注意方法性，联系当代教学现实。一段时间以来，由于大班教学及一些其他的主客观因素影响，高校教学中学生参与度低，因此"马克思主义基本原理"课教学必须注重讲授方法的多样性以提高教学实效。

总之，坚持理论学习与实践教育相结合，既要讲求科学性和系统性，也要联系社会现实的时间性、学生现实的需求性以及教学现实的方法性等。①

（二）双主教学模式与能力教育相结合

在马克思主义认识论中，主体是指具有思维能力、从事社会实践和认识活动的人；客体是指实践和认识活动所指向的对象。长期以来，这种主客二分的思维模式也渗透到了"马克思主义基本原理"课程教育中。随着高等教育的发展，我们开始强调教师的主导地位和学生的主体地位，教师与学生共同构成了教学活动的两端，知识教育变成了能力教育，实现了自主学习转识成智的目标。坚持双主教学与能力教育相结合的原则，应特别注意发挥教师

---

① 郭华，李雨燕."马克思主义基本原理概论"课实践教学四结合原则论析 [J]. 当代教育理论与实践，2015，7（11）：53-55.

和学生的主动性和自觉性。实现此种转换必须着重关注以下两个方面。一是发挥教师主导作用，明确其设计者和组织者角色。毋庸置疑，"马克思主义基本原理"课程的教学实效怎样，能否发挥作用，关键在于教育者角色扮演成功与否。教师的教学能力、教学水平等个人素质直接影响到教学设计的实现等，因此高校师资队伍建设是其中最为重要的一环。二是发挥学生主体作用，明确其执行者和参与者角色。在教学活动中，如果说教师是导演，那么学生就是演员。现在很多高校"马克思主义基本原理"课程推广的情景剧教学法就是其中一个很重要的尝试。

（三）课堂教学与在线教学相结合

课堂教学与在线教学有效结合的"混合式教学法"能创新性地整合思想政治理论课各资源要素。思想政治理论课实践教学是大学生思想政治教育的主渠道之一，而思想政治理论课建设的基础在"课程"、重点在"思政"、关键在教师、成效在学生。"混合式教学法"创新性地整合了这些要素，调动了学生参与学习的积极性和主动性，发挥了以学生为主体、教师为主导的教学理念的优越性。将"混合式"教学模式应用到"马克思主义基本原理"课程教学中，适应了在网络在线教学兴起的背景下，兼顾课堂教学和在线教学两种教学模式的趋势，实现了课堂教学与在线教学方法上的有机结合。将课堂教学中讲授法、讨论法、专题教学法、问题链教学法等与在线教学分类讨论、主题回复、头脑风暴等方法优势互补、有效结合，能更好地发挥教师的主导作用，调动学生的学习主动性，实现两者的有效衔接和有机融合。

通过网络教学平台，封闭式教学实现了向开放式教学的转变，同时让教师告别了"一张嘴、一支粉笔、一块黑板、一本教材、一间教室"的"五个一"的尴尬。

（四）将问题意识贯穿于实践教学

社会在不断发展，时代在不断前进，学生的需求以及遭遇的问题也千变万化，因而，搞好实践教学环节需要授课教师有敏锐的问题意识。所谓问题意识，就是要善于发现问题、提出问题、直面问题、研究问题、回答问题，积极推动问题的解决。马克思主义能够永葆青春活力的一个根本原因，就在于它有着鲜明的问题导向，与时代和现实保持着密切的联系，不断地回应时代主题。在"马克思主义基本原理"课程的实践教学环节中，既要关注世情、国情、民情等"大问题"，也要关注学生成长成才等"小问题"；既要关注社会政治经济以及生态环境等"显"问题，也要关注学生的思想意识与心理状况等"隐"问题。[①]

第三节 "马克思主义基本原理"实践课程设计的主要教学主题

"马克思主义基本原理"课程的内容涵盖了哲学、政治经济学和科学社会主义三个基本组成部分，实践范围广泛。"马克思主义基本原理"课程实践教学设计的主题重点要围绕以下四个方面进行。

一、世界观、人生观和价值观教育

习近平在北京大学考察时指出，"青年的价值取向决定了未来整个社会的价值取向，而青年又处在价值观形成和确立的时期，抓好这一时期的价值观养成十分重要。这就像穿衣服扣扣子一样，如果第一粒扣子扣错了，剩余的扣子都会扣错。人生的扣子从一开始就要扣好"。高校时期是大学生的世界观、人生观和价值观形成的重要时期，而当今开放而多样的文化环境对他们的成长产生了重要影响。如果世界观、人生观和价值观不正确，就不能唯物辩证地看待社会、现实、他人和自己。"马克思主义基本原理"课程作为高校思想政治理论课之一，是社会主义核心价值观教育的核心课程。所以，"马克思主义基本原理"课程实践教学首要的就是对青年学生进行价值引领，引导学生确立正确的世界观、人生观和价值观，尤其要融入社会主义核心价值观教育，引导学生自觉践行社会主义核心价值观。

二、理想信念教育

习近平在同各界优秀青年代表座谈时指出："历史和现实都告诉我们，青年一代有理想、有担当，国家就有前途，民族就有希望，实现我们的发展目标就有源源不断的强大力量。"青年对马克思主义的信仰直接关系到中国特色社会主义的前途和中华民族的命运。

鉴于此，我们一方面要带领学生认真学习马克思主义经典著作，正确解

---

① 项松林，李虹.时代化、生活化、青年化："马克思主义基本原理"课实践教学探索[J].
牡丹江大学学报，2016，25（6）：150-152.

读马克思主义社会形态理论，另一方面要结合中国的历史和现实实践，讲清楚共产主义远大理想和中国特色社会主义共同理想的辩证关系，把远大目标和实现目标的过程、步骤有机联系起来。马克思曾明确指出："共产主义对我们来说不是应确立的状况，不是现实应当与之相适应的理想。我们所称为共产主义的是那种消灭现存状况的现实的运动。这个运动的条件是由现有的前提产生的。"① 共产主义作为现实的运动，就是改造和消灭现存的不合理的非人性状况，就是无产阶级反对资产阶级的革命斗争，而指导着这个斗争的目标是实现人的自由全面发展的共产主义。很显然，马克思反对把共产主义当作"理想"，是有特定含义的。首先是反对当时的空想主义者，从人的"理性""应该"去"发现"理想，而一旦发现，就成了永远不变的永恒真理，靠着人们的理性就能够自动实现。马克思所说的共产主义亦即科学的社会主义是一种科学的理论，是植根于社会形态依次更替的历史发展规律得出的结论，同时是不断发展的理论。其次，马克思强调的是共产主义作为一种现实运动的"现有的前提"和"既定的历史环境"，告诫后来者不能忽略这一点，不能教条地对待共产主义。

共产主义远大理想的实现是一个过程，包含许多具体的目标或阶段性理想，需要一代代共产主义理想的追求者付出辛苦的努力。中国共产党是最高纲领与最低纲领的统一论者，最高纲领是共产主义，最低纲领即每个阶段的具体目标。一部中国近现代史就是中国人民不断探索民族独立、人民解放道路的历史，是实现民族振兴、国家富强的历史。坚持走社会主义的道路，是中国共产党和中华民族长期探索并最终选择的结果，只有社会主义才能救中国、才能发展中国，这是中国人民经过正反两方面的经验教训而形成的基本信念和最大共识。

中国特色社会主义理论是中国共产党人把马克思主义基本原理同当代中国实际和时代特征结合起来形成的重大成果，是立足于社会主义初级阶段这个基本国情而形成的各种方针路线的总概括，是在中国如何建设社会主义问题上的伟大创造。

正是在中国特色社会主义理论的指引下，我们党领导全国人民进行了改革开放，取得了举世瞩目的成就。我们也必须看到，我国社会经济发展和进步在取得重大成就的同时，带来一些矛盾和问题，如诚信缺失、道德失范

---

① 中共中央马克思恩格斯列宁斯大林著作编译局.马克思恩格斯选集：第 1 卷 [M].北京：人民出版社，1972：166.

等。对于这些问题，我们绝不能采取不承认和回避的态度，相反，应该在如实承认的前提下认真研究其形成原因和应对之策。原因肯定是多方面的，而其中的一个重要原因就是理想信念的淡漠和缺失。因此，我们在高校思想政治教育中一定要结合马克思主义原著和中国近现代历史的学习，进行中国特色社会主义共同理想教育，用共同理想凝聚大学生的精神力量、激发他们参与现代化建设的积极性和使命感。特别是教育青年学生处理好远大理想和共同理想的关系，把握好目标和过程的有机统一，深刻把握社会主义初级阶段的基本国情，全面了解改革开放所取得的伟大成就，既不妄自菲薄，又不妄自尊大；既要有雄心壮志，又要能脚踏实地，在建设中国特色社会主义事业中贡献力量。

因此，"马克思主义基本原理"课程实践教学要立足于对青年学子的理想信念教育，积极挖掘对他们有启发性和感召力的正能量教育内容，帮助和引导大学生树立坚定的马克思主义信仰，使他们成长为社会主义的合格建设者和可靠接班人。

三、人文素质教育

世界观和人生观问题如果离开了人文素质和科技素质就成了无源之水和无本之木。现阶段我国所进行的加强文化素质教育工作，重点指人文素质教育，主要是通过对大学生加强文学、历史、哲学、艺术等人文社会科学方面的教育，同时对大学生加强自然科学方面的教育，以提高全体大学生的文化品位、审美情趣、人文修养和科学素质。要提升学生的人文素养，大量开设人文选修课并不现实。"马克思主义基本原理"课程以科学的世界观和方法论对学生进行系统的理论教育，理论性和思辨性强，人文学科知识范围广，涉及哲学、美学、历史学、伦理学和经济学等诸多领域，可与人文素质教育相互渗透。

人文素质教育是文化建设的一种体现，而文化是社会意识的重要组成部分。唯物史观中的社会存在与社会意识辩证关系对于指导社会文化建设具有重要意义。

一方面，社会存在决定社会意识。社会存在是社会意识的客观来源；社会意识是人们进行物质交往的产物；随着社会存在的发展，社会意识或迟或早地发生相应变化和发展。

大学生人文素质教育是社会意识的一部分，深受社会存在的影响。随着社会主义市场经济的迅速发展和经济体制的不断改革，政治体制和文化体制不断改革。其中，文化体制改革中最重要的是加强社会主义精神文明建设。社会存在决定社会意识，物质生活条件不断提高，精神水平就会随之提高。由于大学生在社会发展和进步中扮演着重要角色，大学生人文素质教育成为精神文明建设的重要组成部分。尽管遇到重重困难，但是我们要坚持大学生人文素质教育，纠正大学生普遍存在的思想问题，推动大学生人文素质教育水平的提高。

另一方面，社会意识反作用于社会存在。社会意识在本质上是以观念的形式反映出来的社会存在，具有相对独立性，并反作用于社会存在。社会意识有相对独立性，主要表现为社会意识与社会存在发展的不平衡性；社会意识内部各种形式之间相互影响及各自具有的历史继承性；社会意识对社会存在的能动的反作用。

网络是一把"双刃剑"，在为大学生提供学习和信息资源的同时，使大学生受到了不同国家、民族的文化和观念的影响和冲击，这就要求大学生提高辨别不同信息资源的能力，取其精华，去其糟粕，提升道德标准，严格要求自己。社会存在决定社会意识，但是不能忽视社会意识对于社会存在的反作用，因此大学生人文素质教育势在必行。

总之，"马克思主义基本原理"课程实践教学环节要真正做到贴近学生、贴近实际和贴近生活，渗透人文关怀，全面培养大学生的人文精神，从而提高大学生的人文素质。此外，习近平在庆祝中国共产党成立95周年大会上的讲话中指出，文化自信是更基础、更广泛和更深厚的自信。在5 000多年文明发展中孕育的中华优秀传统文化、在党和人民伟大斗争中孕育的革命文化和社会主义先进文化，积淀了中华民族最深层的精神追求，代表着中华民族独特的精神标识。因此，"马克思主义基本原理"课程实践教学也要注重对学生进行传统文化教育。

四、理论思维能力的培养

大学生是国家的未来，是社会主义和谐社会建设的主要力量。高校要肩负起大学生思想政治教育的重任，重视大学生思想政治教育过程，培养高素质的人才，帮助大学生为参与激烈的社会竞争做好充分的准备。唯物辩证法认为，事物的矛盾运动促进事物运动和变化，且矛盾的性质和斗争形式不是固定不变的，而是在一定条件下可以相互转化的。大学生思想政治教育的根本任务就是转化人们的思想行为，培养人们的理论思维能力，引领人们主动接受先进的文化思想。世界上每一个事物和现象的存在和发展都受它所处的周围条件的影响、作用和制约。要促进大学生思想政治教育中的矛盾转化，必须注意分析思想政治教育中的条件。条件是多方面的，作为教育主体，要根据不同的条件，有针对性地对大学生展开教育工作，促使大学生的思想走向更利于自己发展的方向。

"马克思主义基本原理"课程作为对青年学生进行马克思主义理论教育的主阵地和主渠道，不仅担负着引导学生学会运用马克思主义立场、观点、方法观察和解决问题的重任，还具有提高学生理论素养与理论思维能力的作用。因而，教师在实践教学环节要遵循与体现这一重要教学目标，引导大学生用马克思主义哲学武装自己的头脑，学会以唯物辩证法为指导，提高分析和解决实际问题的能力。学生在实际的学习和生活中要不断增强战略思维能力、历史思维能力、辩证思维能力、创新思维能力和底线思维能力。只有具备正确的理论思维方法，才能透过现象看本质，才能在变化中把握规律，也才有能力解决各种实际问题。

第四节 "马克思主义基本原理"实践课程设计的主要教学模式

一、课堂演讲模式

学生的课堂演讲是"马克思主义基本原理"课程的实践教学模式之一，其在不影响正常的理论教学活动的前提下，由学生自主安排，教师引导。因为"马克思主义基本原理"课程属于理论性很强的一个课程，为了便于学生更好地理解马克思主义的思想，建议可以将以下两个方面当作教师引导学生选择演讲题目的依据：一是结合新时代的世情、国情、党情、省情、校情等选择演讲题目；二是结合学生自己所学专业，将"马克思主义基本原理"课程的演讲题目与本专业密切结合，以使学生对自己所学专业的培养计划模块及目标有一个切身的体会与理解。

为了做好课堂演讲模式下的"马克思主义基本原理"课程实践教学工作，教师还应注意以下两个方面。

（一）理解学生是做好课堂演讲的基础

教师的备课内容不仅包括课程内容，还包括对自己所教学生的认知与理解，这样才有可能获得更好的效果。任课教师不仅要把学生当作主体，还要能真正理解学生，真正把握学生的特点。

理解以认知为基础，却是非认知的体验过程。因此，马克思主义基本原理课教师的课堂教学不仅要考虑课程教材、教法和相关文献资料进行理论教学，还要深入了解学生对教育的需求，更要从学生的生命存在和思想实际出发，适当组织学生课堂演讲，给学生一个体验、表现和感受人生的模拟舞台。

身处当今信息时代的青年大学生，不仅思维活跃、知识面较广，而且富有理想和激情。他们不满足于单纯接受现成的理论知识，而渴望在"知其然"的同时"知其所以然"。事实上，每一个学生都有自己丰富的内心世界和独特的情感表达方式。他们不仅希望能在高校课堂上把书本中的理论知识和社会现实联系起来，不断提高自己发现问题、分析问题、解决问题的能力，还希望表现自己独特的个性、品质和具有的才华、风采，真正得到"作为人的人"的理解和尊重。通常，当代青年大学生都很在乎教师的理解和尊重，希望教师不再把他们看作客体，而是看作主体，看作具体的、现实的、有生命力的个体。教师需要放下权威姿态，热爱学生、尊重学生、了解学生。一切真正有效的和成功的教学，必然是热爱学生、尊重学生、了解学生的教学；不是教师对学生的"命令"和"说服"，而是提供"影响""选择"和"引导"。热爱、尊重和理解学生是教育的技巧，也是教师的天职，且这些强烈的感情具有强大的精神动力，能够激发和推动师生共同向着选定的目标前进。

（二）教师引导与点评是课堂演讲的关键

强调以学生为主体，就是要充分发挥学生的积极性、主动性和创造性，而教师只进行一般性的引导和政治性的把握。

1. 教师应制定具体的课堂演讲目标和要求

在"马克思主义基本原理"课程教学伊始，任课教师必须详细讲解本门课程课堂演讲的目的、内容和方法，布置课堂演讲任务。

2. 教师应调控课堂演讲活动的过程和全局

任课教师布置课堂演讲任务后，过程控制就开始了。在学生自行分组过程中，学习委员必须把本班学生分组及小组负责人的情况汇报给教师，经教师审查并签署意见认可后方能进入下一个环节或阶段。如果发现有问题，则要求学生进行适当的修改，重新准备。在自行确定主题和提纲时，教师要求每个小组负责人与学习委员保持联系，学习委员则与教师保持联系，确保选题和提纲不出现偏差，共同协商一致后再进行具体的分工协作。在进行课堂演讲实践教学时，教师必须掌控全过程。在准备阶段，教师应及时了解、掌握各个小组的进展和各项具体活动开展的详细情况，同时动态把握活动的进展情况，及时进行调整。在学生上台演讲时，教师必须从内到外做到暂时搁置己见，调整好心态，努力做一个认真的倾听者，认真地关注、反思演讲过程中学生表达的主要观点以及学生听众的反应，并在学生演讲完成后适时地进行积极的回应。当然，这种回应必须使用马克思主义的立场、观点和方法。

3.教师应建立和完善课堂演讲的督评机制

在课堂演讲的过程中，教师对学生进行督评：首先，演讲前是否有明确的选题和提纲；其次，全小组成员是否按照要求进行了分工协作；再次，课堂演讲是否控制了时间，讲出了应有的精彩；最后，演讲完成后是否按时、按要求写出了总结报告，报告的内容是否突出了主题，是否有材料、有观点、有分析。教师在督评机制确立以后，应据此尽可能客观、公允地评价学生的课堂演讲，且以表扬、肯定和奖励为主。

二、观看教学录像与课外研读模式

观看教学录像。在教学过程中，教师根据内容适时播放如《不朽的马克思》《大国崛起》《共产党宣言》《公司的力量》《正道沧桑》《国情备忘录》《理响新时代》等视频资料，通过引导学生观看史实资料，聆听客观讲解，加深学生对教学内容的理解，进一步提升教学效果。

课外研读。教师在授课过程中将理论教学与学生生活实际结合起来，形成有效的第二课堂。根据课程的内容，确立研读书目，让学生课下收集资料，搜索参考网站，理论切入实际，让学生辩证思考，对学生分析问题和研究问题的思维习惯的培养具有很好的作用。大体可以把阅读书目分为人物传记类、人生哲理类、科学与文化类、当地经济政治与社会发展类等类型。

三、项目教学法模式

项目教学法是以行动为导向的教学方法，主要培养学生的创新能力。它是把整个学习过程分解为一个个具体的工程或事件，设计出一个个项目教学方案，按行动回路设计教学思路，不仅传授给学生理论知识和操作技能，还培养学生解决问题的能力、接纳新知识的学习能力以及与人协作的社会能力等。它是在教师的指导下学生自主学习的教学形式，而将个体学习目标转化为团队合作获取、运用、创新知识的目标，可使学生的思维方式由崇拜知识转向挑战知识，从而达到具有较高综合素质和创新能力的新工科工程人才培养目标。项目教学法的核心追求是不再把教师将掌握的现成知识技能传递给学生当作目标，而是教师指导学生去寻找得到结果的途径，最终得到预想结果，并进行展示和自我评价。也就是说，学生学习的重点在学习过程而非学习结果，他们在这个过程中锻炼各种能力。教师是学生学习过程中的引导者、指导者和监督者，可使学生拥有积极性。

当然，项目教学法这种模式在实施的过程中也有需要注意的问题，如项目中学生工作的分配。工作的分配是项目教学中最大的难题，因为是真实项目，所以就必须采用系统方法进行分组，尤其在项目合成阶段，参与的人数较少。另外一个问题就是指导教师的精力问题。思想政治理论课的师生比如果大于 1：350，教师所带学生太多，没有更多的时间和精力对学生进行全程的个别辅导，那么必然限制实践结果的完成质量。这些都需要在今后的实践中进一步完善。

四、MOOC 教学模式

随着大规模在线开放课程教学的推广，"马克思主义基本原理"课程的实践教学也需要不断创新，以顺应"互联网+"时代的发展需要。在此背景下，对 MOOC 教学模式下"马克思主义基本原理"课程虚拟实践教学进行分析，无疑对提高"马克思主义基本原理"课程实践教学实效性具有重要价值。

"马克思主义基本原理"课程的实践教学不论采用何种方式，其目标都在于培育合格的人才，促进人全面、充分和自由发展，因此，"马克思主义基本原理"课程虚拟实践教学与现实实践教学有必要共同发挥作用。两者是有契合点的，包括理念的契合、内容的契合和方法的契合。

（一）MOOC 教学模式下"马克思主义基本原理"课程虚拟实践教学的理念

MOOC（massive open online courses），即大规模在线开放课程，它实

现了从"接受式学习"到"主动式学习"、从"传授范式"到"学习范式"的转换。①能不能将 MOOC 的教学理念融入"马克思主义基本原理"课程实践教学是一个需要思考的问题。在互联网时代，"马克思主义基本原理"课程实践教学要鼓励学生利用信息手段主动学习、自主学习、合作学习，培养学生利用信息技术学习的良好习惯，发展兴趣特长，提高学习质量，同时增强学生在网络环境下提出问题、分析问题和解决问题的能力。随着信息化的发展，"马克思主义基本原理"课程实践教学也需要创新理念，以适应形势发展的需要。

1."重素质教育"的理念

"马克思主义基本原理"课程实践教学的目的在于培养大学生科学的世界观、人生观和价值观，在于素质养成。利用 MOOC 进行虚拟实践教学，需要从提升大学生素质的目的出发，精心设计出多个可供选择的问题，如创新型国家建设、中国梦、亚投行等社会热点问题，供学生讨论。然后，教师公开点评、学生互动相结合促进大学生素质提高。

2."重学生主体"的理念

在 MOOC 模式下，传统的"重教师主导"的理念逐渐弱化，"重学生主体"的理念已成为此模式下的发展趋势。从"重教师主导"到"重学生主体"这一转换的关键在于大学生在实践教学中从被动接受到主动接受的过程。对于如何充分发挥学生的主体作用，让学生动起来这一问题，MOOC 之"线上""线上—线下"互动翻转教学模式能很好地加以解决。在 MOOC 的虚拟实践教学中，每个学生都可以随时发表自己的意见，充分发挥自己的主动性，这与不能多人同时进行的现实实践有所不同。

3."重个性发展"的理念

教育的最高境界是为每一个孩子的个性发展提供必要的支持。在新的时代背景下，"马克思主义基本原理"课程的虚拟实践教学要符合"90后""00后"大学生普遍个性化的规律，并在 MOOC 的教学模式中践行。教师可以通过 MOOC 的视频资源、案例资源、微课资源、图片资源等，根据不同的

---

① 王成名. MOOC 视阈下高校思政课课堂实践教学理念创新的思考[J].北京城市学院学报，2015（3）：66-70.

课程内容，以多样化的展示方式，让大学生有自主选择的空间，可以边学习边思考，在此基础上进行个性大讨论，让思想政治理论课虚拟实践教学真正地"活"起来。

（二）MOOC教学模式下"马克思主义基本原理"课程虚拟实践教学的设计

1. 通过"虚拟现实"进行虚拟体验

教师通过布置实践教学任务，让学生在虚拟现实中寻找现实中存在的爱国主义教育基地及其展览。例如，教师可以让学生搜一下"上海世博会"，通过"上海世博会"了解历届世博会，掌握世博会的由来、背景、地位，以及中国为什么要申报世博会，申报世博会的意义何在，世博会的申报流程、举办日程等相关问题，由此让大学生进一步思考，如果他们去申报世博会，会有怎样的规划和想法。另外，教师还可以通过网上博物馆、纪念馆的参观、体验，加强针对学生的爱国主义教育。学生在参观完之后，可以通过文字、图表、视频等形式展示其所得。总之，"马克思主义基本原理"课程的虚拟体验旨在增强学生以爱国主义为核心的民族精神和以改革创新为核心的时代精神。

2. "网事现象"研究

"网事现象"研究主要是指大学生对大数据时代的现实体验，即学生针对网络世界所关注的理论问题或现实问题进行数据提取和总结分析，形成自己的想法和观点，最终以研究论文的形式呈现出来，并以数字化的形式上交。这种形式有助于提升大学生发现问题、分析问题和解决问题的能力，使大学生具备世界眼光、未来眼光和问题眼光。

3. 网站或网页的设计

对于学习计算机专业、信息专业或信息管理系统等专业的学生，教师可根据学生的专业特点和优势，让学生通过掌握的互联网知识，围绕课程所学内容设计专题，制作专题网站或网页，如"马克思主义基本原理学习网""改革开放专题""'一带一路'专题"等。学生所提交的成果应当是信息量大、更新速度快、栏目清晰明确，同时符合互联网技术标准、安全标准，且便于浏览的。

（三）MOOC 教学模式下"马克思主义基本原理"课程虚拟实践教学的实施

1. MOOC 教学模式下"马克思主义基本原理"课程实践教学的实施原则

（1）现实内容与虚拟形式有机结合的原则。在 MOOC 模式下，"马克思主义基本原理"课程的实践教学宗旨在于运用马克思主义的理论和观点分析理论热点与现实问题。MOOC 作为实践教学的一种形式、一种手段，是为其内容服务的。因此，我们有必要让学生认识到互联网技术只是一种工具，是为了更好地完成实践学习任务而使用的载体，而学会理性分析并能合理、正确和恰当地表达才是问题的关键。

（2）学生主体与教师主导有机结合的原则。虽然互联网时代的技术为实践教学过程中学生主体性的发挥提供了可能性条件，但学生主体性作用的发挥与教师主导性作用的发挥并不矛盾。因此，把握好两者之间恰当的度，做到学生不放任自流、教师不放弃职责，才有可能使实践教学过程有序进行，从而达到预期目标。

（3）课堂教学与虚拟实践教学有机结合的原则。在 MOOC 模式下，课堂教学与虚拟实践教学的目的仍然具有内在的统一性，即都是坚持培养"四有"人才，促进大学生思想道德素质和科学文化素质的提高，实现人的自由全面发展。根据课堂教学和虚拟实践教学的不同特点，课堂教学可以侧重理论性、系统性的学习，而虚拟实践教学可以侧重课堂学习内容的进一步理解、深化、具体化和践行设计，只有两者实现有机结合，才能为实现育人目标提供可能。

2. MOOC 教学模式下"马克思主义基本原理"课程虚拟实践教学的具体实施形式

实践教学是思想政治理论课不可或缺的重要组成部分，是与课程相联系、由教师主导的教学活动。

（1）MOOC 的翻转式课堂——课内实践的实现。翻转式课堂教学模式赋予了学生更多的自主性，使学生可以选择适合自己的方式接受知识，便于同学之间、师生之间的相互交流和沟通。MOOC 作为生成式课堂，初始只是提供少量相关资料，让学生通过对某一领域的话题讨论、组织活动、思考和交流而获得知识，其课程资源呈现动态汇聚的特征，而不是静态固定的。在学习过程中，学生将课程中的内容与课程外的知识相交叉、相混合，将自己获得的资源与课程所提供的资源结合起来，并通过博客、书签等方式公布，分享新资源，从而实现课内实践。

（2）MOOC 的 RSS 等分享形式——社会实践的实现。思想政治理论课的社会实践教学是课内实践的进一步延伸，为大学生走向社会做了必要的准备。在 MOOC 模式下，任课教师，或助课教师，或班级社会实践委员，将班级成员按社会实践内容划分为若干个小组，由小组长负责带领小组参加社会实践，定期进行研究、讨论，并交换意见、互传社会实践材料，使社会实践中的精彩片段通过互联网视频分享网站公开享有，制作的其他如 PPT 和调查研究报告可以通过 RSS 等形式分享。

当然，不论采用何种形式的实践教学，"马克思主义基本原理"课程教学都无法完全脱离现实的实体教学，且这种面对面的交流和各种形式的实地考察是十分必要的。MOOC 模式下的虚拟实践教学只能是一种有益的、必要的补充，进而与课堂教学、与现实的实践教学相得益彰，以获取更好的效果。

第七章　课程思政背景下高校思想政治理论课实践教学考核体系建设

　　近年来，我国高校不断深入推进课程思政建设，围绕课程思政的理论研究与实践探索取得了一定成果。未来，高校将继续深入推进课程思政建设，创新思想政治教育育人的思路与模式，这就需要加快建设相关实践考核体系。

　　为了更好更快地实现我国课程思政建设目标，全面提高大学生的思想政治素养，保障思想政治教育工作的科学性和实效性，必须构建合理的思想政治教育工作质量考核体系。实践教学是高校思想政治理论课的重要组成部分。在实践教学过程中，实现教学内容与教学形式的统一，达到教学内容"入耳""入脑""入心"是实践教学必须解决的重点和难点。因此，构建内容全面、指标合理、方法科学的考核体系，是确保实践教学具有实效性的重要手段。教师的教学水平与能力、教学方式与方法的选择、教学载体与途径的运用等教学要素，是构建良好的考核体系的关键影响因子。良好的实践教学考核体系可以对大学生在实践教学过程中的能动性进行考核，促进大学生充分发挥自己的能力和智慧，有效满足大学生自我发展的需求；不仅有助于实践教学的健康发展，还为高校深化人才培养模式改革，改进和完善思想政治理论课教学模式提供了科学依据。

第一节　构建思想政治理论课实践教学考核体系的意义

一、有利于规范思想政治理论课实践教学，激发学生的学习兴趣

　　思想政治理论课实践教学考核体系是规范教学行为、提高教学质量的重要手段。科学、合理、全面、可行的思想政治理论课实践教学考核体系能够加强对教师的教、学生的学两方面的监控，从而把握思想政治理论课实践教学整体情况，提高教学质量。实践教学更突出学生的主体性和主动性，强调学生在教学活动中的主体参与，从而激发学生的学习兴趣。教师监督学生

亲自参与和体验教学实践活动，通过合理的考核标准引导学生在社会实践活动中接受教育，使学生在对现实问题和国家经济社会发展进行实际分析的过程中加深对理论的认识和理解，减少教学活动中的盲目性，从而使他们能够把对理论的学习和掌握内化于头脑和心灵，并逐步转化为处理各种问题的立场、观点和方法。

二、有利于实现思想政治教育的目标，推进课程的建设

思想政治理论课实践教学考核体系应当突出以学生为本的教育理念，把学生的成长发展当作教学活动的出发点和落脚点。构建思想政治理论课实践教学考核体系，为开展实践教学活动提供了明确的方向和标尺，有利于教师更好地编写教学大纲、设置教学目标、创新教学内容、组织实践教学、改进教学方法、展示教学成果等；有利于学生端正学习态度、积极参与实践、认真总结收获；有利于客观、公正地判定学生的实践成绩，提高实践教学质量。合理利用思想政治理论课实践教学考核体系可以增强师生的荣誉感、成就感和责任感，有利于最大限度地调动师生参与思想政治理论课实践教学的积极性、主动性和创造性，从而提高高校思想政治教育的实效性。

三、有利于提高思想政治理论课教师教研积极性，实现教学相长

在思想政治理论课实践教学中，好的考核体系是促进思想政治理论课教师教研发展的重要保障和推动力。思想政治理论课实践教学考核体系包括四个要素：考核主体、考核标准、考核方法、考核客体。教师可以通过对考核主体的认知，在科学合理的考核方法的指导下，确定具体的考核标准，与学生互动交流，在考核已实现的实践客体中发掘参与主体的创造性。总之，构建思想政治理论课实践教学考核体系有利于思想政治理论课教师开展实践调研，并在调研中找到完成教研课题的第一手资料，实现教学相长。

第二节　构建思想政治理论课实践教学考核体系应坚持的基本原则

检验教学效果必须看其是否使学生更加信仰马克思主义，更加拥护中国共产党的领导，更加坚定走新时代中国特色社会主义道路的信心，在个人品德修养方面是否有明显进步。构建思想政治理论课实践教学考核体系是一个

系统复杂的过程，既需要考虑考核过程和考核内容的合理性，又需要考虑考核方式方法和考核指标体系的科学性，还需要考虑考核结果的客观性、公正性和准确性等。因此，构建和完善考核体系，先要考虑如何检验实践教学的效果，要把政治方向性、思想品德性摆在首位。恩格斯曾指出，"辩证法在考察事物及其在观念上的反映时，本质上是从它们的联系、它们的联结、它们的运动、它们的产生和消逝方面去考察的"①。高校在构建思想政治理论课实践教学考核体系时，应准确把握三个基本原则。

一、坚持可行性与合规律性原则，确保考核体系"活"起来

思想政治理论课实践教学考核体系具有实际操作性和现实可行性，可促进学生全面发展，改进实践教学。考核过程中要尊重和遵循高等教育发展的基本规律，以立德树人为核心，把握学生成长成才的基本规律和社会实践活动的运行规律。实践教学考核体系要客观地反映思想政治理论课教育教学中的各种价值关系，包括教与学、教学与管理、个体与群体、学校与社会等各种价值关系。基于学生学懂、弄通、做实课堂理论教学内容的需要，要善于发现实践育人的工作规律，要从考核内容和指标体系的数据分析中寻找事物的规律性。在考核中重视学生思想认识的提高度和行为方式的转变度。不仅要注重结果，还要注重过程，让学生在教学活动中接受情感体验和思想升华。以"知行合一"为导向，提升思想政治理论课教学考核的灵活度。

二、坚持公正性与准确性原则，确保考核体系"实"起来

思想政治理论课实践教学考核体系的构建最终要落到考核结果的效用上。思想政治理论课实践教学考核体系应该保证考核结果的公平、公正和准确。考核学生重在引导他们形成正确的学习目的、充分的学习兴趣、科学的学习方法，对教师的考评要有利于引导和规范教师的实践教学活动，调动其积极性，引导他们发掘潜能，有效提高教学水平，增强教学效果，最终达到实践育人目标。因此，在构建思想政治理论课实践教学考核体系过程中，要有明确的考评标准，并组织相关教师对所拟定的考评标准进行论证，使其更加规范严谨。同时，要高度重视考核信息的收集，因为考核信息收集越充分，处理信息的手段越科学，考核结果就越准确，也将具有更强的针对性和

---

① 中共中央马克思恩格斯列宁斯大林著作编译局.马克思恩格斯文集：第9卷[M].北京：人民出版社，2006：25.

应用价值。考核体系具有了公正性和准确性，就会调动教师和学生参与实践活动的积极性。

三、坚持系统性与发展性原则，确保考核体系"合"起来

系统性原则是依据教学目的，在建章立制、依法管理的基础上，坚持把目标考核、过程考核和效果考核统一起来，保证实践教学的有序进行和实践教学质量的持续提高。发展性是在构建思想政治理论课实践教学考核体系时，用发展的思维去看问题，要将社会发展和学生发展的需求融合在一起，既要考虑学生的发展性指标，又要考虑学校与社会的发展性指标，引导学校对指标所涉及的内容加以投入和重视。将学校对教师的考核、教师对学生的考核、学生自评、学生对教师的考核等有机结合起来，有利于改进工作，保障实践教学的顺利开展。对学生实践成绩进行评定，一方面要在量上进行考核，即依照学生参加社会实践的课时数、出勤状况、实践报告的字数和格式的标准程度、实践报告的上交时间等可以量化的标准判定成绩；另一方面也要有质的要求，即对于学生选题的质量、实践的态度、实践报告的真实性和质量等要认真对待，从而进行科学合理的考核。对课程质量进行全方位的监控式考核，可推动思想政治理论课实践教学可持续健康发展。

第三节　思想政治理论课实践教学考核体系的重点内容

2018 年 4 月，教育部印发的《新时代高校思想政治理论课教学工作基本要求》再次明确"坚持规范化建设，不断健全思想政治理论课教学工作制度"的原则。思想政治理论课实践教学考核体系能否做到可行、科学、客观，达到加强和改进思想政治理论课教学，推动教学质量的目的，需要各要素之间协调统一，形成合力，而这也就需要在构建实践教学考核体系时从谁考核（考核主体）、考核谁（考核客体）、怎样考核（标准、方法、内容）、考核反馈（社会、家庭、学校是否感受到学生思想行为的变化）等方面入手，确保对学生整体素质进行综合评价。

一、考核主体和客体

随着实践教学日益受到重视和加强，大多数高校已经把思想政治理论课实践教学列入学校总体教学计划，制定了实践教学大纲，有的学校还编写了

实践教学教材，尽管不占用课堂教学时间，但显然已经纳入学校教学管理范畴。要激发学生参与的主动性与积极性，扩大学生在思想政治理论课实践教学监控与考核过程中的参与权、话语权，使他们的意见及时有效地反馈给教学管理部门、教师等，同时应当将教师在实践教学过程中的观念、态度、水平、能力及外部表现，如教学大纲的编写、教学实施计划的制订、教学活动的准备、教学主题的选择、教学方法和手段的运用、教学结束后对学生成绩的考核及自己对实践教学过程的总结等，都列入考评范围。教师主体的教学引导和学生主体的实践参与两者的有机统一是考核对象和重点。因此，在教学态度方面，对教师的课前准备程度、授课中精力的投入、教学的热情要有相应的要求；在教学内容方面，要对教师的表达、教学思路是否清晰、教学内容的时代性等方面进行考核；在教学方法方面，要考核教师教学方式的启发性和教学语言的表达，对学生的课本认知度和学习主动性进行考核，同时对学生在学习过程中是否获得马克思主义政治理论素养进行考核。

明确了思想政治理论课实践教学考核体系的主体，解决了"谁考核"的问题，还需要明确教学质量考核的对象，解决"考核谁"的问题。实践教学考核对象主要是高校思想政治理论课程的教育教学目标，要强化大学生对马克思主义理论尤其是中国特色社会主义理论的理解和掌握，使之牢固树立正确的世界观、人生观、价值观，坚定建设中国特色社会主义的信念。建构一种知识、能力、情感、素质"四位一体"的实践教学考核目标，主要是看大学生在实践活动中是否具备了灵活运用所学学科知识分析、解决实际问题和生成新知识的能力，如在实践过程中表现出来的理论联系实际的能力、观察能力、组织能力、创新能力、团队协作能力、分析和解决问题的能力，撰写实践报告时的逻辑思维能力、语言表达能力等。对情感目标的考核，主要是看大学生通过实践教学的熏陶，情感态度趋向是否符合马克思主义思想道德观，能否对实践活动中的所见所闻及收获进行正确的考核。对素质目标的考核，主要是看大学生通过实践教学是否提高了自身的思想政治素质，是否树立了正确的世界观、人生观和价值观，是否形成了正确的思维方式。

二、考核的具体标准

实践教学考核应根据客观的需要，坚持多样化，要重视对教师和学生实践教学全过程进行考核，打破"一纸定结果"的不科学做法。思想政治理论课实践教学不仅传授知识，还引导学生将知识内化为信仰，外化为行为，实现价值和信仰的传播。

　　思想政治理论课实践教学考核体系的建立，要落实《新时代高校思想政治理论课教学工作基本要求》。做好、做实思想政治理论课实践教学考核工作必须基于理论与实践、校内与校外、课内与课外"三个结合"的思路，将过程考核与结果考核结合起来、定性考核与定量考核结合起来、即时考核与延时考核结合起来，确保思想政治理论课实践教学考核体系落到实处。教学考核能够提供教学反馈信息，为调整和改革教学方案提供依据，从而改善教学行为和提高教育质量。根据上述要求，要综合考核学生对所学内容的理解和实际运用，注重考察学生运用马克思主义观点分析、解决问题的能力，力求全面、客观地反映学生的马克思主义理论素养和思想道德品质。依据实践教学"过程记录"这条主线，着眼于实践教学的活动要求、活动实况和活动效果三个关键节点，坚持有依据、有真相、有标准的"三有"原则，建设"三点一主线"的实践教学测评体系。要将实践教学的三个关键节点（活动开展、成绩评定和表彰奖励）与贯穿实践教学主题的"过程记录"结合起来。其中，活动开展包括活动时间、地点、内容、活动现场、活动认识和感受等基本要素；成绩评定要求教师必须在"三有"（有真相、有标准、有效果）基础上进行考评，并将成绩纳入学生学籍管理系统；表彰奖励的主要目的是鼓励优秀的学生积极投身社会实践，在实践中锻炼和提升思想素质，以形成"看先进、学先进、赶先进"的良好学风。

第四节　构建和完善思想政治理论课实践教学考核体系

　　思想政治理论课实践教学考核体系是实践教学的重要内容，是反映实践教学活动效果的重要依据。美国著名教育考核专家斯塔弗尔比姆指出："评价考核最重要的意图不是为了证明，而是为了改进。"① 因此，必须对思想政治理论课实践教学的过程和成果进行考核。

一、构建系统化的教学考核过程

（一）考核过程中要注重思想政治理论课实践教学的基础建设

　　条件是任务完成的前提。若没有良好的条件给予支撑，要想完成预定的

---

① 斯塔弗尔比姆.评估模型[M].苏锦丽，译.北京：北京大学出版社，2007：16.

计划将非常困难。思想政治理论课实践教学也一样。如果没有完备的基础设施和条件，思想政治理论课实践教学就很难顺利进行，实践教学的效果也就无法得到保障。因此，必须为思想政治理论课实践教学提供良好的条件，其中最重要的就是必须有稳定的实践教学基地和足够的经费支持。

充足的经费是实践教学顺利实施的有力保障，因此应对各高校为思想政治理论课实践教学提供经费情况进行考核，以防止思想政治理论课实践教学因经费问题而无法真正实施。各校必须为思想政治理论课实践教学拨付足额的经费，同时争取地方政府、企业部门的支持，设立专门的思想政治理论课实践教学经费，保障基地建设和校内外实践教学的顺利进行。

（二）考核过程中要监督和指导思想政治理论课实践教学过程

学生的思想政治理论课实践教学活动进行得是否顺利，能否严格执行实践教学计划，能否达到预期的效果与管理单位的管理和指导教师的指导是分不开的。教学目标是考核学生学习成果的关键。教师在开展教学活动之前，都会根据教学大纲来制定教学目标。但在确定教学目标时还应充分考虑社会的要求和学生的学习实际，考核标准要客观实际。在实施实践教学模式时，教师先要思考的是"达到什么目的"，然后考虑"怎样达到目的"的问题。将教学目标转化为学习目标，是实施教学考核活动的基础。教师的教学目标与学生的学习目标应该是一致的，这样教与学的活动才能和谐统一，产生共鸣或共振，使教师的教对学生产生最大限度的作用，提高教学质量。如果管理单位和指导教师责任心不强，监督、管理、指导跟不上，学生对待实践活动就有可能不够认真，那么思想政治理论课实践教学活动就可能流于形式，达不到实践教学的目标。因此，必须加强对相关管理单位管理工作的考核和对指导教师指导过程的考核。

（三）考核过程中要重视思想政治理论课实践教学计划的落实

马克思在《关于费尔巴哈的提纲》一文中指出："人的思维是否具有客观的真理性，这不是一个理论的问题，而是一个实践的问题。人应该在实践中证明自己思维的真理性，即自己思维的现实性和力量，自己思维的此岸性。"思想政治理论课实践教学计划是学生在指导教师的指导下根据课程教学大纲的要求制定的，其内容包括实践的时间、地点、形式、过程和预期效果等，要求学生在实践过程中严格按照实践教学计划进行。学生是否严格按照计划要求开展社会实践将直接关系到实践活动的成效，因此必须对学生实践教学计划的执行情况进行监督和考核，保证思想政治理论课实践教学真正落到实处。

二、构建可循环应用教学考核结果

（一）实现实践教学考核全员育人的联动机制

为确保思想政治理论课实践教学考核体系组织和教学运行的系统化、规范化、规模化，应着力从管理平台、实践教学考核体系方案设计、实践活动组织、实践基地拓展、教学测评体系创设等方面进行积极探索，设立专门的思想政治理论课实践教学考核体系执行机构，协调实践教学考核运行中的问题。例如，由马克思主义学院、学校各职能部门（党委宣传部、学生工作部、校团委、教务处）负责实践教学的考核和量化，搭建多部门共管、多主体联动的考核管理平台，并基于"以学生为本"的思想政治理论课实践教学考核体系理念，构筑全员全过程全方位育人格局。以"学生组织学生""学生吸引学生""学生考核学生"等方式，将实践活动细化为校内、班级、小组和个人四个层次的操作流程，以点线面立体式实践活动路径确保学生全覆盖、教师全动员、过程全实现。

（二）实现实践教学考核社会、学校、师生互动机制

教师必须在教学方式方法上狠下功夫，加深学生对实践教学的理解和认同。思想政治理论课实践教学的基本要求是"慎思"，方式是"动口"，在实践中将其内化为学生的信念或信仰，解决课堂理论教学内容"入心"的问题。要充分利用校内外各类教育资源，尤其是各类经济开发区、农村发展新区和馆藏教育资源，通过"校地共建、校企共建、校校共建"三大途径，建设"三大类"校外实践教学基地，夯实思想政治理论课校外实践教学基地，切实保障思想政治理论课实践教学的学生覆盖率。开展"学生讲思政课"活动，鼓励学生走进课堂；通过举办多种主题的比赛、竞赛活动，鼓励学生实现价值观的自我升华；通过构建红色中国基地群，组织参观学习，帮助学生积极融入社会。

在上述具体活动中，要求相关教师提交书面证明材料，也可设立调查问卷，通过问卷分数考核教师的成效。例如，在社会、学校、师生互动机制中，思想政治理论课实践教学考核应当全面，不仅应考核学生在实践教学过程中的表现，还要把学生的日常行为表现纳入进来；既要对学生的实践成

果（调查报告、论文、读书笔记、心得体会）进行考核，也要检查学生的实践教学材料（开题报告、实践教学实施计划、实践教学日记等），对实践教学成效进行考核，并将其当作参考判断思想政治理论课实践教学考核体系的成效。

（三）实现实践教学考核体系与理论、实践教学无缝对接

思想政治理论课实践教学考核体系需要科学设置每项活动的实施流程、操作方式、考核办法，并将考核办法与教学目标、教学任务结合起来，以系统化的方式实现实践过程的精准记录和直接性呈现，确保实践活动过程的可追溯性。为避免思想政治理论课实践教学考核体系被泛化为学生日常活动，应依据"三点一主线"的思想政治理论课实践教学考核体系，确保思想政治理论课实践教学落到实处。例如，思想道德修养与法律基础课程和马克思主义基本原理概论课程以课程建设为导向，中国近现代史纲要课程与毛泽东思想和中国特色社会主义理论体系概论课程以社会实践为导向，尝试建立实践教学与社会实践活动的合作机制，使学生的分析解决问题能力、交流与合作能力、创新精神和创新意识得到提高。

思想政治理论课实践教学考核体系应该由目标、计划、辅导、检查、分析、反馈等若干相互联系的环节构成，不断循环，持续改进。考核的每一步所关注的不应只是考核结果，而应是教师与学生的发展和效果的提升，而且一个考核周期的结束意味着教师和学生思想道德素质发展的新起点。只有将过程性考核与终结性考核结合起来，才能全面地考核思想政治理论课实践教学的效果。

第八章　新时代高校思想政治
　　　教育的开拓与创新

第一节　网络引领——占领新时代高校意识形态繁荣主阵地

马克思曾经说过，"如果从观念上来考察，那么一定的意识形态的解体足以使整个时代覆灭"，由此可见意识形态的至关重要性。高校是党的意识形态工作的前沿阵地，而网络是各种意识形态交锋的主战场。在此形势下，高校如何坚持马克思主义意识形态的指导地位，把握网络时代高校意识形态教育的大方向，增强高校意识形态教育的吸引力和实效性，培养专业的网络人才队伍，从而维护高校网络意识形态安全，牢牢掌握高校意识形态工作领导权，就成了亟须解决的问题。

一、坚定马克思主义指导地位，把握网络时代意识形态教育大方向

意识形态工作是党的一项极端重要的工作，巩固马克思主义在意识形态领域的指导地位是正确把握网络时代高校意识形态教育大方向的关键。党的十九大报告指出，要"加强互联网内容建设，建立网络综合治理体系，营造清朗的网络空间"。"高校是意识形态工作的重要阵地，网络作为新的社会要素、信息载体和传播途径，愈加体系化、规范化、法制化地构筑着新的网络社会环境。"[①] 新时代高校意识形态工作与网络环境相互交融，因此在网络环境中进一步加强高校意识形态工作，巩固和加强马克思主义意识形态统领作用，是当下工作的重中之重。

（一）高举旗帜，加强马克思主义理论对高校网络意识形态工作的引领

马克思主义作为科学的理论，既是一门科学，又是一种意识形态。同时，马克思主义是我们立党立国的根本指导思想，是全国各族人民团结奋斗的理论基础。随着时代的发展、科学技术的进步，互联网越来越发达，并以

---

① 敖永春，张振卿.网络环境下加强马克思主义对高校意识形态的指导[J].中国高等教育，2018（合刊2）：55-57.

其便利性、开放性、多元性等特征吸引着大学生，成为大学生日常活动不可或缺的一部分。但是网络带来便利的同时产生了许多弊端，它的多元化和开放性使各种思想观点鱼龙混杂，其中既有鼓舞人心的正能量榜样，也有负面形象。由于网络环境本身的隐蔽性与网络表达的相对自由，很多纷繁复杂的观点充斥互联网并不断侵入高校，进而影响高校意识形态。由于高校是意识形态工作的前沿阵地，因此必须高举旗帜，加强马克思主义理论对高校意识形态工作的引领。

1. 要提升高校网络媒体工作者的马克思主义理论素养

网络媒体为高校意识形态工作有针对性地开展提供了平台，因此高校要充分利用这个平台，将马克思主义理论摆在重要位置。同时，高校网媒工作者要加强马克思主义理论素养，认真研读马克思主义经典著作，读原著、学原文、悟原理，在网络传播中使马克思主义理论接地气、易理解，使大学生更容易接受。

2. 强调马克思主义理论价值引领的正确性

网络环境下也需要强有力的理论支撑。马克思主义理论具有实践性、科学性、时代性，它处处闪耀着真理的光辉，它是当代大学生树立世界观、人生观、价值观的正确引领，并且能够帮助大学生有效抵御网络不良思潮的影响。

3. 高校网络媒体要营造学习马克思主义的氛围

宣传思想工作是高校意识形态工作的重中之重，要加强高校网络意识形态工作，就必须将马克思主义理论融入网络环境，营造良好的网络氛围。所以，要把握好网络时代高校意识形态教育的大方向，第一步就是要高举马克思主义旗帜，以马克思主义理论对高校网络意识形态工作进行科学引领。

（二）凝心聚力，借助网络新媒体加强党对高校意识形态工作的领导

我国高校是党领导下的，培养社会主义建设者和接班人的坚强阵地。①

---

① 钟彬，刘笑侃. 维护高校意识形态安全对策研究 [J]. 中国高等教育，2019（18）：44－46.

网络新媒体的发展，给高校意识形态工作的开展带来了挑战，同时也带来了机遇。

一方面，要确立党对高校网络意识形态工作的领导地位。高校各级党委要具有责任意识和时代意识，借助网络新媒体做好党对高校意识形态的指导工作。各高校要从自己的实际出发，建立"'党委统一领导、党政齐抓共管、党委宣传部牵头主抓、有关处室各负其责、二级学院认真实施'的协同工作机制"①。高校各级党委要牢牢把握意识形态的发展方向，大力弘扬宣传主流意识形态，增强党在高校意识形态领域的主导权和话语权，旗帜鲜明地坚持党管宣传、党管意识形态、党管媒体，旗帜鲜明地支持正确思想言论，旗帜鲜明地抵制错误思潮，引导大学生认同主流价值观，共同抵制错误腐朽思潮的侵袭。

另一方面，利用网络新媒体的特点加强党对高校意识形态工作的领导。网络新媒体具有传播信息迅速、互动性强、渗透力强等特点，是大学生学习生活不可缺少的部分，因此大学生能在第一时间接收到主流价值观，这就要求各级党委工作人员及时与大学生互动，以双向交互促进大学生对主流意识形态的认同与接受。高校可以借助网络新媒体的渗透力从各方面加强党对高校意识形态工作的领导。

（三）强化建构，塑造网络时代主流意识形态的生命力

网络时代的多元性意味着网络世界是缤纷多彩的，而这个新奇又富有特色的世界成功地吸引了大学生的眼球。在网络时代，马克思主义作为主流意识形态，要想继续迸发生命力，就必须顺应时代特点，与时俱进。同时，传播马克思主义要"接地气"，使之成为广大师生愿意听、喜欢听、有共鸣的马克思主义。具体而言，可从两方面做起。一方面，创新马克思主义的表达方式。大学生对于枯燥的专业术语只会产生抵触情绪，因此要让大学生在丰富多彩的网络世界对马克思主义从抵触到喜欢，就必须注意表达方式。表达方式不能仅仅停留在理论的学理化解读，更要趋向通俗易懂且贴近大学生现实生活的表达。例如，马克思的《青年在选择职业时的考虑》这篇关于青年如何择业的文章就可以被用来引导大学生的择业观。文章中充满了理想主义及坚定的信仰，有深厚的理论功底，但关键是用何种方式让大学生接受。可

---

① 王宗礼，周方. 网络新媒体对高校意识形态安全的冲击及应对 [J]. 思想教育研究，2018（10）：125-128.

以尝试用动漫的方式来演绎，以增强其生动性；也可以通过线上讨论的方式让更多的大学生参与进来，从而切身感受马克思主义的现实力量。另一方面，在网络空间交流中不断完善马克思主义的内容。马克思主义的生命力不在于保守，而在于开放。由于网络的开放性，各种社会思潮在网络空间交流碰撞，有的还可能对马克思主义形成冲击。面对这些思潮，我们既不能单纯排斥，也不能全盘接受，而要取其精华，去其糟粕。马克思主义在与这些思潮碰撞交流的过程中，也在不断地完善自身，彰显了蓬勃的生命力。完善马克思主义，要重视中华优秀传统文化和社会主义核心价值观在网络时代的重要引领作用，因为它们体现着历史积淀与现实凝结，而且马克思主义与两者结合能更好地引领网络时代的意识形态并掌握主动权。

（四）拓展阵地，抢占高校网络意识形态传播的制高点

人在哪里，思想政治工作就要做到哪里。网络空间现在已经成为大学生日常活动的场所，所以要做好高校网络意识形态工作就要抢占制高点，占领网络阵地，使高校意识形态工作与时俱进，契合时代发展的潮流。首先，高校要善用权威声音。大学生在面对海量的网络信息和网络舆论的碎片化、情绪化表达时，以自身的知识储备和经历无法在这些信息和舆论中分清孰是孰非，以至感到迷惑，这个时候专家权威的分析就成为大学生的"定心丸"。网络更快更准的权威发声能够更好地引领大学生在网络中遵循主流观点，树立正确的价值观。其次，打造高校网络互动平台。靠传统的课堂和媒体单方面向大学生"填鸭式"注入主流观点，只会事倍功半，不能达到预期效果。只有与大学生双向互动，真正了解大学生的需求，得到大学生的认同，才能使高校在网络空间中拥有群众基础，才能更好地拓展网络阵地，为抢占高校网络意识形态制高点奠定基础。最后，引导大学生成为主流舆论的参与者。大学生是高校网络意识形态工作的主体，对造就高校网络空间的舆论生态有重要作用。抢占网络制高点，引导大学生发挥主体作用是关键。高校在网络上要放大大学生积极向上的声音，善于在平凡中发现闪耀的光，不断向网络注入正能量，引导大学生自身去抵抗、对抗，直到清除网络负能量。在这个过程中，高校可以采取提升网络等级、颁发奖项激励等方式，调动大学生的积极性，使大学生认识到自身的主体地位，从而增强主人翁意识和责任感，做到守土有责、守土负责、守土尽责，共同守护网络家园，促使高校牢牢占领网络舆论高地。

二、创新网络实现形式，增强高校意识形态教育的吸引力和实效性

习近平在中央统战工作会议上的讲话中曾提出，"当今世界，意识形态领域看不见硝烟的战争无处不在，政治领域没有枪炮的较量一直未停"。传统的意识形态教育已经不能适应当下网络发展的要求，而要使意识形态教育能够在网络扎牢根基、增强影响力、达到高校意识形态教育目的，就必须打破传统思维，开拓创新，从而使高校意识形态教育在网络中生根发芽，苗壮成长，直至硕果累累。为落实意识形态教育的教育效果，高校要做到强化宣传、弘扬正能量、优化传播方式。

（一）强化宣传，增强网络意识形态舆论阵地的辐射力

宣传活动在人类文明发展史中源远流长，具有激励、鼓舞、劝服、引导、批判等多种功能，通过阐述一定的观点和主张，以达到吸引受众和争取受众的目的。宣传过程中要尊重传播规律，表达思想观点，要使受众乐于接受，从而达到预期效果。"我们要把网络新媒体舆论工作作为宣传思想工作的重中之重来抓，因为它不仅是信息的集散地与思想的交汇处，还是一种舆论空间和传播场所，聚集着各种文化观念和意识形态。"[1] 高校必须认识到网络宣传的重要性，强化网络宣传，使意识形态教育入耳、入心，增强网络意识形态舆论阵地的辐射力。要做到这一点，注意从两方面抓起。一方面，线上宣传要与线下宣传相结合。线下宣传主要采取传统思想导入的方法，即思想政治教育者通过线下课堂的方式面对面向学生宣传意识形态的重要性，使广大学生明白网络意识形态是与自身息息相关的。学生只有认识到了其重要性，才会主动了解网络意识形态教育。线上宣传在线下宣传的基础上进一步加强巩固。大学生已通过线下宣传了解了什么是网络意识形态，线上宣传可以利用网络互动性强、渗透力强的优点更好地扩散意识形态主流价值观，使大学生在耳濡目染中接受。另一方面，开设网络意识形态教育讲坛。这不能走形式，使讲坛如同虚设，必须使网络讲坛如同课堂一般正式。同时，要充分利用网络资源，丰富网络讲坛的内容，增强吸引力，并且健全相关管理制度，在增强网络意识形态舆论阵地辐射力的同时营造一个风清气正的网络空间。

---

[1] 于海军，李淼.习近平新时代高校意识形态工作的五种思维模式 [J].教育信息化论坛，2019（3）：31-32.

（二）弘扬正能量，打造高校特色网络话语体系

话语体系是传播思想的载体，是教化人心的工具。当今网络已逐渐成为社会意识形态的主战场，谁能成功打造自己的网络话语体系，谁就能"网"聚人心、引导舆论、化被动为主动。要想增强高校意识形态教育的吸引力和实效性，构建具有高校特色、令人信服的话语体系，就要从两方面抓起。

一方面，要弘扬中国特色社会主义文化，引领网络空间话语权。中国特色社会主义文化是中华优秀传统文化、红色革命文化和社会主义先进文化的有机统一体。中华优秀传统文化博大精深，包含着"仁义礼智信""崇德向善""贵和尚中"等思想；红色革命文化包含着爱国主义、艰苦奋斗、勇于奉献等精神；社会主义先进文化包含着社会主义核心价值观，为人们提供行为准则，同时是凝心聚力的精神力量。中国特色社会主义文化为打造特色网络话语体系提供了丰厚内容，掀起了网络空间弘扬中国特色社会主义文化的浪潮，因此高校要通过创新网络宣传方式，使更多师生自觉了解、学习中国特色社会主义文化的深厚内涵，使社会主义核心价值观内化于心、外化于行。

另一方面，要弘扬榜样力量，营造积极向上的网络话语氛围。好的榜样是最好的引导，尤其是同辈榜样。以身边人的正能量感染更多的师生，更具说服力，更能使广大师生感同身受，进而更好地达到弘扬高校意识形态教育的效果。注重榜样力量，相互感染，相互传播，营造一个积极向上的网络话语氛围，能够推动广大师生在实际生活中传播正能量、弘扬正能量。总之，用中国特色社会主义文化滋养广大师生，同时注重同辈的榜样力量，能为广大师生营造一个风清气正、充满正能量、传播主流意识形态的网络空间，更有利于打造出健康向上的高校网络话语体系。

（三）优化传播方式，提升网络意识形态阵地的关注度和知名度

增强高校意识形态教育吸引力和实效性的关键是提升高校网络意识形态阵地的关注度和知名度。高校要通过优化网络传播方式来吸引大学生走进网络主流意识形态空间，主动探究、了解、寻求主流意识形态和核心价值观。具体来说，可从三个方面抓起。一要增加高校网络意识形态阵地优质内容的供给。高校网媒工作者要善于遴选优质的意识形态内容并以广大师生喜闻乐见的方式投放进高校网络空间，在坚持"内容为王"正能量引领的同时，结合广大师生的现实生活，推送一些既受关注、接地气，又高雅不俗、阳春白

雪的意识形态文化内容，吸引广大师生的注意力，增加点击量，进而增强网络意识形态阵地的关注度。二要讲好"中国故事"，推进网络空间主流意识形态话语创新。"中国故事"不仅仅是针对外国人讲的，对广大中国青年人来说，也需要更多地了解本民族的历史和文化。要想讲好中国故事，需要一支能讲故事、会讲故事的队伍，"让故事中蕴含的主流意识形态内容鲜活生动起来，让受众在心灵深处形成真挚而持久的情感认同"①，从而让更多年轻人被深深吸引，使网络意识形态阵地知名度大幅提升。三要利用好新媒体技术，增强主流意识形态的传播速度、广度与深度。高校要利用好新媒体技术打造多种多样的意识形态传播方式，推出知名专家讲座视频，深度解读意识形态相关知识，组织专业人员在线答疑互动，满足深层次的需要。同时，制作一些宣传意识形态的小视频，将文字以动画故事的形式生动表现出来，进行一些普及式的宣传。这样就可以把主流意识形态贯穿于大学生生活之中，让他们时刻受到主流意识形态正能量的感染，最后达到"日用而不知"的效果。

三、培养专业人才队伍，提升高校网络意识形态阵地建设和管理水平

提高高校意识形态阵地的建设和管理水平，做好网络意识形态教育工作的关键在于培养一支专业的高素质网络人才队伍。这支队伍自身要有很高的思想觉悟和过硬的理论素养，要有把握正确政治方向和舆论导向的能力、处理复杂问题和突发事件的能力、不断巩固壮大主流意识形态阵地的能力和管理主流意识形态阵地的能力。只有具备这些能力，才能真正实现高校网络意识形态人才队伍的专业化。

（一）保证教育主体自身意识形态的正确性

打铁必须自身硬。高校教师是意识形态教育的主体和主导者，承担着艰巨而伟大的使命。"作为传道授业和解惑者，高校教师首先要明道、信道和守道。"②习近平在全国高校思想政治工作会议上，对高校思想政治工作提出了"四个坚持不懈"任务。一是要坚持不懈传播马克思主义科学理论，二是要坚持不懈培育和弘扬社会主义核心价值观，三是要坚持不懈促进高校和谐

① 季海君.网络空间意识形态的治理策略[J].人民论坛，2019（36）：132-133.
② 郝勇.新时代高校教师意识形态能力建设论析[J].学校党建与思想教育，2019（14）：11-13.

稳定，四是要坚持不懈培育优良校风和学风。① 这启发高校网络意识形态教育者必须提高自身思想觉悟，提升主流意识形态素养，以保证在整个高校网络中教师队伍自身主流意识形态的正确性。要做好教育者，必须坚持教育者先受教育的理念。首先，要真学社会主义核心价值体系。高校网络意识形态教育者要静下心来学习马克思主义理论，做到切实掌握马克思主义的科学理论和工作方法，同时积极探索学习马克思主义中国化的最新理论成果，深入领会党的十九大精神，不断学习社会主义核心价值观，深刻领悟中华优秀传统文化。其次，要真懂社会主义核心价值体系。学习社会主义核心价值体系不能只停留在理论的层面，而应真正懂得理论背后深刻的历史传承和现实意义。只有真正懂得马克思主义的科学内涵、中国优秀传统文化的伟大智慧、社会主义核心价值观的当代价值，才能更好地运用它。最后，要真用社会主义核心价值体系。毛泽东同志指出："如果有了正确的理论，只是把它空谈一阵，束之高阁，并不实行，那么，这种理论再好也是没有意义的。"② 学习理论的最终目的是能够将理论应用于实践，所以高校教师要在真学、真懂社会主义核心价值体系的基础上，将社会主义核心价值观外化于行，真正践行社会主义核心价值观中的内容，做到以马克思主义科学理论指导实践，依靠中华优秀传统文化的智慧提供解决问题的方法，以社会主义核心价值观为社会生活及行为准则，保证高校网络意识形态教育队伍自身意识形态的正确性。

（二）培养高校主流意识形态网络意见领袖

"网络意见领袖、网络大 V 是随着互联网技术的发展与应用而产生的一种社会现象，有着特定的社会根源"③，与人们的心理、兴趣、审美等有着密切的关系。随着网络科技的发展，网络意见领袖对大学生的世界观、人生观、价值观，甚至对大学生的道德素养和政治态度都有着重大影响。因此，加强意识形态阵地建设，必须培养高校主流意识形态网络意见领袖。首先，加强高校网络意见领袖的思想建设。要增强高校网络意见领袖的政治觉悟和法律意识，使其"旗帜鲜明地坚持正确的政治方向，把握正确的舆论导向，

① 佘双好，于欧.新历史条件下思想政治工作发展的风向标：学习习近平总书记关于思想政治工作的论述[J].学校党建与思想教育，2017（15）：13-16，21.

② 毛泽东.毛泽东选集：第 1 卷[M].北京：外文出版社，1967：269.

③ 李凯，刘贵占.新时代高校网络文化育人的探索与实践[J].思想理论教育导刊，2019（11）：144-147.

坚定社会主义理想信念"①。同时，要保证高校网络意见领袖网络传播内容的与时俱进和思想的创新性。其次，坚持党对高校网络意见领袖的领导。党的十九大报告指出："保证全党服从中央，坚持党中央权威和集中统一领导，是党的政治建设的首要任务。"党政军民学，东西南北中，党是领导一切的，这一切当然也包括党对高校网络意见领袖的领导。所以，要争取更多的网络意见领袖入党，或者培养更多的学生党员成为网络意见领袖，从而积极发挥党员的带头作用，更直接地影响身边的同学。与此同时，还要贯彻党的思想，用党的理论武装大学生网络意见领袖的头脑，贯彻落实党的路线、方针、政策，积极践行社会主义核心价值观。再次，不断完善网络平台建设，促进高校网络平台与时俱进、不断升级。一个良好的网络互动平台，能够促使高校网络意见领袖与大学生之间形成更好的双向交流，这不仅可以促进高校网络意见领袖自身的成长，还可以推动主流意识形态在大学生之间的广泛传播。最后，健全高校网络意见领袖长效保障机制。高校应建立严格的网络意见领袖审核制度、监督和考核制度，以此来保证高校网络意见领袖思想的正确性。同时，建立高校网络意见领袖日常培训制度，促进网络意见领袖不断进步，增强网络意见领袖的专业性和网络空间引领力。

（三）打造一支高素质的高校网络治理工作队伍

提高高校意识形态阵地建设和管理水平的重中之重在于打造一支正能量、全方位、专业性强的高素质高校网络治理工作队伍。培养一批坚持正确导向、熟悉网络语言、了解网络传播技术和传播技巧的网络意见领袖，能够将大学生舆论引向正确的方向，从而营造风清气正的高校网络空间。首先，坚持党对高校网络治理工作专业队伍的领导。高校网络治理工作队伍要坚决服从党的领导，坚持党管队伍。在高校网络治理工作中，要始终坚持党的政治路线、思想路线、组织路线和群众路线，充分发挥党委的领导作用，使网络治理具有正确的政治导向。其次，加强高校网络治理人才队伍自身的网络语言和网络技术的培养。要治理好网络空间，必须熟悉网络语言和网络技术。高校网络治理工作者只有熟悉网络语言，才不会与熟知网络语言的大学生脱节。网络技术是治理高校网络空间的重要保障，如果不熟悉网络技术，就无法利用网络平台更好地传播主流意识形态，无法以技术手段对抗网

---

① 张倩，刘明君.大学生网络意见领袖培养路径研究[J].传媒论坛，2019，2（22）：64-65.

络不良言论。最后，增强高校网络治理人才队伍的理论功底和处理问题的能力。高校网络治理人才队伍只有具备深厚的理论功底，才能更好地宣传党的理论、方针、政策，才能用科学的理论对抗网络不良思潮。面对纷繁复杂的网络空间，高校网络治理工作人才队伍需要着力提升学习力、思考力、分析力、判断力和行动力，不断掌握新知识，熟悉新领域，开拓新视野，不断增强处理问题、应对新情况的能力。

四、建立网络运行机制，为高校意识形态教育提供全方位支持与保障

机制是现代科学研究中的一个重要概念。当代大学生意识形态教育机制是指在大学生意识形态教育的整个系统中，各系统要素在一定机制的基础上所形成的比较稳定的能够相互作用的关系，以及内在的运行过程和方式。因此，必须建立网络运行机制来保障高校意识形态教育的有序、有效进行，形成治理、防御、铸牢藩篱及补救措施在内的一整套运行措施，形成系统化网络机制运行模式，为高校意识形态教育提供良好的支持与保障。

（一）强化治理，建立网络时代高校意识形态安全防御机制

习近平在第二届世界互联网大会开幕式上的讲话中指出："网络空间不是'法外之地'。网络空间是虚拟的，但运用网络空间的主体是现实的，大家都应该遵守法律，明确各方权利义务。"要强化网络空间治理，根据网络空间的特点，制定相关法律，并灵活运用，提高网络空间高校意识形态安全防御力。首先，从实际出发，制定有关网络意识形态的法律。随着时代与技术的发展，网络已逐渐成为一个较为完整的社会有机体。在这个纷繁复杂的社会有机体里，要保证网络意识形态安全，就必须从实际出发，对具体事物进行专项具体立法，做到"一事一立"，并且要针对出现的新问题，不断创新、延伸立法，增强防御力。其次，规范广大师生的网络行为。广大师生在网络平台发表言论必须进行实名认证，并且要设立区域管理小组，责任到人，做到"谁管理谁负责"，细化治理，深入网络空间的细枝末节。最后，加强高校内部管理，营造清朗的网络生态空间。工作人员必须严把高校意识内容供给关卡，加强高校内部工作管理，防止不法分子浑水摸鱼，传播负面意识形态内容，并且工作人员要及时清理高校网络空间非主流意识形态内容，为正能量意识形态的生长传播营造良好环境。

（二）防患于未然，建构高校网络意识形态安全风险预警机制

"网络的开放性和传播的迅捷性决定了高校党委要防患于未然，树立危机意识和忧患意识，针对可能发生的重大网络舆情和网络思想政治教育话题制定预案和动态监控方案。"① 一方面，加强危机教育，增强广大师生的预警意识，引领广大师生以辩证思维方法看问题，增强辩证思维能力。2019 年《求是》杂志发表了习近平总书记重要文章《辩证唯物主义是中国共产党人的世界观和方法论》，习近平在文章中指出："要学习掌握唯物辩证法的根本方法，不断增强辩证思维能力，提高驾驭复杂局面、处理复杂问题的本领。"客观存在的事物和问题是多种多样的，要学会运用对立统一规律，透过纷繁复杂的现象看本质，认清事物的两面性。网络技术给广大师生带来极大便利的同时，还隐藏着许多风险。例如，在算法推介盛行的网络空间中，信息容易超载，形成"信息茧房"，进而遮蔽主流意识形态内容。要抵制这些风险，防患于未然，就必须加强网络空间的危机管理教育，邀请专家对广大师生进行危机专题教育，引导广大师生在参与网络空间活动时提高预警意识。除此之外，还可以开展主题活动，扩大宣传，增强广大师生的重视程度，从而提高广大师生的预警意识。另一方面，制定合理科学的应急预案，及时化解危机，将危机变转机。合理科学的应急预案可以防止突发事件演变为危机事件，最大限度地控制事态向恶性方向发展，还可以使工作人员通过对危机的及时了解，利用其可以改进的一面，进行正面教育和引导。制定的应急预案要包含所涉及的各个方面的细节问题，并提供具体可操作的路径，而不是简单的口号式叙述。突发事件具有偶然性和不可逆性，因此应急预案要根据不断变化的情况进行创新，不能有一劳永逸的侥幸心理，依靠原本的应急预案一管到底。除此之外，建构高校意识形态安全风险网络预警机制还要遵守及时性原则，因为突发性事件具有"影响性"的特点，在面对紧急突发事件时要在第一时间内做出反应，这样才能体现出预警机制的高效性，真正起到防患于未然的预警作用。

（三）铸牢藩篱，完善高校网络意识形态工作管理机制

如果没有科学高效的网络意识形态工作管理机制的保障，就没有网络空

---

① 王飞.论高校网络思想政治教育工作体系的建立 [J].教育理论与实践，2020，40（3）：34-36.

间的安全有序，高校意识形态教育也将无从谈起。因此，铸牢藩篱，加强高校意识形态工作管理机制的保障尤为重要。

首先，要树立科学的管控观念。有科学方法论的指导，才能更好地保证高校网络意识形态工作管理机制的有效落实。高校要打破只重视科研、轻视网络意识形态建设的传统思想。大学生与网络有着密切的联系，要加强高校意识形态教育，就必须要牢牢把握网络意识形态阵地，树立全局管控观念，从队伍建设到如何使网络意识形态阵地健康有序发展及落实党管意识形态等多方面进行思考，用科学的管控观念为网络意识形态工作管理提供动力。

其次，创新管理手段，以监管促引导。在进行内容管理的基础上，利用新兴网络技术，加强网络监管技术研究，建立专业的监控系统。专业有效的监控系统能够及时监测到并清除网络意识形态领域中的反动思想、虚假信息和恶意谣言。"同时，专业的监控系统要求大学生做到'前台匿名后台实名'，不得发布任何诋毁国家和党的言论、不得恶意散布虚假信息等，带有一定强制性的监控手段保证了党对高校意识形态工作领导的绝对性和不容置疑性。"[①]

最后，增强管理主体合力。高校各级党委、宣传部门、网络管理部门等要集中整合力量，增强相互配合的默契度，同时高校各级党委要发挥带头作用，联合各部门形成巨大合力，集个人之所长，聚众人之力量，优化高校网络空间，做好网络意识形态管理工作。网络不是法外之地，真正的自由是有纪律的自由。只有加强网络管理，才能真正实现网络自由，更好地进行网络意识形态教育。

（四）亡羊补牢，健全高校网络空间的危机处理机制

亡羊补牢，为时未晚。网络空间纷繁复杂，有着众多的不确定性因素，只有健全高校网络空间的危机处理机制，才能在危机发生时，消除或降低危机对高校意识形态阵地的冲击和破坏。

首先，成立系统的危机应对小组。发挥高校宣传部、保卫处、学生处等部门网络空间平台的优势，组成系统的危机应对小组，并定期组织培训，保证联系渠道畅通，从而全面、灵活地应对危机，将危机的负面影响降到最低。此外，这些部门相互配合处理危机的同时，要不断向广大师生进行宣传教育，净化网络空间环境，避免留下隐患。

---

① 林羡婷.加强新时代高校意识形态工作领导权研究[D].漳州：闽南师范大学，2019.

其次，培养网络空间危机处理方面的专业人才。网络空间危机处理人才不仅要技术过硬，还需要有一定的马克思主义理论素养。这样，在网络空间危机发生时，其既可以利用专业技术率先控制局面，如还原被破坏的原始数据、修补网络系统漏洞等，弥补之前在网络技术领域的短板，又可以运用马克思主义理论专业素养引领正确方向，传播正能量。

最后，应对危机要坚持以学生为本的原则。在处理危机时，既要立足于师生的实际状况，坚持以学生为本，将学生的根本利益放在第一位，注重学生的个性发展，又要懂得依靠广大师生的力量，促进危机得到更快更好的解决。总之，必须建立符合新时代发展的危机处理机制，形成系统的危机处理小组，培养专业的网络技术人才，最重要的是要以学生为本处理危机，这样才能建设高效迅捷、长效持久的网络空间危机处理机制。

第二节　数据支撑——实现新时代高校精准化思想政治教育

大数据是当代高科技的产物。对于大数据的发展，各国都非常重视。2018年10月31日，中共中央政治局就人工智能发展现状和趋势举行第九次集体学习。习近平总书记指出，大数据是信息化发展的新阶段。随着信息技术和人类生产生活交汇融合，互联网快速普及，全球数据呈现爆发增长、海量集聚的特点，对经济发展、社会治理、国家管理、人民生活都产生了重大影响。大数据不仅仅是一种技术，还是一种价值观与方法论，它彻底改变了我们的学习、工作与思维，并影响到社会生活的各个领域，同时成为驱动思想政治教育现代化的重要动力。高校应该立足于大数据，树立大数据意识，培养高素质的大数据人才队伍，利用数据优选教育资源，实现思想政治教育内容精准投放；搭建或利用现有平台整合数据，实现对学生的个性化描述；建立保障高校思想政治教育安全的大数据规章制度，加强大数据背景下高校思想政治教育机制创新，最终实现新时代高校精准化的思想政治教育。

一、不断强化高校大数据意识，实现全域育人理念的构建

随着物联网、云计算、大数据、移动互联网等新技术的发展和应用，思想政治教育也需要不断变革，跟上时代步伐。首先，高校要强化大数据意识。意识具有主观能动性，能够指导实践，改造客观物质世界。实际上，大数据在各个学科领域的广泛运用为人们提供了一种看待世界的全新方法。因

此，高校思想政治工作者只有真正树立大数据意识，才能将大数据应用于思想政治教育之中，实现思想政治教育精准化。其次，高校要树立全领域、全方位、无死角的全域育人理念，促使线上线下教育无缝衔接，并用科学的意识、理念指导实践，更好地创造实际价值。

（一）增强数据敏感度，转变思想政治工作者的传统观念

对高校思想政治教育传播者来说，大数据时代是其不可回避的新环境，具有"4V"特征，即大量化（volume）、多样化（variety）、快速化（velocity）和大价值（value），将使思想政治教育与教学发生根本的改变。在大数据时代，教育将"不再是一个靠理念和经验传承的社会科学和道德良心的学科，大数据时代的教育将变成一门实实在在的实证科学"①。要适应时代的发展，促进高校思想政治教育的发展，就必须突破传统的教育观念，增强教育者对数据的敏感度，而不是仅仅依靠传统经验进行思想政治教育。大数据时代的来临必将改变这种思维方式，使那些经验、常识不再是陈旧、静止的东西，而是可以经过处理改变形态、作为数据信息在网络空间与现实世界的互动中发挥强大作用的新力量。高校思想政治教育者在思想政治教育中积累了大量的实践经验，但是有部分教育者因其年龄、教学习惯的养成，对于新生事物的接受有些滞缓，甚至有排斥心理。所以，面对大数据这个新生事物与思想政治教育的融合趋势，一些教育工作者显得手足无措。因此，要实现大数据与思想政治教育的融合，必须转变这部分思想政治教育工作者的传统观念，将他们所具有的丰富且宝贵的教学经验与大数据技术相融合，增强他们的数据敏感度，强化他们的大数据意识，使其主动了解大数据的实操性，运用大数据去处理思想政治教育中存在的问题，并且认识到数据并不是一串冰冷的数字，而是可以创造出巨大价值的法宝，进而发挥大数据的最大功用。

（二）避免唯数据主义，重视大数据的实用价值

运用大数据助力思想政治教育，不能落入"唯数据主义"的陷阱，不能为了数据而收集数据。如果我们过度依赖数据，就会陷入数据独裁的"牢笼"，从而削弱人文主义在教育中的作用，使教育效果适得其反。因此，我们要避免"唯数据主义"，重视大数据的实用价值，从而实现更精准的思想政治教育。

---

① 魏忠.教育正悄悄发生一场革命[M].上海：华东师范大学出版社，2014：3.

一方面，高校思想政治教育者要理性对待大数据。思想政治教育的对象是有意识、有情感、有创造性的人，如果毫无节制地运用数据去量化和分析思想政治教育对象，既不科学又有悖于伦理，并且由于科学条件和人为因素的局限，人们在思想政治教育中运用和分析大数据的能力会大打折扣。因此，如果不能理性看待大数据，固守"唯数据主义"，认为数据就是一切，盲目崇拜数据，不仅不会运用数据助力思想政治教育，反而会阻碍思想政治教育的发展。

另一方面，充分发掘大数据在思想政治教育中的实用价值。为了更好地开展高校思想政治教育，可从两方面运用大数据。首先，通过收集大数据掌握学生的基本信息动态。例如，可以通过学生宿舍门禁、食堂、图书馆、课堂考勤等客观数据来掌握学生的生活动态，也可以通过学生在网络空间中的行为轨迹，了解学生的思想、心理动态等，为开展思想政治教育积累素材。其次，需要对收集好的大数据进行筛选分析，充分挖掘大数据的实用价值，从中选取有价值的信息运用到思想政治教育中。但在此过程中，必须要注意保护好学生的隐私，使大数据的使用能够合理、合法、有序，从而将大数据与思想政治教育完美融合，既避免"唯数据主义"，又能促使数据在思想政治教育中发挥最大价值，为思想政治教育提供动力源泉。

（三）更新教育理念，促使线上线下教育无缝衔接

思想是行动的先导，滞后的教育理念制约着思想政治教育工作者在学生观、教师观、课程观、教材观、课堂观等方面的及时更新。在大数据日益发展的时代，思想政治教育与大数据是不可分割的。教育者应该与时俱进，转变单一的教育理念并不断更新，树立全域育人理念，促使线上线下教育无缝衔接。

一是树立现代化的教学理念。未来的教育是基于网络环境的更开放的教育，而大数据将会成为开展思想政治教育的有力武器。因此，思想政治教育工作者应该充分认识到大数据的重要性，转变传统教育理念，以学生为本，利用大数据掌握学生动态，分析学生需求，之后再根据这些分析，因材施教，从而避免浪费教育资源，打造精准化的思想政治教育。

二是以大数据为载体，拓展思想政治教育途径。思想政治教育工作者应充分利用大数据的优势，推进思想政治教育信息化，加强线上教育与线下教育的融合，以线上教育的先进性带动线下教育，以线下教育的人文性充实线上教育，达到全域育人的目的。在大数据时代，思想政治教育工作者通过详

细的数据进行学情分析、督学与评价等，可以进行更便捷有效的线下教育，而线下教育在大数据技术的精准助力之下也可防止"唯数据主义"，增加思想政治教育教书育人的温度。

总之，思想政治教育工作者要树立系统的全域育人理念，在运用大数据加速教育理念变革的同时，要注意到只强调大数据意识是不够的，因为人是感性的动物，在数据描述、数据分析的同时要注意数据的人文温度。只有利用大数据把线上教育与线下教育无缝衔接起来，才能为实现更好的思想政治教育打好基础。

二、利用大数据优选教育资源，实现教育内容的精准投放

大数据被誉为"未来的新石油"，对现代科技、教育等事业的发展起着重要的作用。高校思想政治教育可借大数据的东风，将大数据实际运用到思想政治教育过程中，通过大数据精准预测学生行为动态，优选教育资源，精准投放思想政治教育内容，从而因材施教、对症下药，实现富有个性的教育，促进思想政治教育的创新发展。

（一）通过定量研究与数据分析，优选高校思想政治教育内容

大数据具有海量的数据规模、快速的数据流转、多样的数据类型和价值密度低四大特征，但是大数据的战略意义不在于掌握庞大的数据信息，而在于对这些富有意义的数据进行专业化处理。因此，要想利用大数据技术促进思想政治教育的精准化，重点在于全面收集数据，并且对这些数据加以科学分析、整理，筛选可用数据，为精准投放思想政治教育内容打好基础。要想充分发挥大数据在思想政治教育中的作用，就要从以下两方面着手。

一方面，要侧重定量研究。定量研究是指确定事物某方面量的规定性的科学研究，就是用数据表示问题与现象，通过分析、考验、解释获得有意义的结论的研究方法和过程。定量研究通过对事物量的规定性分析来把握事物质的规定性，它的特点是具有逻辑的严密性和可靠性，推导出来的结论也是相对精确的。通过定量研究能够确保数据收集的全面性，再从这些完整的数据体系里进行分析、筛选，做出准确判断，这样就能对大学生的思想行为有一个系统认知，从而更好地遴选和创作出符合学生思想政治教育的优质内容，进行精准投放。

另一方面，要重视数据的整体性分析。数据的整体性分析就是分析数据与数据之间的关系、学生的行为思想与数据之间的关系，不能单独对个体不

同方面数据进行分析，因为这些数据是相互关联的，必须用整体性的思维去分析。例如，根据大数据分析显示，某学生去图书馆的次数减少，不能就此判断该学生产生了厌学情绪，还要分析其他相关数据，或许其是由于课程增加，才减少了去图书馆的次数。因此，强化数据分析的精准性，就要全面收集数据，并且重视数据的整体性分析，从而实现思想政治教育内容的精准化投放。

（二）提升思想政治教育工作者的专业素质，实现教育内容的个性化定制

个性化思想政治教育是一种基于学生思想行为数据分析，精准把握学生需求和问题，实施差异化教育，促进学生个性全面自由发展的教育模式。要利用数据精准把握学生的需求和问题，精准投放优质教育资源，实现个性化的思想政治教育，关键是要提升思想政治教育工作者的教育素质。首先，教育者要树立正确的"三观"，具备坚实的思想政治教育知识基础。思想政治教育工作者是利用大数据实施教育的主体，承担着筛选优质教育资源并进行精准投放的重任。因此，思想政治教育工作者的世界观、人生观、价值观显得尤为重要，这关系到筛选教育资源的正确性。同时，思想政治教育工作者只有具备丰富的思想政治教育知识，才能从数据分析中得到正确的结论，并且在思想上、专业上和心理上对学生进行疏通引导。其次，利用大数据实现"因材施教"。思想政治教育工作者通过数据采集、数据分析、数据挖掘、数据预测等，对受教育者的各个方面进行系统性认识，以构建受教育者学习行为相关模型，分析受教育者已有的学习行为，并对受教育者未来的学习或思想行为进行科学预测。根据数据分析，实事求是，为受教育者制定个性化的教育内容，避免"眉毛胡子一把抓"，从而促进受教育者自由而全面地发展。

（三）建立思想政治教育数据链，进行高校思想政治教育内容精准投放

大数据技术在思想政治教育中的实际应用是一个数据集成、分析和应用的过程，也是落实"因材施教"个性化教育理念和"精准化"教育管理服务的全面育人工程。落实这个大工程，需要各种要素相互配合和有机结合，从而形成系统的思想政治教育链——"教育大数据平台—学生画像—问题呈现和差异化分类—个性化学习资源系统开发—个性化引导策略—教学质量评价

和反馈系统"。通过系统的思想政治教育链，高校能够更准确、更深入、更立体地把握学生的学习状态，从而根据大数据的判断将适合学生的优质教育资源有针对性地投放到思想政治教育中去。换句话说，高校利用大数据把握受教育者的特征和学习成长轨迹，从而增强教育的针对性，将大数据的价值真正落实到思想政治教育的实践中。教育者要根据大数据的分析精准把握受教育者的个体特征，分析问题所在，从而进行具体干预。同时，教育者需要主动引导受教育者进行双向沟通，做到对症下药，用中国特色社会主义文化感染、熏陶受教育者，利用影视传媒等生动性的题材吸引受教育者，使之树立正确的"三观"。除此之外，教育者还可以通过"翻转课堂"、慕课（MOOC）等形式，让学生充分参与进来，进行线上学习和讨论，最终实现以教师为主导、以学生为主体的内容丰富、形式多样的思想政治教育。

三、搭建或运用平台整合数据，实现对学生的个性化描述

2015 年，国务院印发的《促进大数据发展行动纲要》特别提到了在教育方面的举措，"完善教育管理公共服务平台，推动教育基础数据的伴随式收集和全国互通共享……探索发挥大数据对变革教育方式、促进教育公平、提升教育质量的支撑作用"。因此，做好高校思想政治教育工作，一方面要牢记习近平的要求，因事而化、因时而进、因势而新；另一方面要积极搭建或利用现有大数据平台，以更加细致、精确的统筹计算方式实现对学生个性化的描述，促进高校思想政治教育的精准性和可持续发展，提升思想政治教育实效。

（一）突破技术瓶颈，打造高校思想政治教育数据生态

对于传统数据库与大数据，首都师范大学的方海光博士曾将其比喻为"池塘捕鱼"与"大海捕鱼"。大数据的规模庞大到用常用软件工具无法捕获的地步，这就给我们的采集与分析带来了困难，而打造一个一体化的校园大数据平台将有利于问题的解决。要实现这个目标，就要有强有力的数据技术支持。如果没有技术上的支持，搭建或利用现有平台整合数据从而达到更精准、更高效的思想政治教育将成为空谈。因此，要不断强化相关人员的大数据素养，突破技术瓶颈。一是突出大数据技术供给。在搭建或利用现有平台整合数据这个过程中，大数据技术供给尤为重要，因为在学生学习和日常生活中会产生海量的数据，需要对这些数据进行收集、筛选、分析、整合、评估等，然后建立独一无二的模型，为高校思想政治教育的有序、精准开展奠

定基础。二是突出学生主体地位。高校大数据技术的应用对象主要是学生，要实现对学生个性化的描述，就要突出学生的主体地位，并利用大数据技术对学生学习、日常管理等大数据进行挖掘分析，从学生的个性需求、理想信念、学习过程、思想困惑、就业需求、心理问题等维度为学生"画像"，形成数据档案库，以便对大学生进行个性化教育。三是建设健康向上的大数据平台环境。马克思说过："人创造环境，同样，环境也创造人。"① 一个健康向上的平台会对大学生产生潜移默化的影响，所以在高校思想政治教育中，高校要加强对大数据平台的管理，充分发挥平台的作用，用高端技术过滤不良信息，投放优质思想政治教育及优秀文化内容，同时在网络平台加强与学生的交流互动，通过数据分析及时掌握学生动态，实现更为精准的个性化思想政治教育。

（二）实现数据共享，合力共建思想政治教育新平台

共享才能实现共赢，有了量的积累才能有质的飞跃。如果数据过于单一，将会影响对学生的个性化描述，从而减弱大数据对思想政治教育的价值。数据库的扩大源于知识和资源的不断注入，这就要求实现数据共享，构建政府、社会、学校三者合力的数据共享平台，向学生数据库源源不断地注入新力量，进而实现高校思想政治教育的可持续发展。

首先，从高校自身出发建立数据共享平台。建立共享平台的最终目的是使高校能更好地进行思想政治教育。高校利用数据共享平台能够从多方面吸纳整合有价值的数据，打破原有数据库的单一性，避免各自为政，使数据库更加科学化。

其次，将数据立体化。将数据转化为图片、视频，以清晰、生动的方式将学生的现状和问题展现出来，能使冷冰冰的数字变得有温度，使一个个鲜活的学生个体呈现在教育者面前。

最后，利用数据共享平台对大学生进行个性化描述。共享平台是一个庞大的数据系统，包含着学生学习生活和社会生活的相关数据。在这个平台上，高校能够最大限度地掌握每个学生的状况与动态，甚至可以预测学生的行为，从而实现对学生个性化的描述，并据此为学生制定个性化的教育方案。

---

① 中共中央马克思恩格斯列宁斯大林著作编译局.马克思恩格斯文集：第 1 卷[M].北京：人民出版社，2009：545.

此外，政府、社会和学校之间实现数据共享，搭建全方位的新平台，能够促进数据的流动，充分展现大数据处理速度快和时效性高的优势，进而快速掌握学生动态，以便及时制定教育方案，对学生的不良倾向进行预警，防患于未然，实现更好的思想政治教育效果。

（三）实现平台智能化管理，提升教育的高效性和精准性

传统的思想政治教育工作管理平台有一定的滞后性，其组织结构、运行模式、前沿技术和运行方案已经不能适应大数据时代的要求，因此要实现对学生的个性化描述，就必须推进高校思想政治教育工作平台的智能化管理。一方面，加大技术投入是实现平台智能化管理的关键。如果没有过硬的技术，思想政治教育工作管理平台的云储存技术、数据预处理技术、数据挖掘技术、智能分析技术、机器学习、决策、调度等技术就不能有序、智能化地运行。这些技术是实现平台智能化管理的基础，也是使高校思想政治教育高效化、精准化的前提。另一方面，高校要不断完善自己的局域网。通俗地说，就是高校要加大网络覆盖面积、提高网速，使网络运行畅通无阻，这样才能保证平台智能管理功能的顺利实现。除此之外，还要不断完善和升级传播平台，加强高校思想政治教育传播平台的传播力和影响力。总之，智能化管理平台能更加科学有序地整理和处理数据，从而更准确地描述学生动态，提升高校思想政治教育的高效性和精准性。

第三节　媒体融合——构建新时代高校"大思政"的格局

2019 年中共中央政治局就全媒体时代和媒体融合发展举行第十二次集体学习，习近平主持学习并指出，"我们要因势而谋、应势而动、顺势而为，加快推动媒体融合发展，使主流媒体拥有强大传播力、引导力、影响力、公信力，形成网上网下同心圆，使全体人民在理想信念、价值理念、道德观念上紧紧团结在一起，让正能量更强劲、主旋律更高昂"。媒体融合是信息传输通道多元化下的新作业模式，其将报纸、电视台、电台等传统媒体与互联网、手机、手持智能终端等新兴媒体传播通道有效结合起来，资源共享，集中处理，衍生出不同形式的信息产品，然后通过不同的平台传播给受众。媒体融合是当代社会发展的必然结果，它不是跟风之举，而是发展之要义；不是短期之为，而是长远之谋。媒体融合为思想政治教育工作的创新发展提供

了新的发展机遇。高校要因势利导，顺势而为，尽快转变传统的教育理念，构建高校的"中央厨房"，促使思想政治教育有效传播，使媒体融合与高校思想政治教育更好地契合，以媒体融合技术促进"大思政"格局的构建。

一、树立新的教育理念，增强高校思想政治教育内容的吸引力与引导力

随着传播技术的不断发展，人们逐渐进入媒体融合时代。媒体融合具有革新的一面，包括技术上的革新、形式上的革新、理念上的革新，其中理念革新是媒体融合的灵魂所在。理念是行动的先导，指引着行动的方向，而无理念，即无知识也无见解，行为也就无从谈起。高校思想政治教育要想跟上时代潮流，与时俱进，就必须意识到理念革新的重要性。因此，新时代迫切要求高校转变传统思想政治教育理念，树立新的理念，发挥媒体融合的优势，利用好新媒体平台增强高校思想政治教育的吸引力和引导力，推动思想政治教育科学、有效地开展。

（一）树立全面发展的媒体融合育人理念

用辩证的思维去看待媒体融合发展对高校思想政治教育的作用，不仅要看到媒体融合发展对高校思想政治教育的促进作用，还要看到它的消极作用。一方面，要主动寻求新媒体与高校思想政治教育的契合点，最大限度地发挥新媒体互动性、个性化、开放性、便捷性等优势来加强高校思想政治教育的针对性与实效性。另一方面，要规避媒体融合带来的负面影响。在传统媒体时代，教师掌握的知识与信息要先于学生，处于教育的主导地位，但是在媒体融合时代，教师和学生能够同等地享受知识资源与信息，难免会使教师的权威性受到挑战。因此，教师要转变教育理念，从"填鸭式"理念转变为"双向互动"理念，同时要避免传统教学方式的单一化，以增加课程的吸引力。媒体融合环境具有开放性，可能会被不法分子钻空子，散布低俗文化等有害信息，对大学生的世界观、人生观和价值观产生负面影响，所以要在源头上加以监管和过滤。另外，网络的快捷性和便利性也在逐渐改变着学生的学习习惯与阅读方式，使很多学生无法静下心来去读一本好书。媒体融合带来的负面影响对高校思想政治教育形成了一定的冲击，因此思想政治教育者要具有忧患意识，通过调查分析、评估预测，及时采取措施应对风险，从而使媒体融合更好地服务于高校思想政治教育。此外，要及时净化媒体环

境，弘扬优秀文化，争取最大限度地发挥媒体融合优势，促进高校思想政治教育的现代化。

（二）树立在媒体融合环境下培育高校思想政治教育队伍的理念

促进高校思想政治教育发展，人才队伍是关键。因此，必须树立培育人才的理念，这是落实高校思想政治教育的重要保障。一方面，要注重培育思想政治教育队伍的专业素养。专业素养是一个思想政治教育者的看家本领。思想政治教育队伍必须有坚定的政治立场、扎实的思想政治理论素养，要积极学习马克思主义原理，了解并掌握马克思主义的中国化最新理论成果——习近平新时代中国特色社会主义思想，关注时事，做到思想和知识的与时俱进。另一方面，培育教育者线上线下协同育人的能力。在媒体融合环境下开展思想政治教育，教育者除了要具备在课堂上生动讲授思想政治教育内容的能力，还必须具备新媒体技能，转变传统教育观念，跟上时代的步伐，改变以往教育模式，学习掌握新媒体有关技术，利用新媒体技术更直观、形象地展示课堂教学内容，使之更具吸引力和引导力，并探索媒体育人的新模式。

思想政治教育不是教育者的独角戏，而是和学生不断互动的一个过程。在转变教育者教育理念的同时，要引导学生主动适应新环境，提高大学生在媒体融合环境下受教育的自觉性。教育者应不断引导学生加强自主学习的能力，尊重学生的主体性，激发学生的创造力，使学生形成良好的自学习惯。自主学习是大学生成长成才的关键，只有具备自主学习意识，学生才能对学习感兴趣，深入钻研，并且化理论为实践，使思想政治教育落到实处。同时，要重视榜样的作用，引导和鼓励学生骨干在新媒体平台起到积极的带头作用，传播正能量。

二、提高教育者的媒介素养，确保高校思想政治教育传播整体质量

孟子云："贤者以其昭昭，使人昭昭。"思想政治教育者必须与时俱进，率先掌握先进的技术和手段，以更好地驾驭思想政治教育任务。这是思想政治教育动态性和创新性的基本要求。教育者是教育实践活动中的基本要素，也是教育实践活动的主体，在整个教育实践活动中充当领导角色、居于主导地位，在整个学习活动中起着校正方向、调整内容、激发动力、传授方法的作用。面对日益复杂的媒体融合环境，教育者必须提升自身的媒介素养，掌握并运用成熟的媒体融合技术，更好地服务于教育内容的生产与传播。同时，需要不断更新教学方式和教学手段，确保高校思想政治教育内容的传播质量。

（一）提升教育者信息过滤免疫能力

在媒体融合环境下，新媒体信息鱼龙混杂，教育者自身虽具有正确的意识形态和坚定的政治立场，但是新媒体信息具有极强的渗透力，教育者可能会在不知不觉中受到某些不良信息的影响，从而影响自身的道德修养和工作态度。因此，在媒体融合环境下，教育者要注重增强自身过滤新媒体信息的能力。首先，教育者要不断加强自身道德修养。只有不断增强自身修养，才能铸牢抵挡不良信息的坚固高墙。一方面，教育者要具有牢固的共产主义信仰、坚定的政治立场和高超的思想政治理论水平。只有这样，教育者才能坚定教育方向，并且利用强大的真理力量对学生进行理论指导。另一方面，教育者要有高尚的道德品质，爱党、爱国、爱人民，并且要具有敬业奉献、乐于助人、诚信友善等精神。正人先正己，教育者最重要的不是言传，而是身教。好的思想政治教育一定是说得多、做得更多。教育者首先是一个具有高尚品德和阳光心态的人，只有这样才能去感染学生、影响学生。其次，教育者要端正工作态度，自觉抵制不良信息的侵蚀。一方面，教育者要在思想和行动上充分认识到利用媒体融合技术开展思想政治教育的重要性。另一方面，教育者要增强教育学生的自觉性，要主动接触学生，双向互动，抢占思想政治教育高地。最后，教育者还要有耐心，对人、对事宽容，戒骄戒躁，认真负责，似春风化雨，使大学生自觉抵御新媒体所带来的不良影响，充分发挥思想政治教育的强大感召力。

（二）提升运用媒体融合技术创新思想政治教育方法的能力

在媒体融合的背景下，大学生的思想和行为都发生了很大的改变，这就要求教育者与时俱进、改革创新。

首先，教育者要在党的教育方针和教育政策的指导下，深入学习媒体融合理论。教育者可以通过参加专业讲座培训，增强对媒介理论知识的学习，以适应媒体融合环境下高校思想政治教育的需要。此外，还要加强对马克思主义理论、教育学、心理学等学科的学习，构建一个系统的理论知识框架，以更好地指导思想政治教育。

其次，教育者要在媒体融合环境下提升工作研究能力。教育者提升通过新媒体收集全面教育素材，并进行综合整理、提炼、加工的能力，有助于增加教育素材的质量和深度。同时，教育者要牢牢抓住传统教育阵地，通过课堂讲授、实践拓展等方式将新媒体成果更好地运用于传统教育之中，实现线上线下灵活结合，不断探索思想政治教育新路径。

最后，教育者要与时俱进，不断创新思想政治教育方法。在媒体融合环境下，需要增加教育方法与虚拟空间传播特点的融合度，采取能发挥虚拟空间优势的隐性教育方法。重视虚拟空间第二课堂传播正能量，如采取"翻转课堂"、慕课等教育方式，增强学生的自主学习能力，开发学生的创新能力。同时，基于开放的互联网环境，将新媒体当作思想政治教育工作的载体和全面开展工作的基础，建立多元化、系统化的教学平台，在平台中强化思想政治教育，占领意识形态主阵地。当然，也不能抛弃传统媒体，而要将第一课堂与第二课堂有效结合起来，生产出更有吸引力与引导力的思想政治教育内容，并通过多样化的平台传播给学生。

（三）提升教育者运用新媒体技术的能力

新媒体作为时代发展的产物，对人们提出了新要求。在高校思想政治教育中，大学生基本能熟练掌握各种新兴媒体，教育者想要跟上年轻一代的步伐，就必须不断增强运用新媒体技术的能力、提升使用新媒体与学生交流的能力、掌握运用新媒体更好开展思想政治教育的能力，从而确保思想政治教育传播质量。

首先，了解并熟练掌握学生常用的网络工具。要利用新媒体技术更好地进行思想政治教育，就必须与学生站在同一阵线，融入学生的媒体圈，用学生喜爱的传播方式与学生沟通，如微博、微信、抖音等，拉近与学生的距离。这有利于教育者更加接近学生，从而增强思想政治教育的实际效果。

其次，掌握并使用网络语言。随着新媒体技术的发展革新，网络语言在互联网媒体传播中得到了飞速发展。目前，网络语言越来越成为人们网络生活中必不可少的一部分。新时代的大学生个性飞扬、思维活跃，使用网络语言的频次也日渐增多。网络语言虽不符合现代汉语的语法规定，不具备教学意义，但是与学生交流时恰当使用网络语言，不仅可以拉近与学生的距离、增强与学生的亲近感，还可减少与学生的交流代沟，更有利于实现思想政治教育的目标。

最后，注重利用新媒体优势引导学生潜移默化地接受思想政治教育。通过新媒体加强与学生的紧密联系，了解学生需求，在交流中，将正能量与中国特色社会主义先进文化通过新媒体以"润物无声"的方式传播给学生，逐渐掌握新媒体中的话语权。此外，在发现特殊情况时要给予学生更多的关注，利用新媒体在线持续追踪学生状态，发现问题及时解决，也可以助力危机的化解与消除。

三、构建高校思想政治教育"中央厨房"机制，实现多平台一体联动

"中央厨房"最初特指《人民日报》的一种运行机制，是面向受众、面向国际、面向未来的集媒体策划、采访、制作、播发等多种功能于一身的多媒体综合平台，也是推进媒体融合发展的核心平台。"中央厨房"打破了过去媒体板块分割的运作模式，专门设立了总编调度中心，建立了采编联动平台，统筹了采访、编辑和技术力量，从而实现了"一次采集、多元生成、多渠道传播"的工作格局。这无疑是传统媒体运作模式的一次自我革命。高校思想政治教育要跟上时代步伐，把握媒体融合发展的时代浪潮，探索高校思想政治教育的"中央厨房"，为高校思想政治教育的传播开辟更广阔、更有效的新路径。

（一）打造高校思想政治教育"中央厨房"

当前，媒体融合发展之快、影响之大令人惊叹，可以毫不夸张地说，人类社会一夜之间迈入了全媒体时代。因此，高校要加快推进对传统媒体的改革，利用媒体融合技术优化传播途径和信息内容，进一步促进高校思想政治教育的发展。打造高校思想政治教育的"中央厨房"，关键要处理好"统"与"分"的关系。

首先，设立总的调度中心，强调"中央"的作用。总的调度中心在统筹策划、整合资源、调度多方力量、协调技术支持等方面发挥核心作用。科学系统地进行高校思想政治教育，需要一个总的调度中心，这样才能打破以往各自为政的状态，对思想政治教育的内容进行生产加工，提高调度的及时性和协同性，实现高校思想政治教育传播的广泛化、便捷化和智能化。在这个过程中，需要媒体技术的支撑，因此要加强媒体技术的开发利用，借助技术发挥高校思想政治教育"统"的作用。

其次，强化分工，提高教育效率。打造高校思想政治教育"中央厨房"，"分"的作用也尤为重要。根据专业对口原则、项目施工原则可进行分工和组合，也可组建融媒体高校思想政治教育工作室。此外，要整合新媒体中心技术力量，组建日常技术运营维护、可视化制作等服务团队，提高高校思想政治教育的传播效率。

最后，强化绩效考核，创新激励约束机制。适当的绩效考核体系和约束机制可以促进教育者加强自身素养，提升思想政治教育实效。根据对思想政

治教育"中央厨房"传播效果跟踪系统的实时监测、动态排名，对每周、每月、每个季度的优秀思想政治教育工作者进行奖励。发挥约束机制的作用，可以使思想政治教育工作者认真对待工作岗位，坚守道德底线和法律底线，保证思想政治教育传播方向的正确性和传播内容的科学性。

总之，"中央厨房"的运行开启了高校思想政治教育发展的新征程，因此要在实践中不断总结经验，深化改革创新，推动媒体技术与高校思想政治教育的深度融合，让新时代高校思想政治教育不断与时俱进。

（二）充分考虑学生需求，开发高校思想政治教育网络化多元产品

"'中央厨房'的流水作业，可能提供一稿或多稿供子媒选用，但集团内各子媒有自身的需求，子媒编辑部可以根据自身媒介特点、受众特点，向'中央厨房'提出个性化定制需求，'中央厨房'再组织记者进行采访、编辑。"[1] 高校思想政治教育的"中央厨房"也应借鉴这样的做法。

一是为学生提供个性化定制需求。每个学生个性不同，所需的教育内容也不同。因此，打造高校思想政治教育"中央厨房"要充分考虑学生的需求，根据学生的专业、性格等特点，为学生提供个性化服务。高校"中央厨房"可以利用学生不同的心理特点，对信息进行统筹筛选，使学生可以以最快速度最大限度地获取最佳信息。通过对信息进行加工、处理和筛选，可在一定程度上去除不良信息，以保证信息质量，保证信息传播效果，促进媒体融合环境下高校思想政治教育的传播实效。

二是开发思想政治教育网络化多元产品。高校要用"互联网思维"思考问题，跟上时代，跟上技术的发展，跟上年青一代的思维方式和接受教育方式。通过大数据技术掌握学生的思想动态，根据最新情况，采取有效措施，进而实施精准化、个性化的思想政治教育，增强思想政治教育的针对性和实效性。高校"中央厨房"要根据学生的喜爱推出内容丰富、形式多样的思想政治教育产品，包括建立专门的思想政治教育网站，提供可视化的图片图表、短视频等优质思想政治教育资源；利用"三微一端"（微信、微博、微视频和客户端）建立师生线上互动平台，增强教育主客体之间的双向互动，激发学生对高校思想政治教育课的学习兴趣；鼓励、引导学生自主管理思想

---

① 陈正荣.打造"中央厨房"的理念、探索和亟需解决的问题 [J].中国记者，2015（4）：13-16.

政治教育平台，增强学生对思想政治教育内容的深入了解和内化吸收，同时提升大学生的媒介素养。此外，还可以大力开发 H5 形式的思想政治教育系列产品。H5 又叫互动 H5，指可以播放 Flash 的在智能移动终端上呈现的新媒体传播形式。高校思想政治教育"中央厨房"可以制作有关红色文化等正能量的 H5 产品，让思想政治课"活起来"，增强课堂的趣味性。

四、健全媒体融合下教育管理制度，保障高校思想政治教育健康发展

随着媒体融合的不断发展，网络虚拟空间越来越成为高校师生活动的重要场所，而一些不良的信息内容经常会对大学生的思想和行为产生冲击。由于缺乏有效的道德约束和完善的规章制度，传统的监管模式显得越来越"力不从心"。在媒体融合环境下，要确保高校思想政治教育的健康发展，就必须不断完善相关的法律、法规和制度，加强对媒体平台的信息监管与规范化建设，营造一个风清气正的舆论环境，同时要注重管理人才的培养，确保高校思想政治教育能够在媒体融合环境下健康、可持续发展。

（一）加强媒体平台的信息监管与规范建设

习近平指出，"没有规矩不成方圆。无论什么形式的媒体，无论网上还是网下，无论大屏还是小屏，都没有法外之地、舆论飞地。"[①] 高校的主管部门要履行好监管责任，尤其要加强对新兴媒体的管理，制定严格周密的保障监管体系，以防、控、导为标准的监管体系，才能有序地解决突发网络事件，营造一个清朗的网络空间。网络空间作为一个与现实社会息息相关的新空间，需要使用新的管理思维和管理手段进行规范。为了确保高校网络思想政治教育少受冲击或不受冲击，要从以下三方面入手。

首先，要不断完善监管制度，从制度化的层面牵住网络法制化的"牛鼻子"，加强对新媒体平台的监管。规矩是个人行为的红绿灯，因而科学系统的监管制度可以使具体的信息监管行为有据可循。细化媒体融合环境下的高校思想政治教育监管机制，让广大师生与辅导员共同学习监管制度，开展专题讲座，使之了解网络社会信息安全和网络平台言行规范等的重要性。要求他们从自身做起，不在媒体平台发表、转载不适当的言论，自觉抵制不良言论。学校监管部门也要把好信息传播关，从源头净化媒体平台，使广大师生

---

① 习近平. 论党的宣传思想工作 [M]. 北京：中央文献出版社，2020：356.

减少接触不良信息的概率，利用新媒体技术为学生建立专属档案袋，记录学生在网络媒体平台的言行，敦促学生在网络媒体空间不信谣、不传谣。

其次，加强对网络内容的监控，通过强制性内容审查与过滤"防患于未然"。利用新媒体技术，对学生在QQ、微信、微博等社交平台的言论进行适当的监察，建立网络舆情预警系统，通过敏感词过滤、信息统计分析、趋势走向分析等，防止学生散布有违主流价值观的思想言论。对于发表不良言论的学生，相关部门要及时约谈，必要时对其进行专业的心理辅导。信息技术部门要在第一时间对非主流价值观的言论进行删除，以免对其他同辈造成不良影响。需要注意的是，在监控过程中要注重保护学生隐私。

最后，利用媒体融合技术平台，多渠道对学生进行正能量引导。充分利用媒体融合技术平台带来的便利，运用校园官方微博、微信平台传播优质信息，将文字生动化，改变信息传播方式，并利用拍摄小短片等方式打破传统的文字灌输模式，更有利于学生接受优质信息内容。同时，可充分利用易班App，提升其功能，积极建设校园网络文化。除此之外，注意线上线下教育灵活结合，共同营造健康向上的校园环境。

（二）完善媒体融合环境下的法律法规

没有网络安全，就没有校园安全。在媒体融合环境下，网络空间的虚拟性和开放性增加了高校思想政治教育的管理风险和难度。要想降低风险，化被动为主动，就需要不断完善媒体融合环境下的法律法规。《中华人民共和国刑法》中虽然有许多涉及新媒体环境下互联网公民的行为准则和关于新媒体环境下社会普遍问题的条例，但这些条例相对来说都是比较宏观的，关于媒体融合环境下有关高校舆论环境管控的内容凤毛麟角。高校是培养中国特色社会主义建设者和接班人的重要阵地，思想政治教育是提高大学生思想政治素质的重要手段，因此保障高校思想政治教育健康运行就显得尤为重要。一方面，根据实际制定详细的法律条文，以对应相关违法行为。例如，对于网络不良言论进行等级定性，按照对思想政治教育的危害程度采取相应的惩罚措施和手段。另一方面，违法必究，加大打击力度。法律要严要细，才能更具有威慑力，对于违反法律者，要根据情况严肃处理。此外，法律制度的执行程度并不取决于强制性，而是取决于法律制度的可行性和前瞻性，也就是说人性化的法律制度更有利于实施。因此，在完善法律法规的过程中，要考虑现实情况，考虑高校这个特殊阵地、学生这个特殊群体。在实事求是和与时俱进中不断完善媒体融合环境下的法律法规，为高校思想政治教育保驾护航。

（三）注重培养管理人才，保障管理制度可持续发展

媒体融合技术的不断发展，为高校思想政治教育带来推动力的同时，也产生了负面影响。所以，不断健全高校思想政治教育新媒体管理制度，才能保障高校思想政治教育的健康发展。而不断健全管理制度的关键在于人才，只有建立一支复合型的人才队伍，才能确保管理制度持续健康发展，从而推进媒体融合环境下高校思想政治教育的发展。首先，要提升管理素养。要有团队管理能力、目标管理能力和执行力、决策力。其次，要增强实践能力。实践是检验真理的唯一标准，只有实践才是评判一个管理人才的标准。管理人才要从学生中来，到学生中去，既熟悉学生的思想行为特点又熟练掌握新媒体技术，善于探索媒体融合环境下更好的高校思想政治教育模式。最后，要培养与时俱进的品质。时代潮流，浩浩荡荡，唯一的"不变"就是"变"，因此管理者要以发展的眼光看待思想政治教育，打破传统思维，树立媒体融合观念，不断探索利用媒体融合技术创新思想政治教育的方法和手段，不断更新思想政治教育模式，丰富思想政治教育内容，铸牢藩篱，不断完善保障机制，保障高校思想政治教育的健康可持续发展。

高校是我国人才培养的主要阵地，推动学生全面发展离不开思想政治教育，尤其在当前新媒体环境下，多元文化冲击着人们的思想，网络思想政治教育越发显得重要。时代要求高校思想政治教育推陈出新。随着网络信息技术的日新月异，网络空间成为价值碰撞、激荡、交锋的主要场域，"后真相"成为网络空间的重要特征，价值迷惘、裂变、失范的网络生态不时呈现，这要求学校必须牢牢掌握意识形态工作领导权，坚持正确的价值引领。同时，要抓住时代机遇，利用大数据技术对学生进行个性化描述，因材施教，实现高校精准化思想政治教育。此外，在利用新媒体的同时不能抛弃传统媒体，应将新兴媒体与传统媒体结合起来，优势互补，实现媒体融合，进一步拓展高校思想政治教育载体，促进"大思政"格局的构建，使高校思想政治教育做到随时而动、顺势而为、开拓创新。

参考文献

[1] 陈华栋.课程思政：从理念到实践 [M].上海：上海交通大学出版社，2020.

[2] 王键.杏林耕耘文存：治校问学历程中的片段思考 [M].合肥：合肥工业大学出版社，2016.

[3] 张方玉，鲁昕."思想道德修养与法律基础"教案 [M].北京：光明日报出版社，2017.

[4] 白显良.隐性思想政治教育基本理论研究 [M].北京：人民出版社，2013.

[5] 傅君英.新时代大学生理想信念教育研究 [M].西安：西安电子科技大学出版社，2019.

[6] 宋冬梅.简论春秋战国时期私学教育理念的先进性 [J].高教学刊，2017（18）：190-192，196.

[7] 王凌皓，王睿.先秦道家的原创性教育思想探赜 [J].社会科学战线，2018（8）：228-235.

[8] 客洪刚，谷明书.唐代的文教举措及其现代思想政治教育借鉴 [J].东北师大学报（哲学社会科学版），2016（2）：243-246.

[9] 杜华伟.书院的复兴与现代转化：以同济复兴古典书院为例 [J].大学教育科学，2017（3）：81-86，124.

[10] 王修文.解读中国古代书院德育环境及对当代高校德育的启示 [J].延安职业技术学院学报，2018，32（3）：32-34.

[11] 常瑞琴.宋代书院德育举措及启示 [J].中国校外教育，2017（9）：4-5.

[12] 李伯重.八股之外：明清江南的教育及其对经济的影响 [J].清史研究，2004（1）：1-14.

[13] 薛丽丽.明清时期德育生活化及现代启示 [J].江汉大学学报（人文科学版），2010，29（4）：99-102.

[14] 艾菁. 民国高校导师制实践及其失败探究 [J]. 江苏科技大学学报（社会科学版），2018，18（4）：21-26.

[15] 邱伟光. 论课程思政的内在规定与实施重点 [J]. 思想理论教育，2018（8）：62-65.

[16] 赵珊珊. 浅析高校思想政治教育中的无意识教育 [J]. 新西部，2019（21）：135-136.

[17] 王炎平. 课程思政的价值意蕴与生成路径 [J]. 知识文库，2019（17）：195-196.

[18] 王学俭，石岩. 新时代课程思政的内涵、特点、难点及应对策略 [J]. 新疆师范大学学报（哲学社会科学版），2020，41（2）：50-58.

[19] 李晓兰，刘雨姝，车丹. 论大学生个人品德建设的四个维度 [J]. 思想政治教育研究，2014，30（4）：108-111.

[20] 黄其昌，张娜琦. 提升大学生学校归属感的价值依归与实践逻辑：基于文化自信的视角 [J]. 教育教学论坛，2021（7）：129-132.

[21] 蒋传海. 高校教师应以德立身以德立学以德施教 [J]. 重庆与世界，2018（20）：48.

[22] 徐向飞. "课程思政"视域下高职院校建构协同育人平台的逻辑理路 [J]. 教育与职业，2018（22）：84-89.

[23] 郭华，李雨燕. "马克思主义基本原理概论"课实践教学四结合原则论析 [J]. 当代教育理论与实践，2015，7（11）：53-55.

[24] 项松林，李虹. 时代化、生活化、青年化："马克思主义基本原理"课实践教学探索 [J]. 牡丹江大学学报，2016，25（6）：150-152.

[25] 陈宇宙. 大学思想政治教学的交互主体性研究 [J]. 现代教育科学，2012（3）：113-116.

[26] 王成名. MOOC视阈下高校思政课课堂实践教学理念创新的思考 [J]. 北京城市学院学报，2015（3）：66-70.

[27] 敖永春，张振卿. 网络环境下加强马克思主义对高校意识形态的指导 [J]. 中国高等教育，2018（合刊2）：55-57.

[28] 钟彬，刘笑侃. 维护高校意识形态安全对策研究 [J]. 中国高等教育，2019（18）：44-46.

[29] 王宗礼，周方. 网络新媒体对高校意识形态安全的冲击及应对 [J]. 思想教育研究，2018（10）：125-128.

[30] 于海军，李淼.习近平新时代高校意识形态工作的五种思维模式[J].教育信息化论坛，2019（3）：31-32.

[31] 季海君.网络空间意识形态的治理策略[J].人民论坛，2019（36）：132-133.

[32] 郝勇.新时代高校教师意识形态能力建设论析[J].学校党建与思想教育，2019（14）：11-13.

[33] 佘双好，于欧.新历史条件下思想政治工作发展的风向标：学习习近平总书记关于思想政治工作的论述[J].学校党建与思想教育，2017（15）：13-16，21.

[34] 李凯，刘贵占.新时代高校网络文化育人的探索与实践[J].思想理论教育导刊，2019（11）：144-147.

[35] 张倩，刘明君.大学生网络意见领袖培养路径研究[J].传媒论坛，2019，2（22）：64-65.

[36] 王飞.论高校网络思想政治教育工作体系的建立[J].教育理论与实践，2020，40（3）：34-36.

[37] 付李琢，贺小飞.传播视域下的课程思政建设及提升路径[J].中国新闻传播研究，2022（1）：220-231.

[38] 王淑荣，董翠翠."课程思政"中专业课教师政治素养的四重维度[J].河南师范大学学报（哲学社会科学版），2022，49（2）：129-137.

[39] 钱龙.课程思政建设中专业课教师主体责任落实路径研究[J].红河学院学报，2022，20（2）：85-89.

[40] 张新科.新时代高校课程思政话语哲学视域分析[J].江苏高教，2022（4）：90-95.

[41] 韦洪发，王晓宇.论"课程思政"中的"三个统一"[J].江苏高教，2022（4）：96-105.

[42] 高贵和.论当代中国思想道德教育对先秦儒家道德教育的借鉴[D].合肥：安徽大学，2010.

[43] 林羡婷.加强新时代高校意识形态工作领导权研究[D].漳州：闽南师范大学，2019.

[44] 张芳.新时代高职院校课程思政路径研究[D].株洲：湖南工业大学，2021.

[45] 曹馨月.新时代高校课程思政实现路径研究[D].锦州：辽宁工业大学，2021.